"¿Cómo han alcanzado su grandeza los emprendedores extraordinarios? *Construyendo sobre cimientos firmes* presenta una nueva óptica sobre cuáles son las claves prácticas para alcanzar el éxito. Esta obra examina muy seriamente la vida, las maneras de pensar, las estrategias y prácticas de ocho reconocidos emprendedores. A lo largo de sus páginas, te enterarás de sus secretos y procesos de pensamiento en cuanto a aspectos como sus criterios al elegir sus socios, desarrollar sus equipos, crecer y obtener e implementar un capital valioso. Conocerás una perspectiva rara vez compartida por los expertos —en parte, porque Lidow no solo enseña sobre emprendimiento, sino porque él mismo es un emprendedor en serie—. Esta es una lectura obligada para todo aquel que anda a la búsqueda de tener éxito como emprendedor sólido".

—STEPHEN CHRISTENSEN, Decano de Concordia University, emprendedor y entrenador de nuevas empresas.

"*Construyendo sobre cimientos firmes* es un refrescante verificador de la realidad —una propuesta más que necesaria para solucionar los extravíos existentes en el contexto actual de las empresas emergentes—. Aunque expone muchas verdades acerca del emprendimiento, esta es una lectura sencilla que debe hacer parte del juego de herramientas de todo emprendedor. Además, libera el potencial latente que yace al interior de cada soñador e inspira a los lectores a definir sus propios valores esenciales con respecto a la vida: el propósito, el éxito y la felicidad. *Construyendo sobre cimientos firmes* es una 'lectura imprescindible' en la vida de todo fundador de emprendimientos y de cada persona que tenga visión e ingenio".

—SHIKHA UBEROI BAJPAI, Fundadora y Directora Ejecutiva de Impact Media360, Productora Ejecutiva de *The Real Deal* y Cofundadora de India en Indi.com.

"*Construyendo sobre cimientos firmes* es una propuesta sólida para todo aquel que esté interesado en comprender los mitos y misterios del emprendimiento. Más allá de desafiar el *statu quo*, este libro se refiere a todo lo que se necesita para crear desde ceros una empresa de éxito y duradera. Lidow, siendo un emprendedor en serie, proporciona perspectivas valiosas mediante relatos frescos y de la vida real de muchos fundadores de empresas (algunos famosos, otros no). Si deseas ir más allá del bullicio del estilo de emprendimiento de Silicon Valley y descubrir qué es lo que hacen los emprendedores comunes y corrientes que impulsan las economías del mundo, este será tu compañero esencial".

—JOHN DANNER, profesor en UC Berkeley y Princeton, consultor y autor de *Built for Growth* y otros.

"Por fin, la verdad acerca del emprendimiento. De manera metódica y entretenida, Lidow desenmascara los mitos populares y el pensamiento místico que existen en torno a los emprendedores de éxito. ¿Piensas que ellos deben correr altos riesgos, recaudar grandes cantidades de dinero y trastornar industrias? Pues piénsalo de nuevo. Mezclando historias honestas acerca de empresas emergentes con investigaciones actuales, Lidow expone una realidad vital, pero quizá poco atractiva: muchos de los emprendedores de éxito 'comienzan siendo pequeños y crecen a medida que ganan confianza'. El peculiar acceso que Lidow tiene a las primeras corazonadas de Sam Walton acerca de Walmart es una aventura fascinante de ese proceso iterativo. *Construyendo sobre cimientos firmes* desafía la manera en que han sido entrenados, apoyados y mitificados los emprendedores. Algo que necesitamos hoy más que nunca porque nuestro futuro depende de ellos".

—MARTIN JOHNSON, profesor de emprendimiento social y emprendedor social pionero.

"¡Ya hemos tenido bastante del tipo de fundador que es una celebridad y que hace magia! *Construyendo sobre cimientos firmes* le presenta las herramientas adecuadas y los modelos a seguir al otro 99% de personas intrépidas que está iniciando su empresa. Este es uno de los pocos libros en los que veo reflejadas mis propias experiencias de la vida real. Es una excelente caja de herramientas para emprendedores".

—LARRY GILSON, Fundador y Presidente de Focusing Philanthropy y emprendedor en serie en industrias del transporte, las finanzas y la consultoría.

"Si te tomas en serio el emprendimiento, este libro es la clave para descubrir lo que todavía no sabes y que necesitas aprender. Lidow nos comparte secretos poco conocidos acerca de emprendedores tanto famosos como poco conocidos. Luego, retoma con ingenio el tema sobre los mitos y las verdades del emprendimiento. Cada relato te hará ver este campo desde una perspectiva muy diferente. De hecho, *Construyendo sobre cimientos firmes* cambiará tu manera de pensar".

—DANIELLE COHEN-SHOHET, Directora Ejecutiva y Cofundadora de GlossGenius.

"A medida que leía *Construyendo sobre cimientos firmes*, asentía en señal de acuerdo. Está bien escrito y sin rodeos por un emprendedor experimentado que comparte sus experiencias personales y las lecciones que ha aprendido en la vida, no sola las propias, sino también las de otros ocho fundadores de empresas. Esta es una lectura ineludible para los futuros emprendedores y también para los actuales".

—GREG OLSEN, Emprendedor del Año de la revista *Inc. Magazine*, Fundador y Presidente de GHO Ventures y emprendedor en serie.

"Los emprendedores de alto perfil suelen ser vistos como dioses del mercado con visión, sabiduría y energía excepcionales; esta imagen tiende a intimidar y confundir a los emprendedores potenciales y en crecimiento. *Construyendo sobre cimientos firmes* refleja las realidades prácticas de la rutina implícita en la creación de empresas y el hecho de conocerlas contribuirá a que muchas personas comunes y corrientes se unan a los millones de fundadores de empresas que hoy encuentran satisfacción y éxito trabajando por su cuenta".

—PAUL D. REYNOLDS, autor de *Entrepreneurship in the United States: The Future Is Now.*

"Derek Lidow es el mejor cronista del emprendimiento de nuestra época. Este libro está lleno de asombrosas perspectivas respecto a lo que se necesita para triunfar en cualquier tipo de emprendimiento —ya sea que tu empresa esté construida sobre 'cimientos fuertes' o sea de 'alto riesgo'—. ¡Todo emprendedor, o futuro emprendedor, debe tener este libro!".

—BRUCE HACK, Presidente de la Junta de Technicolor, ex Director Ejecutivo de Vivendi Games (*World of Warcraft y Starcraft*) e inversionista ángel.

"Respaldado por mucha investigación y cargado de historias muy bien relatadas acerca de emprendedores fascinantes, tanto conocidos como desconocidos, *Construyendo sobre cimientos firmes* nos presenta a soñadores que construyeron sus empresas de la manera correcta, cimentadas en principios y valores sólidos. Esta obra es instructiva e inspiradora para aquellos que están pensando en seguir un camino de emprendimiento en su vida. También es apta para quienes ya han recorrido bastante de este camino y están buscando mejores ideas, mayor entendimiento y un nuevo significado en su trabajo".

—ED ZSCHAU, profesor, emprendedor de Silicon Valley, capitalista de riesgo y congresista.

"Derek Lidow le ha ido quitando el misterio al mito del emprendimiento y demuestra cómo crear valor duradero iluminando sus argumentos con increíbles historias de emprendedores famosos y de otros que no lo son tanto. Además, aclara en qué consisten las mal entendidas diferencias entre el emprendimiento de 'cimientos firmes' y el de 'alto riesgo'. También especifica cuáles son los elementos que generan la creación de valor duradero y destaca el preocupante cambio que están experimentando los emprendedores de hoy al pasar de los 'cimientos firmes' al 'alto riesgo'. Esta obra tiene implicaciones significativas para todos los que estudiamos, enseñamos y trabajamos dentro del ecosistema del emprendimiento".

—CHRIS KUENNE, autor de *Built for Growth* y profesor de emprendimiento de alta tecnología en Princeton.

"*Construyendo sobre cimientos firmes* expone las verdades esenciales, poco conocidas y rara vez tenidas en cuenta en torno al emprendimiento, así como el peligroso vacío entre los emprendimientos de 'cimientos firmes' y de 'alto riesgo'. Las bien articuladas diferencias de Lidow les ayudarán a los emprendedores a evitar errores que los hagan tropezar y llevar a sus empresas a caer por la borda. Siendo yo emprendedora y rebelde, aplaudo el ánimo que él les da a sus lectores al decir que casi cualquiera que lo desee tiene la capacidad de ser un emprendedor, siempre y cuando entienda lo que ello significa y lo que se necesita para serlo: esfuerzo y perseverancia, más que golpes de genialidad y suerte".

—WHITNEY JOHNSON, inversionista, oradora y autora de *Disrupt Yourself: Putting the Power of Disruption to Work.*

Lo que los fundadores de
**Walmart, Disney,
Steé Lauder y McDonalds**
nos enseñan sobre cómo emprender
y construir empresas valiosas

CONSTRUYENDO
SOBRE CIMIENTOS
FIRMES

DEREK LIDOW

ELEGIDO COMO UNO DE LOS 7 MEJORES LIBROS DE NEGOCIOS

Construyendo sobre cimientos firmes

Editorial dedicada a la difusión de libros y audiolibros de desarrollo y crecimiento personal, liderazgo y motivación.

Publicado por:
Taller del Éxito, Inc.
1669 N.W. 144 Terrace, Suite 210
Sunrise, Florida 33232
Estados Unidos
www.tallerdelexito.com

Traducción: Eduardo Nieto Horta
Corrección de estilo: Nancy Camargo Cáceres
Diagramación: Joanna Blandon
Diseño de carátula: Diego Cruz

ISBN: 978-1607385240

Impreso en Colombia - Printed in Colombia

21 22 23 24 25 R|CB 06 05 04 03 02

En memoria de mis padres,
Eric y Leza Lidow

"Las altas expectativas son la clave de todo".

—Sam Walton

CONTENIDO

CAPÍTULO 1

La verdad importa

"Existe una marea en los asuntos humanos,
que, enfrentada en el diluvio, conduce a la fortuna;
pero, que omitida durante todo el viaje de la vida,
va ligada a aguas poco profundas y a miserias.
En ese diluvio flotamos ahora y debemos aprovechar
la corriente cuando es favorable o perderemos nuestro cargamento".

—William Shakespeare
Julio César, Acto 4, Escena 3, Brutus: Líneas 224-230

El día inaugural de la segunda tienda, el equipo se sentía abrumado. Durante las dos semanas previas a la gran apertura, habían estado trabajando tanto como podían para alcanzar a tener la tienda lista. Todos en el equipo habían hecho un esfuerzo enorme para reconstruir y montar las viejas instalaciones que fueron recuperadas de una tienda que se fue a la quiebra. Descargaron camiones repletos de mercancía hasta tarde en la noche y apenas lograron entrar toda la mercancía, ubicarla en las estanterías, en los mostradores y en la vitrina de la tienda. Además, el calor de julio era agobiante, el edificio no tenía aire acondicionado, los baños no estaban funcionando y el estacionamiento no estaba pavimentado en su totalidad.

Mucho estaba en juego. La primera tienda tuvo infinidad de dificultades para generar dinero y no estaba teniendo el éxito esperado. Sam Walton le había pedido al banco el máximo préstamo que le era permitido usando como garantía todos los bienes que eran de su propiedad y de su esposa, así que necesitaba que la segunda tienda Walmart demostrara que una cadena de tiendas minoristas con precios de descuento y concentrada en pueblos pequeños tenía verdadera capacidad para ser rentable. Sin embargo, si la segunda tienda funcionaba como la primera, Sam y su equipo tendrían que suspender los planes de crecimiento.

Para atraer la mayor atención posible en torno a la inauguración, Sam anunció muchos precios rebajados en artículos básicos de marcas reconocidas tales como papel higiénico y detergente. Para darle un toque familiar a la inauguración, organizó paseos gratis para los niños dándoles una vuelta en burro alrededor del estacionamiento que había justo al frente de la entrada principal de la tienda. También se aseguró de comprar las sandías maduras que todo granjero a distancia de un día en automóvil tuviera a la venta. El equipo las apiló a una altura de cuatro pies frente a la tienda (y a lo largo de las áreas no pavimentadas del estacionamiento para evitar que los clientes se tropezaran con los viejos muebles de madera que aún estaban esparcidos por el lugar).

El día de la inauguración fue el más caliente de ese verano, con temperaturas por encima de los 90 grados, pero aun así, el calor no alejó a la gente. Para comprar a los bajos precios anunciados, los clientes empezaron a hacer fila incluso desde antes de la apertura, que estaba programada para las 9:00 de la mañana. El equipo trabajó sin descanso todo el día haciéndose cargo de las cajas registradoras y manteniendo los estantes, las mesas y los pisos surtidos con toda clase de artículos que no tardaban en desaparecer. Era claro que los clientes estaban felices.

Ante tanta gente, y debido a las muchas ventas, nadie se percató de que algunas de las sandías se estaban explotando debido al calor y que sus jugos estaban escurriéndose por la acera hacia el estacionamiento, ni tampoco notaron que el hombre encargado de los paseos en burro no había tenido tiempo de recoger los desechos del animal. Esto hizo que, durante el transcurso del día, los jugos de sandía y el estiércol de burro fueran cubriendo zonas cada vez más grandes de la acera. Así las cosas, la ácida mezcla de excremento de burro con jugo de sandía no tardó en llegar a la tienda e impregnar el ambiente.

Quizá la única persona *a la que sí* le importó el asunto fue a un funcionario financiero de una bien establecida cadena de farmacias ubicada en la región del Medio Oeste. Su compañía había escuchado que Sam Walton tenía ideas interesantes acerca de cómo mantener entusiasmados a los clientes, así que condujo desde Missouri para presenciar la inauguración. Estaba consternado por los olores, las sandías rotas y la mercancía apilada en mesas en vez de estar bien organizada en los estantes. En su informe indicó que esa inauguración fue lo peor que había visto; estaba seguro de que cualquiera en su compañía que hubiera dirigido una apertura como esa habría sido despedido de inmediato.

Además, tampoco pareció haber visto la enorme cantidad de clientes en la tienda y las largas filas en los puntos de pago. Él solo juzgó la inauguración según los aspectos estéticos convencionales de las tiendas de las grandes ciudades pasando por alto la totalidad de la situación. Sam y su equipo sabían que en el área rural todos los pobladores estaban acostumbrados a los olores de los animales. Por lo tanto, sabían cómo hacer felices a sus clientes logrando que su dinero les rindiera mucho más y que se sentirían mejor atendidos en una tienda de aspecto humilde (y olor a campo).

Hace mucho tiempo, esa cadena de farmacias del Medio Oeste salió del negocio, pero David Glass su principal funcionario financiero, empezó a entender que no estaba complaciendo a sus clientes y estuvo dispuesto a cambiar las cosas en maneras que su compañía jamás habría considerado. Entonces decidió unirse a Walmart y se convirtió en un estudiante ejemplar de Sam sobresaliendo por su capacidad para liderar cambios rápidos cuyo objetivo fuera complacer a su creciente clientela. Tiempo después, David Glass se convirtió en el Director Ejecutivo de Walmart[1].

Sam, al igual que los otros emprendedores que conocerás a lo largo de estas páginas, nos aporta un correctivo útil en cuanto a lo que creemos conocer respecto a dar inicio a un negocio. Sí, Walmart es ahora una de las compañías más valoradas a nivel mundial, pero no llegó a ese punto de la noche a la mañana, ni su éxito dependió de los "efectos de las redes", ni del uso de capital de riesgo. Dependió de algunas duras y humildes verdades sobre emprendimiento que se han perdido en medio de toda la publicidad que se les ha hecho a unos pocos jóvenes millonarios de Silicon Valley —verdades que los aspirantes a emprendedores y sus seres queridos ignorarían bajo su propio riesgo.

Comprensión esencial

Sin importar lo que hagas en la vida, debes entender en qué consiste el emprendimiento. La realidad es que más del 60% de los hombres y mujeres trabajadores en los Estados Unidos quiere comenzar su propio negocio. Si eres hombre, las posibilidades de intentar ser emprendedor durante tu vida laboral son de 50:50; si eres mujer, las posibilidades son de una a tres[2]. En algún momento de sus actividades cotidianas, más del 30% de la población de los Estados Unidos está vinculada con actividades de emprendimiento o relacionada directamente con alguien que lo está. Puesto que la financiación proveniente de amigos y familiares constituye una fuente de ingresos importante para muchas compañías emergentes, es muy probable que te pidan invertir en una de estas compañías en

---

1. En un comienzo, Sam llamó a su tienda "Wal-mart", pero con el paso de los años, el nombre fue simplificado a Walmart. Usaré el estilo del nombre que se usaba en el momento al que se refiere el texto.

2. Para facilitar la lectura de este libro, no citaré referencias en el texto, ni utilizaré notas al pie de página, a menos que aporten de manera directa al texto. Al final del libro, encontrarás un conjunto completo de notas explicativas, incluyendo referencias con respecto a todos los datos citados.

algún momento de tu vida sin importar qué tanto dinero tengas en el banco.

Pero el emprendimiento no es lo que todo el mundo cree que es. Y si actúas según lo que piensas, tal vez cometerás un gran error, perderás dinero, destruirás relaciones y desperdiciarás valiosos años de tu vida. Por el contrario, lo que crees que sabes del tema podría asustarte al punto de no aprovechar las oportunidades de emprendimiento que te rodean.

Una solución simple a tu falta de conocimiento podría ser no hacer nada —si no arriesgas nada, no pierdes nada—. Eso es lo que la mayoría de las personas hace. Pero no funcionará, porque enfrentar el emprendimiento no es una opción. La vida de hoy te obliga a tomar decisiones que, en últimas, se tratan de emprendimiento. La compañía para la que trabajas, tu jefe, tus compañeros de trabajo, tus familiares y amigos, ¡todos tienen su opinión, al igual que tú con respecto a si el emprendimiento impactará tu vida o no! Podrías perder tu empleo o alguien que no soportas podría remplazar a tu maravilloso jefe obligándote a decidir si ser tu propio jefe vendría siendo tu mejor opción. También es muy posible que un amigo o un familiar te pida ayuda para iniciar su negocio, ya sea mediante un préstamo, una inversión o trabajando medio tiempo. Por todo esto, para tomar la decisión correcta —bien sea que se trate de ser tu propio jefe o de invertir en la compañía de tu primo favorito—, debes entender en qué consiste el emprendimiento.

En alguna medida, todos soñamos con obtener una combinación de fortuna, fama y control de nuestra vida que suele ir asociada con la imagen de ser emprendedores exitosos. Estas son aspiraciones admirables en una sociedad que cuenta con que los emprendedores innovarán, crearán nuevos empleos y harán crecer la economía. La sociedad nos anima a morder la carnada del emprendimiento, pero ¿cómo saber si ser un emprendedor te llevará a realizar un sueño o a sufrir una pesadilla de la que no logras despertar?

Este libro te ayudará a responder a esa pregunta concentrándose en si morder o no la carnada del emprendimiento y si este es el campo de acción adecuado para ti —como fundador, cofundador o inversionista—. Basado en investigaciones y relatado mediante historias de emprendedores reales, te servirá como punto de referencia para contestar todas las preguntas cruciales que tengas sobre emprendimiento: quién, qué, cuándo, dónde, cómo, cuánto y por qué. Lo más probable es que las respuestas a estos interrogantes no sean las que piensas.

Por desgracia, casi todo lo que leemos acerca de emprendedores es bastante filtrado y enfocado en glorificarlos sin tener en cuenta si al final tuvieron éxito o no. La mayoría de los emprendedores exitosos contrata agentes de relaciones públicas para lograr que los medios solo cuenten los aspectos positivos de sus historias. No hay nada de malo en eso. Cuando me desempeñaba como director general, solía tener personal de relaciones públicas como parte de mi equipo y ellos eran de gran ayuda en mi negocio. Sin embargo, las historias que se escribían acerca de mí, o que se escriben sobre los empresarios superexitosos que figuran en las portadas de revistas, no son las que deberíamos relatarles a quienes nos importan y están interesados en seguir nuestras pisadas.

Algunos pocos emprendedores que no tuvieron éxito han escrito blogs acerca de sus errores o infortunios tratando así de ofrecerles orientación a los aspirantes a emprendedores. Sin embargo, deberías tomar esas guías con cierta reserva y no confiar tanto en su objetividad. ¿Qué tan a menudo hacemos diagnósticos errados o ignoramos nuestras propias dolencias o les restamos importancia a nuestra incompetencia y a nuestros caprichos? Yo fallé en mi primer intento como emprendedor y no entendí por qué mi esfuerzo por empezar un concepto de ventas de mostrador estaba condenado al fracaso desde el principio. Me tomó años de trabajo con mentores y entrenadores, y ávida lectura sobre liderazgo y desempeño, para lograr darme cuenta de qué había hecho mal. Suele suceder, pues la mayoría de los emprendedores no tiene ni la formación, ni el tiempo necesario para descifrar qué salió mal con sus empresas.

Aprende de los modelos

A lo largo de la Historia, las personas han aprendido a conducir su vida adoptando modelos de comportamiento. Contar con modelos *realistas* las ayuda a alcanzar sus objetivos, bien sea de emprendimiento o de otro tipo, en casa o en el mundo en general. Cuando alguien triunfa, su éxito nos da confianza para ir tras nuestros sueños; cuando fracasa, su derrota nos enseña a ser cuidadosos y a no cometer los mismos errores.

Los emprendedores más exitosos son muy diferentes a aquellos de los que leemos a menudo. Y es sobre esos triunfos poco mencionados, que no han sido anunciados, que debemos estudiar. Estos suelen ser modelos excelentes —y hay millones de ellos—. Son soñadores que han triunfado como emprendedores alcanzando impresionantes niveles de fortuna, respeto (en lugar de fama) y control sobre su propia vida. Es posible aspirar a ser como ellos procurando imitar sus logros al seguir sus ejemplos. Sus historias reflejan la realidad del emprendimiento. Y son precisamente esas historias las que relataré con todo y sus defectos en este libro.

Aquí, conocerás personas extraordinarias, modelos realistas que son aplicables en un amplio espectro y que te ayudarán a entender cuáles son los elementos críticos que implica el hecho de embarcarte en tu propia empresa o invertir en las de tus amigos. Lo que aprenderás, te sorprenderá. Estas lecciones incluyen:

- *¿Qué clase de ideas generan compañías exitosas y qué tan innovadoras deben ser las tuyas?* El emprendimiento suele tratarse de tecnología y descubrimientos deslumbrantes; cualquier idea tiene el potencial para generar una compañía exitosa. Innovar no se trata de hacer algo completamente nuevo, sino de hacer algo que mejore la vida de la gente.

- *¿Qué habilidades necesitas para triunfar?* Necesitas muy pocas.

- *¿Qué conocimientos básicos se necesitan?* Casi todo lo que necesitas saber lo aprenderás en el trabajo.

- *¿A quién necesitas conocer y cuándo deberías buscar ayuda?* Por ingenuidad, la mayoría de los emprendedores falla en buscar ayuda o en aceptarla cometiendo así errores costosos que podrían haber evitado.

- *¿Cómo hacer para encontrar y elegir a tus socios y cómo dividir la compañía sin tener mayores inconvenientes cuando sientes que ellos están comenzado a detener tu progreso?* Decidir trabajar de cerca con extraños, amigos, familiares y personas que amas tiene sus ventajas y sus desventajas.

- *¿Cuánto dinero necesitas para iniciar tu empresa y para costear algunos errores?* No necesitas mucho.

- *¿Dónde y cómo obtienes recursos para crecer a gran velocidad?* Ten cuidado con los extraños que te ofrecen dinero.

- *¿Cómo lidias con la "niebla de la guerra" que es el reto diario de saber qué hacer?* Cuando se trata de lidiar con situaciones desconocidas y de riesgo, la autoconfianza está sobrevalorada.

- *¿Cuándo y cómo mantener el control mientras tu empresa crece?* Aunque de este aspecto rara vez se discute, la realidad es que es muy desafiante; incluso los grandes emprendedores pierden el control a veces.

- *¿Cuáles son los errores que debes evitar a toda costa, versus los errores de los que esperas aprender?* Algunos errores te derrumbarán, mientras que otros te brindarán un conocimiento invaluable y a un precio más bajo que cualquier clase que tomes sobre emprendimiento.

Los modelos ilustran en qué consiste realmente ser un emprendedor. Te ayudan a decidir si el emprendimiento es un campo de acción indicado para ti o para ese primo que te está pidiendo que inviertas. Sus historias son interesantes, fáciles de leer y difíciles de olvidar. Te las relataré con lujo de detalles para que comprendas a la perfección qué salió bien y qué salió mal. ¿Fue cuestión de suerte, talento, pasión, carisma, un tío rico o intervinieron otras circunstancias que fueron la clave para el éxito de este emprendedor? ¿Cuál vendría siendo la clave de *tu* éxito?

Muchos de los relatos que leemos o escuchamos suelen tratarse de emprendedores que alcanzan el éxito bajo circunstancias muy específicas o en momentos oportunos muy particulares. De hecho, la suerte y la casualidad tienden a jugar un papel decisivo en los triunfos de los emprendedores, pero no ganarás nada emulando acciones que condujeron a éxitos aleatorios. Las historias que he escogido contarte son relevantes para todos, no solo para quienes corren con suerte.

A casi todos los que conocerás en estas páginas los he llamado *emprendedores bien cimentados*. El término describe al 99.5% de los emprendedores que crea más del 90% de toda la riqueza generada por emprendedores en economías desarrolladas. Los emprendedores bien cimentados son personas normales, comunes y corrientes. No son las más inteligentes, mejor educadas, más agresivas, ni las más expertas del mundo en tecnología. Ellos hicieron crecer sus empresas en formas menos riesgosas y no al estilo "está bien colapsar", ni "apúntale a la luna", ni "usa el dinero de otros", modelos a los cuales estamos acostumbrados a leer cuando se trata de emprendedores de alto riesgo.

Ser un emprendedor bien cimentado no significa crecimiento lento, ni bajas aspiraciones, ni empresas pequeñas. Significa control, bajo riesgo y paciencia. Sam Walton (Walmart) era un emprendedor bien cimentado, al igual que Ray Krock (McDonald's), Walt Disney y Estée Lauder. Bill Gates y Michael Dell también lo son. Parece seguro afirmar que todos estos grandes emprendedores entenderían a los modelos presentados en este libro y a personas que se parecían a ellos y con las cuales también simpatizarían.

Mira, por ejemplo, a Jordan Monkarsh, fundador de Jody Maroni's Sausage Kingdom. Jordan era el hijo de un carnicero. Habiendo estudiado religión en la universidad, nunca hizo un curso de negocios, sin embargo, en poco tiempo, creó la fábrica más grande de salchichas especiales del país, todo esto, con sus pequeños ahorros. Su historia aplica a cualquiera que aspire a crear una empresa grande que les venda productos a los consumidores e ilustra qué es importante saber y qué no. Es también una historia que te ayudará a visualizar las muchas respuestas a la pregunta "¿qué significa ser un emprendedor exitoso?".

Stephanie DiMarco creó una gran y exitosa compañía de software. Ella no es programadora de computadoras, ni ingeniera, ni científica (es contadora); sin embargo, no necesitó capital de riesgo hasta cuando buscarlo fue algo que obraba por completo a su favor. En un comienzo, Stephanie tuvo como socio a un ingeniero de sistemas y esta sociedad se convirtió en bendición y maldición al mismo tiempo; esa es toda una gran historia en sí misma. Escoger socios y hacer contrataciones tempranas es uno de los aspectos más complejos de iniciar una empresa —algo que muchos emprendedores ignoran y que destruye sus oportunidades de éxito—. Stephanie es un excelente ejemplo del emprendimiento en sus muchas dimensiones. Su compañía les vendía el software a otras empresas y tuvo éxito en su oferta pública inicial; fue creciendo poco a poco hasta llegar a tener alcance global y ser ampliamente valorada. Dudo que alguna vez hayas escuchado sobre su Advent Software, pero su historia ilustra el contraste entre cómo los más exitosos emprendedores hacen crecer su empresa y cómo los emprendedores de alto riesgo, de los que tanto leemos, hacen crecer las suyas.

También conocerás a Vidal Herrera, un emprendedor con discapacidad que no tuvo otra salida que empezar su propia empresa o ver a su familia morir de hambre. El mundo está lleno de luchadores que, como él, se convirtieron en emprendedores por necesidad. Casi todos ellos aprendieron a tener éxito como ejecutivos mientras trabajaban. Se propusieron crear compañías valiosas, siempre con la meta de alcanzar un estilo de vida que les recompensara por haber sobrevivido a arduas dificultades. Vidal, que creció en medio de la pobreza y quien apenas logró graduarse de secundaria, inició una compañía basándose en la única habilidad que poseía que podría importarle a alguien: realizar autopsias. Cuando fundó 1-800-AUTOPSY no tenía ni idea en qué consistía el emprendimiento, sin embargo, tuvo éxito sin haber obtenido un título ostentoso, ni habiendo leído libros complicados sobre el tema.

Ken Marlin abandonó los estudios, se unió a los Marines y tiempo después fundó uno de los bancos de inversión "boutique" más rentables, valorados e influyentes de Wall Street, el cual nos parece un lugar impenetrable y aterrador a casi todos los emprendedores (en especial, debido a que hemos visto a tantos bancos de inversión quemarse allí en los últimos años). La historia de Ken nos muestra que el conocimiento establecido prevaleciente acerca de lo que es y no es posible no aplica a los emprendedores que son diligentes y que de verdad están abiertos a aprender nuevas habilidades.

Llegar a conocer emprendedores legendarios representa retos, bien sea que ellos estén vivos o muertos. Sus compañías, familias, fideicomisos y otros tienen intereses creados para mantener su imagen. Y sus autobiografías suelen ser ejercicios para forjar mitos. Si vamos a entenderlos, debemos ir más allá de la superficie del mito y penetrar a un nivel que ilumine y muestre cómo son las cosas en la realidad.

Analiza el caso de Sam Walton. En muchos aspectos, él es el emprendedor más exitoso de todos los tiempos, Walmart tiene más ganancias que cualquier compañía en el mundo y hasta ahora ha creado más empleos directos e indirectos que cualquier compañía de la Historia. Además, la familia de Sam todavía posee un gran porcentaje de la compañía, que es otra característica extraordinaria. ¿Cómo lo hizo? ¿Solo tuvo suerte? ¿Fue un fenómeno de la Era "pre Digital"? ¿Quién es el hombre detrás del mito?

Como alguien que estudia y enseña emprendimiento, yo necesitaba conocer las respuestas a estas preguntas sobre Sam. He sido muy afortunado de haber obtenido acceso a los archivos del Museo Sam Walton, en Bentoville, Arkansas, donde me he sumergido en sus notas y papeles personales. Un diligente equipo de archivistas, ayudado por la familia Walton y varios de los socios más cercanos a Sam a lo largo de los años, ha coleccionado toda una bodega de notas, reportes, enseres y recuerdos de Sam. Toda esta documentación y estos enseres significan que hay mucho que aprender de él, más allá de la leyenda que representa.

Habiendo sido un emprendedor, así como director ejecutivo de una compañía pública global, entiendo el contexto y el tono de sus notas, cartas e informes. Al leerlos, es fácil ver dónde comenzó su manera de pensar y cómo evolucionó con relación a aspectos clave sobre el emprendimiento que hoy siguen siendo igual de relevantes: sus experimentos para conseguir dinero, crecimiento, personas dispuestas a dedicarle su vida a su visión, el control y ganarles con astucia incluso a los competidores mejor financiados y experimentados.

Sin duda, él fue un emprendedor bien cimentado. Hizo crecer su compañía basándose en obtener utilidades cada vez mayores con las pequeñas tiendas minoristas que en un comienzo franquició. Obtuvo apoyo para lograr sus esfuerzos con dinero prestado de su familia y luego de los bancos. Aprendió sin cansancio por medio de la experimentación y de imitar a otros. Corrió riesgos, pero nunca "arriesgó a la compañía". Conocía lo que las personas que nombraba en posiciones estratégicas habían alcanzado para otros empresarios y estaba seguro de que podía apoyarlas y rodearlas con una cultura que les permitiría lograr mucho más al trabajar para él. Estas lecciones que aprendemos de Sam son relevantes para todos los emprendedores de la Historia, incluyendo a los de alto riesgo de la Era Digital actual.

Sam no era perfecto y él era el primero en reconocerlo. Aunque después de leer este libro quizás aspires a ser mejor que él en ciertos aspectos, entenderás que ser un emprendedor fenomenal no tiene nada que ver con la perfección. Lo cierto es que todo aspirante o practicante del emprendimiento del día de hoy, ya sea bien cimentado o de alto riesgo, necesita entender a Sam.

También conocerás a Estée Lauder, a Ray Kroc y a Walt Disney. Todos ellos personifican grandes verdades en cuanto a este campo de acción. Walt Disney presenta una yuxtaposición a Sam Walton que resulta particularmente relevante. Sin tregua, Sam se concentraba en mejorar el desempeño de la tienda Walmart y tomaba buenas ideas de donde pudiera encontrarlas. En cambio, Walt Disney estaba motivado por su enorme deseo de hacer cosas que nunca nadie hubiese hecho. Estaba abierto a incorporar las ideas de otros en sus visiones, pero quería entretener a la gente en formas nunca antes vistas. Walt Disney innovó fundando más empresas que impactaron de forma directa la vida de más personas alrededor del mundo, que incluso Steve Jobs. Él trabajó en la industria del entretenimiento cuando todavía era el semillero de innovaciones, inversiones y empresas emergentes, completamente análogo al periodo de desarrollo de la computadora personal y la

CONSTRUYENDO SOBRE CIMIENTOS FIRMES

electrónica digital que sirvió como el suelo fértil de posibilidades para Steve Jobs.

Walt y Steve comparten varios rasgos de personalidad, algunos de los cuales eran difíciles de tratar, pero que les condujo a desarrollar productos que consideraban hermosos y perfectos; a veces, hasta generando desconcierto entre sus colegas. Al igual que Jobs, Disney también sufrió reveses; cayó en bancarrota, su distribuidor lo sacó de su segunda empresa y fue relegado por su junta (ante la insistencia de sus ejecutivos bancarios).

Estée Lauder sirve como un modelo muy relevante para los jóvenes aspirantes a emprendedores que quieren transformar sus intereses naturales en grandes empresas. Estée aspiraba a superar sus humildes orígenes. Empezando en su adolescencia, experimentó sin cansancio para saber cómo vender productos de belleza. Le tomó décadas obtener pequeñas utilidades para aprender a lograr las grandes ganancias que le permitirían vivir la vida que tanto quería.

En contraste, Ray Kroc tenía 52 años cuando decidió dedicar el resto de su vida a licenciar franquicias de McDonald's. En particular, su historia es relevante para emprendedores que buscan un cambio en sus carreras. Hasta ese momento, Ray había dedicado su vida a perfeccionar sus habilidades en las ventas, de las que dependió para crear un gran negocio, cuando vio la gran oportunidad de emprendimiento que había esperado encontrar: vender franquicias de McDonald's a nivel nacional.

También debes entender a los emprendedores de alto riesgo. Con el apoyo de capital de riesgo, ellos crean compañías que crecen más rápido que las compañías de los emprendedores bien cimentados, en especial cuando las economías de escala o los efectos de las redes proveen una ventaja competitiva sobre cualquier otro negocio. Aunque los emprendedores de alto riesgo representan menos del 1% de todos los emprendedores exitosos en los Estados Unidos, ellos generan cerca del 10% de toda la riqueza emprendedora. Sin embargo, no es sorpresa que los aspirantes a emprendedores de alto riesgo tengan una tasa de fracaso más alta que la de los emprendedores bien cimentados. Mark Zuckerberg, Larry Page, y Travis Kalanick (de Uber) son emprendedores de alto riesgo. Sus historias son bien conocidas y no me referiré a ellas aquí, pero aprenderás por qué ellos tomaron las decisiones adecuadas al elegir caminos de alto riesgo hacia el éxito. Sin embargo, esos caminos son para pocos y aclararé por qué casi todos los emprendedores de éxito, incluyendo algunos emprendedores de tecnología, prefieren no emularles.

En ocasiones, nos deslumbramos con emprendedores que fundan compañías que no tardan en vender por grandes sumas de dinero. Estos emprendedores de "cambios rápidos" suelen tener personalidad y estilos de vida interesantes, pero son modelos terribles para los aspirantes a emprendedores. Y este rápido cambio de curso solo puede ocurrir durante la corta ventana de tiempo asociada con la hiperadopción de mejores y más nuevas tecnologías y herramientas. La manera como estos emprendedores de cambios rápidos alcanzan ganancias a corto plazo y de alto riesgo no tiene mucha relación con lo que la mayoría de los emprendedores debe hacer para obtener crecimiento y rentabilidad a largo plazo, así que los ignoraré a propósito.

Las conclusiones a las que llego en este libro son bastante consistentes con las investigaciones de campo realizadas. Como el objetivo de este trabajo es describir modelos reales, potentes y relevantes para quienes aspiran a ser emprendedores, me centro en relatar historias que transmitan lo que es verdaderamente importante. Además, les presto atención particular a los componentes emocionales críticos que llevan a los emprendedores a hacer lo que hacen. Ya que las emociones causan acciones, por lo general, impulsan el éxito o el fracaso del emprendedor.

Por desgracia, mucho de lo que se ha escrito sobre emprendimiento es confuso o errado. Aún peor, nuestra fascinación con los emprendedores de alto riesgo podría llevarnos a tomar decisiones equivocadas que resulten en fracasos o en oportunidades desperdiciadas. Esa fascinación ha impulsado a más emprendedores a asumir riesgos no correspondientes con los valores sociales o económicos suministrados —riesgos que se corren con el propósito de establecer récords de valoración en lugar de mejorar la vida de otros—. Estos riesgos pueden llevar a comportamientos poco éticos o asociales y su único propósito tiende a ser incrementar las valoraciones a expensas del público. El hecho de tener mejores conocimientos acerca del emprendimiento puede hacer que esta fascinación cambie de enfoque y se fije en emprendedores bien cimentados, quienes son esenciales para nuestra felicidad y nuestro bienestar.

El emprendimiento es un tema álgido. Impulsa a la gente a afirmar que tiene experiencia basándose en una práctica personal limitada, pues es cierto que te da un contexto sobre el cómo y de algunos aspectos del qué, del cuándo y del dónde que describen lo que es el emprendimiento. Pero la experiencia no te da una imagen completa de lo que es en realidad el emprendimiento porque, como veremos en el próximo capítulo, el emprendimiento es diferente para todos. Incluso entre los llamados expertos, siempre ha existido una confusión significativa acerca de quién califica como emprendedor. Esta confusión es tan esencial para determinar si el emprendimiento es bueno para ti, que debemos comenzar por resolverla. Afortunadamente, al descifrar el "quién", podemos hacer de todo este tema algo más relevante para casi todo el mundo.

CAPÍTULO 2

Quién

"¡Yo les traigo alegría!"
—Jordan Monkarsh

E s vergonzoso: nosotros, los que nos declaramos expertos en emprendimiento, no logramos ponernos de acuerdo en cuanto a la definición de quién es realmente un emprendedor. "Emprendedor" es un término sobrecargado que se usa de incontables maneras y cada expresión transmite un mensaje distinto.

La mayoría de estos mensajes distrae a los emprendedores existentes y potenciales de sus tareas reales. Por ejemplo, algunos economistas piensan que todos somos emprendedores, siempre y cuando seamos capaces de tomar decisiones propias. ¿Por qué? Porque al decidir dónde trabajar, qué comprar y cómo disponer de nuestro tiempo, todos sopesamos lo que percibimos como riesgo. Conocidos colectivamente como la *Escuela Australiana*, estos economistas aducen que siempre estamos obteniendo ganancias y pérdidas de las decisiones económicas que tomamos. Ellos no perciben dónde está la diferencia entre decidirse a comenzar un negocio y decidir qué trabajo tomar. Según su forma de verlo, todo aquel con la consciencia suficiente para tomar decisiones acerca de cómo lidiar con su vida es un emprendedor.

La definición más simple de emprendimiento, y la que estaré usando en este libro, es esta: *un emprendedor es alguien que encuentra o dirige un negocio del que es dueño bien sea que esté oficialmente constituido o no*. Esta definición se concentra en el establecimiento de empresas y en la constante función del emprendedor como jefe de estas. Además, establece el estándar para que aquellos que tengan su propio negocio puedan usar el título de "emprendedor". Esta definición también se parece mucho a la que vemos en varios diccionarios.

He encontrado casi un centenar de otras definiciones que usan diferentes grupos de personas para "emprendedor", cada una de ellas con sus propios criterios de éxito implícitos. Los requerimientos para ser considerado el emprendedor que estas definiciones establecen o presuponen, por sí solos o en múltiples combinaciones, incluyen: alcanzar niveles mínimos de ingresos, utilidades, tasas de crecimiento, generación de valor, generación de empleos, habilidad para usar recursos, satisfacción personal (a corto y/o largo plazo), aspiraciones, impacto duradero en el mundo, autosuficiencia, control personal, tolerancia al riesgo e independencia.

Cada definición insinúa o establece el umbral mínimo que una persona debe alcanzar para ser reconocida como emprendedora. Muchas definiciones de emprendedor no incluyen a quienes trabajan por su cuenta o cuyas empresas no están formalmente constituidas. Algunas investigaciones sobre el emprendimiento usan una definición que requiere que los emprendedores aspiren a desarrollar un negocio constituido, de lo contrario, serán considerados "pequeños empresarios" o "trabajadores independientes". Lo gracioso es que todos los emprendedores superexitosos perfilados en este libro empezaron como propietarios de pequeños negocios. Sam Walton comenzó manejando una tienda de variedades en un pueblito. Al igual que él, los fundadores de grandes compañías también comenzaron manejando operaciones de tamaño similar.

La más extrema de las definiciones se usa entre algunos inversionistas de capital de riesgo, antiguos emprendedores extremadamente ricos, algunos de ellos escritores, y algunos expertos de los medios que definen a los emprendedores (a menudo denominados como "reales" o "innatos" para denotar qué tan especiales son) como gente motivada a arriesgar su bienestar para generar un gran impacto en el mercado. A menudo, encontrarás esta definición en relatos acerca de Henry Ford, Steve Jobs, Bill Gates, Mark Zuckerberg, etcétera. Lo que esto da a entender es que emprendedores como ellos, jóvenes, sin entrenamiento, ni experiencia al momento de tener éxito, simplemente, nacen con rasgos especiales.

Esta definición que presupone que "los emprendedores reales nacen siendo una combinación entre genios y héroes" suele servir para intereses propios de manera involuntaria. Si eres un importante capitalista de riesgo que necesita invertir $1.000 millones de dólares al año en empresas emergentes, entonces querrás tratar solo con personas que aspiren a alterar grandes mercados; no querrás perder tu tiempo con nadie que aspire a algo menor, ni que esté creciendo poco a poco. A los medios les gusta esta definición heroica porque es vinculada de inmediato con relatos sobre situaciones bastante inusuales que atraen a muchos lectores. Sin embargo, esta definición se aplica solo a algunos pocos miles de individuos en el mundo y desanima a los potenciales emprendedores de comunidades donde estos modelos no existen. Describir a los emprendedores como personas con cualidades extraordinarias e innatas es dañino, en especial para las mujeres y para los emprendedores de las minorías, y constituye una forma maliciosa de discriminación. Ninguna investigación demuestra que debas poseer cualidades genéticas especiales para ser un emprendedor.

Cualquiera que inicie una compañía o sea independiente es libre de elegir su propia definición de "emprendedor", al igual que su propio criterio de éxito. También veremos que, así como los emprendedores asumen toda la responsabilidad de sostenerse a sí mismos, también están en capacidad de decidir qué van a necesitar para sentirse satisfechos de haber triunfado.

Es una lástima que la mayoría de los emprendedores no piense en lo que en realidad quiere, pues ese hecho les genera serios problemas. Es innegable que la definición de emprendedor que elijes influencia las decisiones que tomas y afecta los resultados que obtengas. A esto se debe que los emprendedores que no tienen una definición de lo que están haciendo toman decisiones inconsistentes, lo que los lleva a desperdiciar tiempo y dinero, causándose a sí mismos una ansiedad innecesaria —tema del que tratamos más a fondo en el Capítulo 4.

Alguien a quien admirar

Te presento a Jordan Monkarsh, también conocido como Jody Maroni, quien, prácticamente, encaja en casi todas las definiciones de "emprendedor". Conocí a Jordan hace más de 30 años y aún disfruto de aquella experiencia. Se asomó por la ventana de su caseta de salchichas Venice Beach y nos saludó a mi esposa y a mí. "¡Oye, guapo! ¿Quieres impresionar a tu novia? ¡Acércate y prueba una muestra gratis! ¡Muéstrale que tienes buen gusto!".

No pude resistirme, ni tampoco otros transeúntes; las salchichas que estaba ofreciendo olían y se veían muy bien. Ordené una salchicha italiana suave que venía en un panecillo, cubierta de cebollas caramelizadas asadas y pimientos rojos. ¡Estaba deliciosa!

Cuando Jordan fundó Sausage Kingdom de Jody Maroni, no entraba en el estereotipo actual del brillante revolucionario amante de la tecnología. Y todavía hoy, no encaja en ese estereotipo. Él caracteriza a los emprendedores bien cimentados de los que no escuchas mucho, pero que son quienes impulsan nuestra economía.

Jordan creció en un suburbio de Los Ángeles, en un hogar de clase media. Su padre era carnicero y su madre era un ama de casa que cuidaba de sus tres hijos. Jordan era el mayor. Le gustaba estar solo, leía mucho y hacía muchas preguntas a la hora de la cena. A veces, sus padres se preguntaban por qué su hijo de 12 años hacía tantas preguntas acerca de temas religiosos, así como de otros temas igual de desconcertantes. Ellos creían que sus preguntas deberían girar en torno a qué oportunidades tenían los Dodgers en la Serie Mundial, pero él se interesaba más en leer todos y cada uno de los números de la revista *National Geographic* de principio a fin y tan pronto salieran al mercado. Jordan encontraba fascinante el hecho de conocer sobre otras culturas y paisajes. Soñaba con visitar nuevos lugares y con ver rituales exóticos. No le importaban los negocios, ni el emprendimiento.

Todos los chicos Monkarsh hacían labores para ayudar a Max, su padre, que trabajaba largas jornadas en su carnicería. Además de ocuparse de la atención al público a lo largo de la jornada, Max también debía asegurarse de que la tienda estuviera impecable cada noche, antes de volver a casa a cenar con su familia. En la mañana, antes de abrir la tienda, debía decidir qué carnes y cortes presentaría ese día, qué precios ajustar y qué órdenes hacerles a sus proveedores.

Después de que Jordan cumplió 13 años, Max le asignó el trabajo de preparar en el sótano de la tienda las salchichas que ofrecería para la venta, así que, después de la escuela, Jordan tomaba el bus rumbo a realizar esa tarea. Estando ya en el sótano, molía la carne, le mezclaba vegetales, sales y preservantes y luego operaba una máquina que empacaba la carne molida en los intestinos de vaca que usaban para mantener las salchichas compactas. Esa fue su tarea por años y recibía $3 dólares por hora, dinero que ahorró para comprar un auto cuando cumplió los 16. Jordan detestaba esa asignación en el sótano, pero no había manera de negociar otra cosa con su padre. Así que trabajaba mientras soñaba con ser libre y visitar tierras lejanas.

Con el tiempo, se graduó de la universidad con un título en religión y con una gran pasión por leer y escribir poesía. No estaba seguro de lo que quería hacer, pero sabía qué no quería: trabajar para su padre, ni ser carnicero. Lo amaba, pero no se imaginaba trabajando con él la vida entera aunque ese fuera el deseo de su progenitor.

Luego de varios meses de andar por el mundo después de graduarse de la universidad, Jordan volvió a Los Ángeles y comenzó su primera empresa. En sus viajes, desarrolló cierta pasión por probar comidas interesantes en los puestos de los vendedores ambulantes. Como en

L.A. no había ese tipo de venta de comida, tuvo la idea de construir carritos de comida e ingresar a ese negocio. Parecía una buena manera de hacer dinero para vivir.

Jordan no sabía nada sobre planes de negocios, así que no creó ninguno, pero sí hizo un bosquejo del carrito que uno de sus conocidos le construiría. Unas semanas después, lo recibió ya listo para trabajar y parecía una parrillada con ruedas; ahí mismo, decidió cargarlo con 500 salchichas que había hecho el día anterior. Luego, lo acomodó en la parte de atrás de su vieja van, se detuvo en su panadería favorita para recoger 500 panecillos frescos que había ordenado y manejó a su lugar preferido en Los Ángeles, Venice Beach. A las 10 horas, ya había vendido todo lo que montó en su parrilla. Ese día, Jordan tuvo suficiente utilidad como para recuperar la inversión que hizo en la construcción de su invento. Poco después, contrató un asistente para que se encargara de manejar el dinero y así poder concentrarse en el asador y en servir las salchichas día a día, llegando a vender cerca de $2.500 dólares en su día más ocupado. Le encantaba asar salchichas y ofrecerles sus productos a los transeúntes; así lo hizo por años, antes de que las autoridades de salud se dieran cuenta. Resultó que la ausencia de puestos de comida ambulantes en L.A. no era debido a la inexistencia de estos, sino debido al Departamento de Salud Pública: sus reglas prohibían la comida callejera. Un año después de haber sido notificado por el Departamento de Salud, Jordan fue citado una docena de veces por causa de su puesto de comida y en últimas le advirtieron que iría a prisión si permanecía en la industria.

Jordan vendía su comida por mucho más de lo que le costaba hacerla. Ganaba más de $1 dólar por cada salchicha de $1,75 que vendía. Por esa razón, para cuando su negocio fue clausurado, ya había ahorrado más de $25.000 dólares. Después de ganar su propio dinero, Jordan sabía que no estaría satisfecho trabajando en un empleo de 9:00 a 5:00 para otra persona. La ventaja era que ya tenía suficiente dinero para empezar otro negocio.

Habiendo concluido que, si tenía los permisos adecuados, podría hacer y vender comida que le agradara a la gente, Jordan ahora soñaba con empezar un negocio que lo pusiera en el centro del lugar que más amaba: Venice Beach. Así que, pocas semanas después de dejar el negocio de la comida ambulante, usó gran parte de las ganancias que había obtenido para rentar una caseta de comidas rápidas. En su interior, él sabía que se las ingeniaría para hacer salchichas deliciosas con nuevos sabores que atraerían a más y más clientes. Después de todo, hacer salchichas para *su* propio negocio era más satisfactorio que hacerlas para el de su padre.

Luego de rentar la caseta, instaló los electrodomésticos que necesitaba para hacer, cocinar y refrigerar sus salchichas. Infortunadamente, el proceso de solicitar los permisos y pasar las inspecciones requeridas para servir comida en Venice Beach le tomó cerca de dos años. Para ese momento, Jordan estaba en deuda con todos sus amigos y familiares, debido al dinero adicional que tuvo que invertir para poder resistir y sostenerse hasta el día de la inauguración. Y a pesar de las vicisitudes, Sausage Kingdom de Jody Maroni (su intuición le decía que "Sausage Kingdom de Jordan Monkarsh" no sonaba tan apetitoso) fue un éxito instantáneo. Todos los involucrados en esa causa sintieron que el duro trabajo, el tiempo y las deudas acumuladas habían valido la pena.

Jordan no es un tipo muy alto, pero como el interior de su caseta fue diseñado para estar dos pasos por encima del malecón, su personaje, "Jody", se veía inmenso cuando se asomaba al mostrador a llamar la atención de los transeúntes. Jordan tiene una gran sonrisa y es difícil de ignorar, así que muchas personas se detenían a probar su comida. Los diferentes sabores de salchichas que él ofrecía eran todas deliciosas y de gran calidad. La gente lo amaba y en un día soleado en la playa, con la ayuda de tres personas más, llegaba a vender hasta $6.000 dólares en salchichas, papitas fritas y refrescos. Con un negocio así de rentable, Jordan pudo librarse de las deudas en cuestión de 18 meses.

Servirles un producto excelente día a día a miles de personas en Venice Beach te hace alguien notable. A "Jody" le encantaban la atención y los elogios. "¡Yo les traigo alegría!", solía decirles a sus clientes. Tratar de hacerlos felices nunca pareció un trabajo difícil para él. El broche de oro fue cuando sus esfuerzos le llevaron a tener múltiples menciones de un famoso crítico de *Los Angeles Times* —"Jody" se había convertido en una celebridad local.

Jody y Jordan tienen personalidades muy distintas. Jordan es introvertido, lee poesía y le gusta quedarse en casa con su familia. Jody les habla a los desconocidos, muestra una gran sonrisa y es rápido en salir con ocurrencias —un alter ego creado por la pasión y la ansiedad que van ligadas el hecho de saber que tu futuro está en juego.

Jordan pasó largas jornadas administrando su negocio, como lo hacía su padre con la carnicería. En un lapso de cinco años, llegó a supervisar a más empleados que su padre —necesitaba mucha ayuda adicional porque Sausage Kingdom servía a muchos más clientes cada día—. El negocio estaba abierto siete días a la semana y Jordan supervisaba la preparación de cada salchicha que servía. Contrató a algunas de las personas que había conocido durante sus días con el carrito de comidas y a su vez ellas le presentaron a sus amigos, a algunos de los cuales también contrató. Para asegurarse de que todo se hacía como él quería, Jordan estaba en la caseta desde que abría las puertas del negocio, temprano en la mañana, hasta que cerraba, un par de horas después del ocaso.

Además, era un entrenador exigente, pero paciente para con su equipo y el ambiente en Sausage Kingdom era muy bueno. Aunque Jordan les pagaba a sus operarios solo el salario que estaba en el mercado, el cual estaba cerca del 20% por encima del salario mínimo, su rotación de personal era baja. Compartía sus recetas con ellos y les enseñaba a preparar como él lo hacía. Incluso los persuadía de que les hablaran a los transeúntes en un inglés entrecortado. Por supuesto, ellos no causaban exactamente la misma impresión que "Jody", pero sí llamaban la atención y vendían más salchichas que las que hubiesen vendido de otro modo. Como él se interesaba en entrenarlos a bajo costo y en compartirles sus habilidades, todos lo respetaban y no sufría de robos de parte de sus empleados, lo cual afectaba a los dueños de otras casetas en Venice Beach, llevándolos a afrontar muchos problemas e incluso a tener que cerrar sus negocios.

Jordan se casó poco después de abrir la caseta. En los siguientes tres años, él y su esposa tuvieron dos hijos. Habiendo pagado sus deudas a familiares y amigos, y tras haber creado un negocio próspero, disfrutaba de su éxito e independencia —sentía que lo tenía todo.

Grandes cifras

Hoy, Jordan es solo uno de los 15 millones de emprendedores a tiempo completo en los Estados Unidos, gente que trabaja para sí misma o maneja los casi seis millones de negocios que han creado. Casi 18 millones de personas están tratando de empezar cerca de 9.5 millones de negocios y millones más están pensando en hacer lo mismo. Como ya se ha dicho antes, cuando tienes en cuenta parejas, padres y hermanos, encuentras que más del 30% de la población adulta está relacionado bien sea con empezar una compañía o tiene una relación directa con alguien que ya la tiene. Sin embargo, para todo el nivel de atención al que está expuesto el emprendimiento, quizás ese porcentaje sea aún mayor.

Ninguna cualidad mental, emocional o física diferencia a Jordan, ni a ningún otro emprendedor de alguien que trabaja para otros. En promedio, un emprendedor no es más inteligente, ni más fuerte, ni más extrovertido o insomne que el resto de nosotros. Dada la cantidad de personas en los campos del empleo y el emprendimiento, esto no es sorprendente. Si un margen tan amplio de emprendedores tuviera alguna característica fisiológica o sicológica diferenciadora, desde hace mucho tiempo, habríamos aprendido a distinguirlos de entre la multitud.

Cuando pensamos en emprendedores, la mayoría de nosotros piensa en menos del 10% de todos los emprendedores, lo cual corresponde a aquellos que son mucho más ricos que el resto de la población trabajadora. La riqueza representada en la lista de los 400 americanos más ricos de la revista *Forbes* ha sido creada casi en su totalidad mediante iniciativas de emprendimiento. Como el número total de emprendedores es tan grande, incluyendo a los que todavía trabajan y también a los retirados, la cantidad de emprendedores ricos se mide en millones, aunque esta representa solo a una pequeña minoría de ellos en todos los niveles sociales. Y ya que los muy ricos atraen una cantidad desproporcionada de atención, la mayoría de nosotros tiene una percepción distorsionada de ellos y de su riqueza. Pensamos: "Si un emprendedor logra mantener un negocio por cierto tiempo, debe ser rico". La verdad es todo lo opuesto. El 90% de los emprendedores, sin importar qué tanto tiempo ha estado en el negocio, gana *menos* de lo que ganaría ofreciéndole sus habilidades y experiencia a un empleador bien establecido. En el punto en que comenzamos con la historia de Jordan, era evidente que él tenía menos en su cuenta bancaria que si hubiera trabajado para su padre o si hubiese sido el supervisor de un buen restaurante, aunque su puesto de salchichas tuviera buenos resultados.

¿Existen características que diferencian a los emprendedores muy adinerados de todos los demás? Esa es una pregunta capciosa. Seguro que sí, muchos llegan a ser bastante más ricos que el resto de nosotros por alguna razón, pero nuestros prejuicios tienden a hacernos pensar que vemos patrones en lo que leemos sobre los emprendedores famosos —que son expertos en tecnología, tienen talentos únicos, que no tienen sentimientos, lo que sea—. Sin embargo, estas percepciones distorsionadas surgen porque no queremos saber la verdad sobre ellos.

Stephanie DiMarco es un ejemplo clásico. Hace poco, vendió la compañía de software que fundó por $2.700 millones de dólares. Stephanie no es programadora —posee una gran personalidad, es tímida y más bien poca gente ha escuchado hablar de ella—. Siendo una persona cuya mentalidad es demasiado práctica, tiene un título en Contaduría. Aunque se siente más cómoda midiendo riesgos en lugar de tomarlos, ella nunca consideró que ser emprendedora fuera un riesgo irracional, pues su padre supervisaba una pequeña agencia de relaciones públicas; el chico del que se enamoró en la universidad, y con quien se casó después de graduarse, también abrió su propia galería de arte; y su futuro suegro era un fotógrafo independiente con su propio estudio.

Sin embargo, cuando se graduó de la universidad, Stephanie tomó el camino más transitado e ingresó a trabajar como contadora en uno de los bancos más grandes del mundo. Ella odiaba hacer eso, así que, después de un poco menos de dos años, pasó a trabajar con una pequeña firma administradora de inversiones con 10 empleados en vez de 20 mil, pero ese cambio no fue mucho mejor. Ninguno de estos empleos le brindaba las oportunidades que ella deseaba, ni la posibilidad de desarrollar todo su potencial. Como ella dice: "Era muy poco atractivo trabajar para satisfacer los sueños de otras personas y veía que no había muchas mujeres ocupando los mejores cargos".

Entendiendo que su prometido tenía ambiciones de emprendimiento en las que él sería útil, Stephanie hizo un último intento de encontrar un trabajo que sí fuera satisfactorio. Otra pequeña empresa administradora de inversiones estuvo dispuesta a contratarla y también le permitió trabajar en un proyecto para automatizar el tedio que implicaba preparar los estados mensuales de sus clientes después de terminar con sus tareas normales como contadora.

Stephanie había trabajado con computadoras en la universidad y, al haber trabajado en el prestigioso banco, se familiarizó con ellas, pero nunca fue responsable de ninguna. Esto fue a mediados de 1980, cuando las computadoras eran costosas y nadie más que un ingeniero de sistemas pasaba suficiente tiempo frente a una de ellas como para aprender a programarla. Así que Stephanie presentó una idea de proyecto que incluía comprar el último modelo de minicomputadora (una DEC PDP–11 de $30.000 dólares, con un disco duro de 5 MB) y contratar a un talentoso programador de medio tiempo, Steve, a quien conocía desde la universidad. Tal como lo prometió, el jefe de la compañía aprobó su propuesta y Stephanie tuvo la posibilidad de ejecutar un proyecto complejo que le hizo sentir que había elegido un buen lugar para trabajar.

Como ella misma se encargaba de hacer gran parte de la tediosa contabilidad manual de la firma, sabía con exactitud cómo debía trabajar un nuevo programa. En ese entonces, sí había programas empresariales de Contaduría disponibles para las minicomputadoras más asequibles, pero Stephanie no pudo encontrar a nadie interesado en crear un programa que hiciera la contabilidad que conllevaba el hecho de invertir con el dinero ajeno, pues esta rama era demasiado especializada para las empresas de software existentes en el momento. Stephanie y Steve se concentraron en automatizar la tarea simple, pero tediosa de enumerar las transacciones realizadas para cada cliente, lo cual solía requerir de un mecanógrafo de tiempo completo que registrara las entradas hechas a mano en un libro contable para luego ingresar todos los estados mensuales y enviárselos a los clientes.

Trabajando bien como equipo, Stephanie y Steve comenzaron a ir juntos al trabajo para tener más tiempo para hablar sobre el proyecto. Steve hacía muchas preguntas sobre los *cómo* y los *porqués* referentes a controlar las acciones y bonos comerciales vendidos a nombre de los clientes.

Stephanie hacía muchas preguntas sobre *qué* podía ser automatizado por computadora y *cómo* recopilar la información de forma más adecuada. Así, ambos se hicieron expertos sobre las posibilidades de automatizar libros contables de transacciones y otros asuntos en torno a la compañía de inversiones que a nadie más le importaban. Además, completaron a tiempo el proyecto de automatizar el trabajo de un mecanógrafo de tiempo completo y por debajo del presupuesto. La jefe de la boutique de inversión quedó encantada y alentó a Stephanie y a Steve a crear funcionalidades adicionales para su programa.

Menos de un año después de que Stephanie comprara la minicomputadora PDP-11, IBM lanzó su computadora personal XT. Aquel equipo la cautivó. Costaba solo $5.000 dólares y su disco duro tenía el doble de la capacidad para archivar registros contables. Sin embargo, Steve no estaba convencido. Durante sus tiempos de viaje hacia el trabajo, ella había escuchado con detalles por qué los PC no eran adecuados para las tareas de automatización de las empresas —no podían ejecutar varias tareas al tiempo, ni tenían sistemas operativos sólidos—. Sin embargo, poco intimidada por Steve y su jerga, Stephanie seguía preguntando "¿por qué?", y decidida a hacer que él admitiera que la contabilidad se podía hacer en aquel PC, pasaba los fines de semana investigando compañías que estuvieran comenzando a ofrecer sistemas operativos y lenguajes de programación más robustos para el XT. Después de más de un mes debatiendo, al fin Steve admitió que sí era posible escribir el equivalente de los programas que habían desarrollado para la minicomputadora en la nueva XT de IBM, —pero requeriría de trabajo innovador—. Fue ahí cuando Stephanie le lanzó la bomba a Steve: "Deberíamos iniciar nuestra propia compañía y venderles este software a otros interesados en él".

Steve no se sentía tan seguro. Estaba casado y tenía una hipoteca por pagar y un hijo al que mantener. Sentía que comenzar una compañía limitaría su habilidad de escribir aquellos programas que le parecían interesantes. Stephanie, sin embargo, era y sigue siendo, una persona muy determinada, así que le ofrecía soluciones y diversas opciones a sus objeciones. Después de una semana de discusión y negociación de facto, Stephanie logró que Steve cofundara con ella una compañía de software de gestión de activos. Le ofreció pagarle un salario mientras ella vivía de sus ahorros personales y le propuso no hacer uso de las ganancias hasta que la compañía se hiciera rentable.

De inmediato, Stephanie diseñó un plan de negocios para la empresa y se lo mostró a sus amigos y a otras personas que conocía. Un amigo de la familia, "por amistad", dice Stephanie, ofreció invertir $50.000 dólares por una quinta parte de la compañía, mientras Stephanie y su amigo programador, cada uno tendría un 40%. Habiendo asegurado la financiación para empezar la compañía, Stephanie pasó a presentar su renuncia ante su jefe, pero también le ofreció la oportunidad de invertir. "No tengo interés en invertir", fue su respuesta. Solo vete". Y así lo hizo, dando origen a Advent Software.

A Steve le tomó casi un año escribir los programas para que funcionaran en la PC de IBM. Por desgracia, los clientes potenciales, a pesar del nombre IBM en la computadora, se sentían incómodos poniendo en marcha funciones de contabilidad en una PC, así que los programas resultaron mucho más difíciles de vender de lo que ella había esperado y tomó otro año persuadir a empresas de gestión de activos a que tomaran en serio su software. Además, dos años después de fundar Advent, IBM ya había lanzado una generación más poderosa de PC, Novell había lanzado software de redes informáticas y la cantidad de información que se podía guardar en un disco duro se había duplicado. Ese año adicional permitió que el software de Advent madurara, pasara a funcionar en red, fuera más fácil de usar y tuviera un aspecto más profesional. Adicionalmente, ese mismo año de desarrollo también requirió de más dinero, así que Stephanie tuvo que pedirle al amigo de la familia otros $50.000 dólares para mantener la empresa a flote.

En aquel entonces, casi todos los programadores y casi todas las compañías de software compartían el desdén de Steve por usar PC como plataformas para el desarrollo de negocios de software. Así que, cuando los gestores de activos finalmente se sintieron cómodos utilizando PC, Advent era la única empresa ofreciendo un paquete asequible del software especializado en contabilidad. Casi exactamente dos años después de fundada, las órdenes de compra del software comenzaron a llegar y Advent pasó de inmediato a ser rentable y obtuvo un flujo de caja positivo.

Muchos investigadores han intentado encontrar características que se correlacionen con el éxito de un emprendimiento. Hasta la fecha, sus investigaciones muestran que la correlación entre el éxito y cualquier característica, o incluso cualquier grupo de características, es tan pequeña, que termina siendo irrelevante en la decisión de cualquier persona de convertirse en un emprendedor.

Podemos decir que los emprendedores ricos han invertido más horas de trabajo que la persona promedio, pero esto es más efecto que causa. Los emprendedores y directores ejecutivos ricos trabajan tanto o más que los directores ejecutivos de compañías de similar tamaño que crecen al mismo ritmo. Manejar las complejidades de un negocio que produce mucho valor *siempre* requiere de jornadas extensas de trabajo. Las compañías jóvenes y en crecimiento requieren supervisión constante para evitar los obstáculos que suelen matar a una empresa frágil y manejar cada vez más clientes requiere de cambio constante y mayor complejidad haciendo que la administración de una nueva empresa consuma mucho tiempo.

También podemos decir que casi ninguno de los emprendedores adinerados ha tenido éxito por sí mismo. Ya sea que hayan tenido un socio o más cofundadores, ellos tuvieron empleados clave que les ayudaron a construir sus empresas (tal vez, trabajando como contratistas y no como empleados). Quizás, estos emprendedores hayan sido introvertidos o extrovertidos, abiertos o reservados, generosos o desagradables en su trato con las personas con las que trabajaban y que les ayudaron a crear y administrar sus negocios, pero gran parte del trabajo productivo lo deben realizar otras personas para crear el valor significativo necesario a fin de lograr que una empresa sea rentable y que su dueño sea rico. Trabajar solo, como podrías hacerlo siendo contador, jardinero o conductor de Uber, casi que te descalifica para convertirte en un emprendedor adinerado.

Las diferencias importan

Preguntar por las características de los emprendedores ricos, o por las de cualquier otra categoría de emprendedor, es enfocarse en lo que no es importante acerca de ellos. Es preciso saber que el emprendimiento *no* se trata de entender cifras, ni promedios —el emprendedor promedio no existe—. Los emprendedores difieren a nivel individual el uno del otro más de lo que se parecen entre sí. Parecerse a todo el mundo genera muy poco valor para alguien que ofrece servicios o para la compañía que logre conformar. Ser promedio o igual es equivalente a convertirse en un producto más.

Los emprendedores explotan sus diferencias con el fin de ganarse su sustento y controlar su propia vida. La presión de pedirles dinero a extraños a cambio de hacer algo bueno por ellos mismos obliga a los emprendedores a diferenciarse tanto ellos como a sus negocios de todos los demás a su alrededor. En esencia, los emprendedores de éxito deben ser distintos y especiales, (y estas diferencias tienden a engañarnos y hacernos pensar que ellas son la causa —aquel factor especial con el que ellos nacen— y no el efecto —lo que ellos hacen para ser especiales—). Esta diferenciación puede ser a escala local, como administrar una panadería de barrio que sirve los mejores cruasanes en una milla a la redonda. El hecho es que *algo* diferenciador debe existir para que un negocio encuentre tracción. Y esa diferenciación comienza con el emprendedor que decide acentuar sus características personales tanto en su negocio *como* en su vida.

Lo que preparó a Jordan Monkarsh para tener éxito como emprendedor de una caseta de salchichas no sale a flote en una discusión acerca del coeficiente intelectual, emocional, los años de estudio o la edad a la que un emprendedor fundó su empresa. Jordan escogió explotar la combinación de habilidades que él poseía para hacer salchichas que, según la opinión de muchos, supieran diferente y mejor que cualquier otra comida que el público tuviera a su disposición en Venice Beach.

Él contaba con varios rasgos y habilidades personales por encima del promedio, lo cual lo impulsó a pensar en dar inicio a un negocio como ese. En especial, Jordan tenía papilas gustativas muy sensibles las cuales fueron esenciales para preparar salchichas con nuevas combinaciones de sabores. Él cultivó sus papilas gustativas durante sus viajes alrededor del mundo, después de graduarse de la universidad. Y aunque era introvertido, Jordan también supo interpretar el papel de un vendedor bromista. Además, nadie sabía hacer salchichas como él, algo que aprendió de su experimentado padre.

Jordan es un excelente modelo porque hay mucho que aprender de él en cuanto a sobrevivir y prosperar como emprendedor. Como es verdad para muchos emprendedores, él tiende a vivir en el momento; no es un planeador, ni un estratega. Nunca escribió un plan de negocios. Jordan adquirió las habilidades adicionales necesarias para manejar su negocio igual que la mayoría de los emprendedores lo hace —aprendiendo lo que no sabe, cometiendo errores, y revisando sus cuentas para ver qué tanto le queda al final del mes—. Así, es como ellos deciden cuál es el siguiente paso.

Stephanie es casi todo lo contrario. A ella le gusta hacer planes, rodearse de consejeros expertos y prever sus balances bancarios con meses de anticipación. Lo que esta diferencia demuestra es que cualquier tipo de persona —bien sea un Jordan o una Stephanie— está en capacidad de tener éxito como emprendedor.

Jordan supo elegir lo que él quería hacer con su vida y, de acuerdo con eso, le fue bien; al menos, eso es lo que opina la mayoría de la gente. (Más adelante, volveremos a ese tema). Él no escogió hacer algo en lo que fuera mediocre, ni que le pareciera aburrido. Lo mismo hay que decir de Stephanie y de casi todos aquellos que han creado una empresa que genere valor.

En últimas, en el emprendimiento no importa quién eres. Lo importante es lo que quieres *hacer* con quien eres.

Cuando "quién" significa "nosotros"

Contrario a una percepción que suele ser muy común, la mayoría de las empresas es fundada por una sola persona, no por un equipo. Más de la mitad de los emprendedores en los Estados Unidos trabaja para sí misma y quiere quedarse así. La mayoría no ve razones de peso para pagar mucho dinero para conformar una compañía. Los esteticistas que rentan sillas en los salones de belleza son un ejemplo clásico, así como la mayoría de los jardineros que tiene su propio camión y su podadora o los conductores de Uber que trabajan tiempo completo.

Fundar una compañía con un cónyuge u otros parientes directos en sociedad también suele ser común y ocurre en más de la cuarta parte de los casos. Sin embargo, es muy raro que las personas funden compañías con gente con la cual no tienen parentesco alguno. La mayoría de los emprendedores entiende intrínsecamente que darles propiedad significativa a socios o cofundadores aumenta el riesgo, en especial, si se trata de extraños. Stephanie es una excepción, pero su socio Steve no era un extraño, sino alguien a quien conoció en la universidad. Ella sentía que, si trabajaba con él, minimizaba el riesgo al fracaso de Advent; minimizar el riesgo al fracaso o a perder el control es consistente con el hecho de ser un emprendedor bien cimentado.

Sin embargo, entre los emprendedores de alto riesgo es común fundar compañías con personas relativamente extrañas y esto se debe a que ellos suelen sentir la necesidad justificable de crecer rápido o perecer. Los riesgos asociados con disolver la sociedad con un cofundador al que llegaste a conocer bien podrían parecer razonables cuando la supervivencia es imposible de otra manera. Con el fin de atraer inversiones y capital indispensable para establecer una ventaja competitiva, los emprendedores de alto riesgo suelen tener que atraer a cofundadores con experiencia y experticia complementarias. Aun así, tener como socios a extraños es un gran riesgo y muchos emprendimientos de alto riesgo fracasan, al menos en parte, debido a un distanciamiento entre los miembros fundadores fundamentales.

Por último, ya sean reconocidos con acciones constitutivas en la empresa o no, los cónyuges y los familiares siempre son socios de facto en las empresas emergentes. Crear una empresa, hacerla crecer, solucionar los constantes problemas que surgen y tomar control de todas las otras actividades estresantes que los emprendedores deben enfrentar para tener éxito, requiere de tiempo, atención y recursos de sus familias y de sus amigos más íntimos. Aunque no hay evidencia que demuestre que el emprendimiento conlleva a altas tasas de divorcio, las investigaciones muestran que este *sí* incrementa el estrés familiar, sin importar qué tan comprensivos sean sus cónyuges e hijos. Independientemente de cómo se funde el negocio, el emprendimiento siempre es un tema familiar.

Quién falla

Los emprendedores que no saben qué quieren del emprendimiento, así como quienes no tienen la energía o el tiempo para descubrirlo, son propensos a fracasar. Así también sucede con los emprendedores que se asocian con gente con la que en realidad no quieren trabajar. Y, quizá lo más importante, los que tienen miedo de ser diferentes tienen pocas esperanzas de encontrar maneras de hacer que los extraños inviertan de manera voluntaria el suficiente capital bien sea en ellos o en sus compañías para poder sobrevivir.

Aparte de estas advertencias, el emprendimiento es un campo profesional interesante tanto para ti como para tus seres queridos y, por lo tanto, vale la pena que sigas leyendo.

CAPÍTULO 3

Qué

"Los difuntos necesitan que les brinden protección y una voz.
Sin testigos, serán olvidados".
—Vidal Herrera

Por todas partes hay oportunidades de emprendimiento[3].

Piensa en esto: Estados Unidos recopila una gran cantidad de información sobre sus negocios y tiene un sistema bien establecido para organizarlos en más de 1.000 industrias diferentes. La mayoría de la gente se sorprende por la cantidad de industrias que existen, en especial, teniendo en cuenta que cada una de estas categorías generales incluye muchos tipos diferentes de negocios. Por ejemplo, la

---

3. Este enunciado no tiene como objetivo afirmar que todas las oportunidades de emprendimiento son fáciles de realizar.

Oficina de Censos de los Estados Unidos enumera 31 tipos de industrias orientadas a la construcción e incluyen 1.270.691 empresas diferentes (desde finales de 2012). Estas van desde "la construcción de carreteras, calles y puentes" (24.315) hasta "contratistas especializados en la instalación de losetas y pavimento pulido" (19.925). En el campo de la venta minorista hay nueve tipos diferentes de industrias minoristas listadas solo para las cosas que utilizamos todos los días. Y en cada una de estas clasificaciones de industria hay actividad de emprendimiento.

En todas y cada una de estas industrias, hay espacio para el mejoramiento y la innovación. Debido a que casi la totalidad de las empresas establecidas hace cosas que frustran a algunos o a todos sus clientes, todas están expuestas a convertirse en presa fácil de un nuevo emprendimiento. Y muchas de estas empresas son propiedad de empresarios agotados o mayores que gustosos se la venderían a otro emprendedor cuya intención sea hacer que el negocio crezca de nuevo.

Quizá, sea difícil apreciar la diversidad de oportunidades que existe, en parte, porque hay tantas, y en parte, porque los medios de comunicación se concentran más que todo en los empresarios de alto riesgo. En la actualidad, la actividad empresarial de alto riesgo *está concentrada* en negocios relacionados con software, pero de las 1.000 categorías de la industria que son supervisadas, solo cinco están relacionadas con software ("software de publicación", "servicios de programación personalizada de computadoras", "servicios de diseño de sistemas informáticos", "otros servicios relacionados con computadoras" y "procesamiento y alojamiento de datos y servicios relacionados"). Advent, la compañía de Stephanie, está incluida dentro de los softwares de publicación. Hoy en día, el software desempeña un papel importante en la mayoría de las empresas; pero, a menos que el software sea el producto que una empresa les vende directamente a sus clientes, será solo una herramienta para respaldar las ventas y la entrega del producto. Las herramientas difieren mucho de los productos y estos son el "qué" esencial que los empresarios deben crear para generar valor.

Para entender lo que hacen los emprendedores, consideremos a dos de ellos que encontraron lo que querían hacer en formas muy diferentes, pero muy típicas: se trata de Vidal Herrera y Sam Walton.

Desesperado por ofrecer sus servicios

El viaje de emprendimiento de Vidal Herrera se aceleró debido a su desánimo. Habiendo crecido en un entorno que pasó de escasos recursos a un estilo de vida de clase media, a la edad de 32 años, Vidal se vio desahuciado una vez más tras haber sufrido una lesión vertebral durante su trabajo como investigador forense. No podía permanecer de pie por mucho tiempo sin que el dolor lo venciera, así que el Condado de Los Ángeles lo relegó al estado de incapacidad permanente. Por desgracia, la indemnización de su trabajo no era suficiente para alimentar, vestir y proporcionarle vivienda a su familia, así que se postuló a más de 2.000 empleos, pero nadie quería contratar a alguien que no estuviera en capacidad de soportar permanecer de pie durante largas horas, ni cargar objetos pesados.

Vidal creció en un barrio del Este de Los Ángeles. Cuando tenía tres años, su madre fue desalojada de su casa para construir allí el Dodger Stadium. Sin dónde vivir y sin saber cómo alimentar a Vidal y a sus seis hermanos, ella se vio obligada a entregarlos bajo el cuidado de hogares sustitutos. Cinco años más tarde, logró recuperarlos, pero les dejó claro que todos tendrían que trabajar para apoyar a la familia. Así que, a la edad de ocho años, Vidal comenzó a canjear botellas de soda por centavos y a vender periódicos en las esquinas de las calles del centro de los Ángeles todos los días. Cada vez que le entregaba a su madre los $0,15 o $0,20 centavos que conseguía, se sentía orgulloso. El trabajo adquirió un significado especial para él: equivalía a sentirse respetado. Ya desde esa edad, Vidal hacía lo que fuera para que lo respetaran por su trabajo —para que lo respetaran como ser humano.

La escuela no fue una prioridad para él, porque los trabajos que tenía, desde vender periódicos, hasta limpiar botas y ser camarero, no requerían de estudios y eran agotadores. Cuando se graduó de la escuela secundaria, con calificaciones de D, apenas como para aprobar, ya era dos años mayor que sus compañeros. Después de la escuela secundaria, Vidal recorrió el país durante dos años haciendo autostop, tratando de descubrir cómo se sentía el hecho de tener total libertad en lugar de trabajo constante. Pero viajaba solitario y, por esta razón, prefirió regresar a Los Ángeles para trabajar como pizzero.

Vidal siempre estaba buscando maneras de ganar más dinero. Unos meses después de su regreso, un camarero le dijo que haría "bastante dinero" si trabajaba en la morgue —siempre y cuando su estómago soportara el trabajo—. En ese momento, más dinero significaba más fiestas, bebidas alcohólicas y drogas; al día siguiente, Vidal comenzó a buscar trabajo en este campo. No tardó en encontrar un empleo como asistente funerario en un hospital de Los Ángeles. La mayoría de los asistentes trata de evitar trabajar con cadáveres y no le agrada, ni le motiva cuando tiene que limpiar a los fallecidos. El trabajo es espeluznante y el hedor tiende a causar hasta náuseas. Pero a Vidal le gustaba el trabajo y lo demostraba. Sus supervisores tomaron nota de este hecho y los patólogos pronto empezaron a dedicarle tiempo para explicarle sobre las diversas causas de muerte y la anatomía de los cadáveres. Cuando sus amigos comenzaron a llamarlo "el Muerto", a Vidal le encantó —comprendió que algo estaba haciendo bien.

Trabajaba tantas horas como fuera posible y ganaba lo suficiente como para llevar una vida holgada. Él y sus amigos del barrio, algunos de ellos, infames traficantes de drogas, eran famosos por sus fiestas de los sábados por la noche llenas de alcohol, drogas y mujeres. Vidal vivía al día —hasta que conoció a Vicki, una chica bohemia del Valle de San Fernando en Los Ángeles—. Durante una fiesta especialmente ruidosa, Vicki captó la atención de Vidal cuando ella le gritó incluso por encima del volumen de la música que él nunca llegaría a hacer nada que valiera la pena en la vida. Jamás había tenido una novia. "¿Por qué estar atado?", pensaba. Sin embargo, ahora una chica más inteligente y más guapa de lo que jamás imaginó estaba interesada en él lo suficiente como para reprenderlo por la forma de vida que llevaba. Era claro que esa chica era especial. Entonces, Vidal se enamoró de ella y decidió a hacer algo que valiera la pena con su vida para ganarse su amor.

Durante el tiempo que Vidal y Vicki se enamoraron, tres años después que él comenzó a trabajar en el hospital, un asistente forense asignado para recoger cadáveres le recomendó un empleo: "Estamos buscando a un latino para trabajar con nosotros a fin de cumplir una cuota; tú tienes una buena ética de trabajo; deberías postularte". Dos semanas después, comenzó a trabajar en el escalón más bajo de la jerarquía del personal forense del Condado de Los Ángeles.

Como funcionario público, ahora tendría que ganarse los ascensos no solo a través de trabajo duro, sino también a través de los exámenes de promoción. Vidal odiaba los exámenes, pero decidido a mostrarle a Vicki que era capaz de lograr algo importante a pesar de sus malas calificaciones en la escuela, se dedicó a leer. Cinco años y varios exámenes después, ascendió a asistente de forense, trabajando como la mano derecha de los forenses del condado durante las autopsias. Entre los forenses, incluyendo el infame "forense de las estrellas", el Dr. Thomas Noguchi, Vidal se ganó la reputación de saber tanto como ellos con respecto a los órganos y tipos de tejido, a las señales de las diversas causas de muerte y los tipos de incisiones necesarias para llegar a cualquier parte del cuerpo sin destruir pruebas. Para Vidal, la bibliografía médica y los términos médicos eran fáciles de entender y recordar porque estaban directamente asociados con el trabajo que le gustaba hacer. Cuando recibió la primera categoría en el examen de investigador, fue ascendido de nuevo a investigador médico adjunto y enviado a las escenas de crímenes para realizar investigaciones médicas, tal como en la serie de televisión *CSI*.

Un día festivo, trabajando solo, pues nadie más quería renunciar a su tiempo libre, Vidal llegó a la posible escena de un crimen donde había una mujer muerta que pesaba casi 300 libras. Los técnicos de emergencias médicas del Departamento de Bomberos, que estaban en huelga por una disputa contractual con el condado, se negaron a ayudar a Vidal a manejar el cuerpo, así que, empleando toda su fuerza, él solo cargó a la mujer muerta sobre su espalda, sin ninguna clase de ayuda. Al hacerlo, tres de sus vértebras colapsaron.

Tras tres semanas de tratamiento, Vidal fue dado de alta del hospital. Sus doctores le dijeron que tuvo suerte de no haber quedado paralizado permanentemente y que no podría volver a estar de pie por largos periodos, ni a levantar nada que pesara más de unas cuantas libras. La oficina forense le dio incapacidad permanente, lo cual le generaba un cheque mensual que representaba tan solo un tercio de su sueldo como investigador médico.

Con una esposa, un hijo pequeño y una hipoteca, Herrera se aterrorizó ante la posibilidad de no lograr cubrir sus gastos mensuales. Durante dos años, estuvo buscando trabajos en vano y recibió más de 2.000 rechazos laborales. Sin ahorros en el banco, y debiendo miles de dólares en cuentas por pagar, se sintió como un vago y un fracasado, y hundiéndose cada vez más en el odio hacia sí mismo, llegó a contemplar la idea del suicidio.

Entonces, inesperadamente, recibió una carta en la que le ofrecían un trabajo como asistente de autopsias en Veterans Administration (VA, por su sigla en inglés). Pero al ser entrevistado para el cargo, se dio cuenta de que el salario era menos que la pensión por incapacidad que recibía. ¡Y si aceptaba el trabajo, los pagos por incapacidad cesarían y quedaría en una situación económica aún peor!

Sintiendo que esta era su única oportunidad de sobrevivir, le suplicó al administrador de VA que le ayudara a que esa oportunidad de trabajo funcionara a su favor. Mientras hablaban, se enteró de que VA tenía una gran cantidad de atrasos en autopsias, así que decidió hacer una contraoferta: en lugar de aceptar la posición como asalariado, trabajaría como contratista independiente. Ante su propuesta, VA dijo que sí, siempre y cuando aceptara $150 dólares por autopsia y se responsabilizara de sus propios beneficios e impuestos. Herrera calculó que, si realizaba al menos dos autopsias al día, trabajando cinco días a la semana, se ganaría alrededor de $6.500 dólares al mes. Eso era más que suficiente para vivir. Estaba decidido: sería un trabajador independiente.

Sin embargo, no fue fácil. Para llegar hasta VA, debía cruzar la ciudad de un punto a otro y tomar tres autobuses diferentes en los cuales perdía dos horas por trayecto. Y debido a que todavía no soportaba largos periodos de pie, tuvo que improvisar, usando taburetes para poder mantener la posición correcta para cada incisión que realizaba.

Incluso llegó a desmayarse del dolor algunas veces, pero esto a Vidal no le importaba. Ni siquiera le importaba ser un trabajador independiente para VA —él estaba encantado ante la posibilidad de tener ingresos y un primer cliente—. Conforme la acumulación de autopsias de VA fue disminuyendo gradualmente, su cliente estaba cada vez más feliz.

Deseando más que solo realizar autopsias por contrato para VA, se esforzó para expandir su negocio. Ahorró dinero con el fin de comprarse un auto y luego sus propias sierras y herramientas para realizar autopsias. Después, organizó los procedimientos de autopsia de VA de tal manera que pudiera realizarlos con mayor eficacia, liberando así más de su tiempo. También leía revistas de negocios. Un día, mientras leía cómo funcionan los números 1-800, la inspiración llegó a su mente. Llamó a ATT y preguntó si 1-800-AUTOPSY estaba disponible. Entonces, compró los derechos del número a pesar de todas las objeciones que Vicki le hizo, pues ella pensaba que la idea del número era pura vanidad. Sin desanimarse, Vidal imprimió folletos con su número 1-800-AUTOPSY y comenzó a visitar funerarias locales, cientos de ellas, con el fin de explicarles que él realizaba autopsias en la funeraria para cualquier familia que lo pidiera. Incluso llegó a pagarle a un forense jubilado para que estuviera presente en las autopsias cuando tenía algún trabajo. A pesar de que las autopsias privadas nunca se habían ofrecido antes, el teléfono de Vidal comenzó a sonar en cuestión de días. Algunas familias querían averiguar por qué sus seres queridos habían muerto aunque no hubiera sucedido nada nefasto. A medida que más familias conocieron este servicio, el negocio creció hasta que, finalmente, el dinero se convirtió en algo por lo cual Vidal no tenía por qué preocuparse.

Qué tienes frente a ti

Mientras Vidal creció sin lo suficiente, Sam Walton creció con apenas lo necesario. Había comida en la mesa cuando tenía hambre y tenía la ropa que se requiere para abrigarse en el invierno (en Missouri hace frío); sin embargo, durante gran parte de su niñez, su padre no tuvo un empleo estable, lo que hacía que su madre fuera austera para así asegurarse de tener ahorros suficientes por si llegaban los tiempos de las vacas flacas, con los cuales contaron un par de veces para proteger a la familia. Todos asumían la responsabilidad de sus propias necesidades haciendo buen uso del dinero, pero cada uno tuvo que elegir cómo ganárselo. La madre criaba unas cuantas vacas y vendía leche; Sam, por su parte, repartía periódicos y vendía suscripciones de revistas. Cada dólar estaba destinado a cubrir necesidades básicas como comida, ropa y el arreglo de las cosas que se rompieran.

Sam nunca sintió la necesidad de autorrecompensarse o distinguirse de los demás con cosas materiales; la gente le importaba mucho más. Le gustaba estar con sus amigos y practicar deportes y actividades por medio de las cuales divertirse y sentirse bien sin que le costaran nada. Era muy extrovertido y se sentía bien estando con otras personas y que lo respetaran. Tan extrovertido era que, a veces, se presentaba frente a toda la gente con la que se cruzara por el camino para asegurarse de que todos supieran quién era. Le encantó su niñez y aspiraba a tener una vida similar; no soñaba con ganar mucho dinero, ni con irse lejos.

Pero Sam estaba destinado a destacarse en lo que fuera que hiciera. En especial, disfrutaba al realizar tareas y actividades que tuvieran un objetivo claro. Le encantaba ser parte de un equipo y ser respetado por ayudarlo a triunfar. Se sentía especialmente bien cuando era elegido capitán de un equipo deportivo y mucho mejor cuando ganaban un campeonato de liga (los equipos de fútbol americano y baloncesto en los que jugó en la escuela secundaria ganaron campeonatos estatales). Pero el fútbol americano y el baloncesto no fueron suficientes. También le encantaba ser miembro y líder de organizaciones juveniles en la iglesia y postularse para cargos de elección en las organizaciones de las que hacía parte. Tenía más energía de la que cualquier grupo pudiera manejar.

Para Sam, el dinero no tenía nada que ver con la diversión, la felicidad o el éxito. Era apenas un facilitador de las cosas que consideraba necesario hacer. Sam necesitaba pagar su propia matrícula, comprar sus libros y su ropa; también quería comprarse un automóvil con el que se sintiera bien al invitar a salir a las chicas. Para pagar la universidad y todo lo que necesitaba para sus estudios, Sam siguió haciendo las rutas de entrega de los periódicos hasta que se graduó, contratando con frecuencia niños y jóvenes locales para que hicieran las entregas en su nombre.

A medida que se acercaba su graduación de la Universidad de Missouri, Sam no tenía un modelo o mentor especial y sus padres no esperaban que hiciera nada específico. Al buscar empleo, Sam, junto con muchos de sus compañeros de último año, solicitaron cargos en las empresas que los entrevistaron en el campus. Y a pesar de que él no fue un estudiante brillante —nada sorprendente considerando todas las actividades extracurriculares que realizaba—, tuvo tan solo dos entrevistas y en las dos recibió la oferta de ser el aprendiz de administración de las empresas minoristas más exitosas y prestigiosas del momento: J. C. Penney y Sears Roebuck. Él aceptó el cargo en J. C. Penney y fue así como eligió el campo del comercio minorista, o tal vez, como el comercio minorista lo eligió a él.

Uno de los mejores gerentes de la cadena minorista entrenó y orientó a Sam en la tienda J. C. Penney de Des Moines, Iowa. Y, como era de esperarse, en poco tiempo Sam fue moldeado hasta convertirse en un excelente vendedor de grandes almacenes. Pero no podía evitar el deseo de estar frente a los clientes —él sentía que la parte de su trabajo consistente en llevar los registros en los libros debía ir en segundo lugar, después de cubrir las necesidades de los clientes—. Esa actitud hizo de él un pésimo trabajador en lo que respecta al manejo de documentos; era tan ineficiente, que un supervisor de personal de la oficina central recomendó que lo despidieran. Si bien el trabajo le dio a Sam una gran confianza en cuanto a sus habilidades en las ventas, también le hizo cuestionarse si quería lidiar con las jerarquías corporativas. Fue así como, después de 18 meses, Sam renunció a J. C. Penney para intentar enlistarse con el fin de ir a la Segunda Guerra Mundial.

Pero la idea de ir a servir en la Segunda Guerra Mundial no le resultó como él quería; pronto, descubrió que una irregularidad cardiaca le impediría mantenerse en el servicio activo. Después de salir de J. C. Penney, Sam trabajó en una fábrica de pólvora en Tulsa con el fin de sentirse bien y pensar que estaba contribuyendo a la guerra. Pero pasaba mucho tiempo a solas cuando no estaba trabajando y esta circunstancia se le convirtió en un espacio para hacer amigos y conocer gente —no le gustaba estar solo—. En una salida a una bolera, Sam trató de entablar conversación con una chica guapa diciéndole: "¿No te he conocido en algún lugar antes?". Ese no fue el comienzo más original, pero logró entablar aquella conversación. No le importó que ella estuviera en una cita con otro chico. Helen Robson era la hija de un prominente ranchero y abogado en una pequeña ciudad fuera de Tulsa. Sam no podía creer la suerte que había tenido al conocer a una jovencita tan inteligente, atractiva y ambiciosa. (Ella había sido una estudiante brillante y atleta en la universidad). En poco tiempo, comenzaron a conversar sobre sus planes futuros y pronto decidieron planear su futuro juntos. Helen y toda su familia se enamoraron de la energía y la ambición de Sam; él estaba entusiasmado al ser parte de una familia que podría ayudarlo a tener éxito.

Sam trató a Helen como si fuera su pareja desde el principio. Admiraba sus perspectivas diferentes y profundas sobre las personas, los planes y la familia. Es difícil decir cuál fue el momento exacto en el que Sam decidió ser su propio jefe. Sospecho que la idea ya le estaba rondando cuando trabajaba para J. C. Penney y en consecuencia a las reprimendas que recibió por pasar demasiado tiempo con los clientes y no el suficiente tiempo ocupándose del papeleo. Es probable que Sam les haya expresado su sueño a Helen y a su padre. Sabemos que estaba enfocado en comenzar su propio negocio minorista cuando finalizó la guerra porque, inmediatamente después de haber sido dado de baja del ejército (por fin, lo llamaron durante los últimos dos años de guerra para organizar y supervisar los esfuerzos por proteger las instalaciones gubernamentales), Sam se dirigió a St. Louis para reunirse con su amigo de la infancia cuyo padre era dueño de la tienda local en la pequeña ciudad donde crecieron. Cuando se encontraros, decidieron trazar un plan para ir 50/50 en la compra de una franquicia para abrir una tienda en St. Louis. Sam no tenía el dinero, pero planeaba pedírselo prestado a su suegro.

Es probable que hubiera estado de acuerdo con Helen e incluso con su familia en relación con ser dueño de un negocio minorista, pero los planes específicos de asociarse con su amigo fueron sin duda una novedad para ella, que se opuso a la idea de inmediato. Su familia había sufrido reveses por asociaciones raídas y no quería que ni ella misma, ni Sam sufrieran ningún contratiempo similar. Además, Helen odiaba la idea de iniciar un negocio en St. Louis —a ella le gustaba la vida de las ciudades pequeñas y era en una pequeña ciudad donde el negocio debía estar—. Ante esto, Sam abandonó su plan de ir a St. Louis y se concentró en comprar una tienda de variedades, de la franquicia de Ben Franklin[4]. Después de un par de meses, respaldado por un préstamo de $20.000 dólares que le pidió al padre de Helen, la pareja encontró y compró una franquicia en Newport, Arkansas.

La venta minorista es el más común de todos los negocios de emprendimiento. Y en la actualidad, abrir una tienda minorista franquiciada es un sistema muy popular entre los nuevos emprendedores con poca experiencia para irrumpir en el mercado minorista. De hecho, pedirle dinero prestado a la familia para abrir un negocio también es muy común. No hubo nada exótico o único en lo que Sam decidió hacer: entrar en un negocio donde la única competencia sería él mismo.

Las ideas no son un "qué"

Vidal pudo haber sido el primero en ofrecer autopsias privadas, pero ser pionero no tuvo nada que ver con la razón por la que él comenzó 1-800-AUTOPSY. Él solo quería tener más clientes cuando su contrato con VA estuviera bajo control y ya no le entrara dinero extra. El emprendimiento suele ser idealizado como la capacidad de imaginar negocios que sean totalmente nuevos o de ejecutar ideas que estremezcan a las industrias ya existentes. Este nunca es el caso. Ford no ideó el motor de combustión, ni los automóviles; Edison no ideó las bombillas incandescentes; ni Larry Page ideó los motores de búsqueda. Disney no ideó las películas animadas y ni siquiera los parques temáticos. Estos grandes emprendedores tuvieron éxito trabajando incansablemente para afinar

---

4. Las tiendas de "variedades" también eran conocidas como tiendas de "cinco y diez centavos". Estas vendían mercancía que, por lo general, no era perecedera; eran el tipo más común de tienda hasta que fueron remplazadas por las tiendas de descuento desde la década de 1960 hasta la de 1980. Muchas cadenas de tiendas minoristas en los Estados Unidos todavía funcionan como franquicias. En la actualidad, ACE Hardware es un ejemplo de una cadena de franquicias. Ben Franklin quebró y dejó de operar en 1996.

ideas e invenciones ya existentes, pero de tal manera que entusiasmaran a un gran número de nuevos consumidores.

Las ideas no son las claves del éxito empresarial. Ni siquiera una idea nueva y única, sin precedentes, que cambie el mundo y esté protegida bajo una patente garantiza el éxito. La verdadera historia de la que podría ser llamada la idea más brillante del siglo XX, el transistor, ilustra esta afirmación a la perfección.

La invención del transistor dio origen al *New York Times*. La gente sabía que ese artefacto iba a cambiar el mundo, y tenía razón. Los transistores han dado lugar a las computadoras, las comunicaciones modernas, el internet, los teléfonos inteligentes y a toda la persistente electrónica de la que hemos llegado a depender. El transistor fue coinventado por William Shockley, un hombre reconocido en todo el mundo como un gran científico (y más tarde, premiado con el Premio Nobel de Física). Él deseaba que el transistor fuera su legado, así que formó una empresa para comercializarlo y le fue fácil encontrar un adinerado empresario ansioso por formar parte de la compañía con tanto dinero como fuera necesario. Luego, Shockley reclutó a las personas más inteligentes que encontró y que poseyeran las habilidades que él consideraba necesarias para producir estos revolucionarios dispositivos.

Y a pesar de todo ese poder intelectual, de un profundo entendimiento de la nueva tecnología y de un público esperando sin aliento para comprar transistores, no pasó nada. Una y otra vez, Shockley menospreciaba a sus empleados frente a sus amigos. Les daba instrucciones a los técnicos de laboratorio para que ignoraran a sus jefes y le reportaran a él en secreto. Tomaba para sí mismo el crédito por las ideas de los demás y cambiaba de opinión a cada rato. En un lapso de un año, aquellas mentes privilegiadas comenzaron a partir. Llegaron a crear empresas pioneras como Fairchild Semiconductor, Intel y firmas de capital de riesgo como Kleiner Perkins. Shockley Semiconductor Laboratory nunca produjo ni un solo producto. Shockley era un desastre del liderazgo y, como resultado de esto, la revolución electrónica se retrasó años. Por consiguiente, quedó demostrado que *un liderazgo deficiente y una mala ejecución pueden hundir hasta las más grandes ideas.*

Ninguna idea innovadora viene lista para ser puesta en el mercado. Cuanto más singular sea la idea, menos posibilidades hay de predecir o evaluar todas las complejidades de cómo evolucionará la oferta y la demanda. Nadie ha demostrado nunca tener instintos infalibles, ni mucho menos fiables, para anticipar cómo los clientes y los mercados recibirán las nuevas ideas. Claro que se pueden hacer un montón de investigaciones para pronosticar cómo reaccionarán los clientes y los proveedores ante el cambio de un producto o servicio ya existente. Las empresas establecidas intentan hacerlo mediante su proceso de introducción de nuevos productos (lo llaman INP, por su sigla en inglés). Todas las ideas cambian de manera significativa a medida que los expertos de las grandes empresas, con Ph.D. en mercadotecnia, o emprendedores, llegan a comprender la reacción de los clientes reales, proveedores, socios e inversores. Steve Jobs y Steve Wozniak comenzaron tratando de venderles tarjetas madre de los PC a aficionados, algo que casi nadie quería; luego, vendieron computadoras Apple 1 que solo un par de cientos de personas querían, antes de que Steve Jobs supiera lo suficiente como para convencer a Wozniak de diseñar la que se convirtió en la exitosa y rentable Apple 2. *Ninguna idea es una buena idea empresarial hasta que se haya convertido en un prototipo, haya sido puesta en venta a usuarios reales, modificada extensamente y reiterada hasta el punto de atraer a un número significativo de clientes.*

Las ideas no son el "qué". El verdadero "qué" es hacer algo diferente, que haga tan felices a los clientes, a tal punto, que ellos estén gustosos de darte dinero a cambio. Pero la diferencia que los clientes buscan para elegir con quién van a hacer negocios rara vez está protegida bajo una patente; más bien, lo que convence a los clientes de comprar los productos o servicios de una nueva compañía suele tratarse de un servicio mejorado, de comodidad o de alguna variación en un producto o servicio ya existente.

El principio unificador del emprendimiento

La esencia de las empresas de Stephanie, Vidal, Jordan y Sam no podía ser más diferente. Sin embargo, a pesar de todas las diferencias en los caminos de cada uno de estos emprendedores, en última instancia, todos ellos están haciendo lo mismo.

El negocio de Stephanie requiere que otros negocios tengan la licencia de su software y que apuesten por el éxito de esos negocios al usar sus programas. Más allá de los derechos de compra para usar el software de Advent, los clientes invierten miles de dólares para instalar el software y capacitar a su personal para que lo usen correctamente. A fin de tener éxito, Stephanie debe asegurarse de que sus clientes usen su software durante mucho tiempo.

El negocio de Vidal les da consuelo y la oportunidad de hacer el cierre a las familias que tienen preguntas sobre la muerte repentina de un ser querido. Aparte de VA, todos sus primeros clientes iniciales usaban sus servicios tan solo una vez. Jordan Monkarsh vende comida de un sabor exquisito en un lugar divertido. En un comienzo, le vendía sus productos a la gente de Venice Beach que pasaba por ahí y no tardó en conseguir clientes que lo disfrutaran lo suficiente como para ir varias veces a su negocio.

Pero todos estos empresarios, como todos los emprendedores exitosos, operan en última instancia bajo el mismo principio: *hacer que sus clientes estén tan contentos que con gusto les den dinero a cambio.*

Esta afirmación encarna tres verdades esenciales. En primer lugar, describe la forma más elemental y básica de todo emprendimiento —comerciar—. "Te daré la piel del antílope que cacé (mi producto) a cambio de que me des una canasta llena de grano (tu moneda)". La piel de antílope hará feliz a una persona, mientras que la otra persona será más feliz con la cesta de grano. El comercio es el *núcleo* de la transacción emprendedora, ya sea que estés intercambiando bienes raíces, productos o servicios.

El emprendimiento no ha cambiado. La compleja terminología relacionada con el emprendimiento actual —frases como "propuesta de valor" y "ajuste del mercado de productos"— oscurece lo que este ha sido siempre. Los estudiantes y otros aspirantes a emprendedores a quienes aconsejo se distraen con estos términos, en especial, cuando se los presentan antes de que ellos conozcan su significado. Aun así, ellos saben cómo responder intuitivamente cuando les pregunto: "¿Qué sabes hacer tan bien como para que un grupo de personas esté tan feliz con lo que haces que esté dispuesto a darte mucho dinero a cambio?".

En segundo lugar, este principio unificador del emprendimiento transmite una visión esencial: las emociones impulsan todas las acciones, incluidas las acciones necesarias para completar una transacción. De modo que es claro que las emociones positivas asociadas con la entrega de un producto o servicio deben ser lo suficientemente fuertes como para ahogar las emociones negativas asociadas con la entrega de dinero. Los emprendedores que pasan por alto u olvidan este principio se sienten frustrados y distraídos cuando alguien no compra su producto o servicio aunque haya dicho que le gustó. Es probable que alguien a quien le guste lo que hagas no le guste lo *suficiente* como para querer darte parte de su dinero para comprarlo. En cambio, si ofreces un producto o servicio más emotivo, aumentarás las posibilidades de que otros quieran pagar dinero para adquirirlo.

En tercer lugar, es fundamental entender el estado emocional de tu cliente potencial antes y después de la venta. Stephanie tuvo éxito porque sabía muy bien qué entusiasmaría al dirigente de una empresa de gestión de activos al no tener que entrenar, supervisar, ni pagarles a tantos contadores. La jerga de propuestas de valor hace que muchas empresas y empresarios descuiden la supervisión o la medición de las respuestas emotivas de los clientes una vez han recibido el producto o servicio. Nuestro empresario "prehistórico" veía que la piel de antílope mantenía a su cliente caliente en el invierno y, por lo tanto, sabía que haría trueque con las pieles de todo antílope que lograra cazar. Sin embargo, para un desarrollador moderno de aplicaciones de Android es mucho más difícil saber si su aplicación sí alegró lo suficiente al usuario que la descargó como para recomendarla a otros y que así su negocio crezca y prospere. La mayoría de ellos ni siquiera se preocupa por averiguarlo y por esta razón la mayoría de los desarrolladores de aplicaciones falla. Además, para venderle un producto o servicio a una empresa, por lo general, tienes que hacer felices a muchas personas al mismo tiempo. Y debido a que los empresarios tienden a sentirse presionados de diferentes maneras en el trabajo y en casa, hacer que las empresas sean lo suficientemente felices para comprar suele ser un desafío mucho más grande.

En últimas, los empresarios que dejen de controlar o de preocuparse por cómo les brindan felicidad a sus clientes, fracasarán . Y cuando dejes de controlar o de preocuparte por obtener una recompensa cada vez que les entregues más felicidad a más clientes, será una buena hora para vender o jubilarte.

Hacer que un cliente comercial esté feliz de entregar cientos de miles de dólares para alquilar software suele ser más complejo que hacer que un transeúnte entregue con gusto $6 dólares por una salchicha picante, lo cual puede o no ser tan difícil como tratar con una familia en duelo considerando invertir $1.500 dólares para sentirse más tranquila ante la pérdida inesperada de un ser querido. Más adelante, hablaremos más acerca de cómo hacer felices a los clientes, pero primero, tenemos que entender la sicología detrás del negocio de servirles a otros.

"Qué" haces es una cuestión de estatus social

Casi todas las industrias están experimentando cambios. Cada industria tiene jugadores débiles, clientes descontentos o insatisfechos y cada vecindario necesita sus lugares de reunión.

Y aun así, muchos aspirantes a emprendedores desaprovechan las oportunidades lucrativas que los rodean. Esto se debe a que la mayoría de los aspirantes a emprendedores, consciente e inconscientemente, vincula el estatus social con las oportunidades empresariales que decide perseguir o rechazar. Todos somos bestias sociales incapaces de ayudarnos a nosotros mismos: queremos conocer nuestra clasificación social entre aquellos a quienes consideramos compañeros y aquellos a quienes consideramos esenciales para nuestro bienestar. Queremos saber cuál es nuestra posición entre las personas importantes para nuestros padres, nuestra clasificación ante nuestro jefe y qué lugar ocupamos en el orden social en el trabajo o entre nuestros amigos. Aunque a menudo es difícil saber con certeza dónde nos situamos, la mayoría de veces, calibramos nuestra posición basándonos en los sentimientos y opiniones de las personas con las que pasamos tiempo y de aquellas sobre las cuales leemos.

Cuando consideramos el emprendimiento como una actividad a desarrollar, no podemos evitar preguntarnos: "¿Qué pensarán mis amigos? ¿Mis padres? ¿Mis vecinos?". Tenemos la percepción de qué tipos de emprendimientos elevarán nuestro estatus y cuáles podrían disminuirlo. En tu entorno privado, es posible que hagas una barbacoa con las mejores costillas del mundo, pero los profesionales con títulos universitarios de las instituciones más prestigiosas suelen sentirse humillados abriendo un restaurante de barbacoa porque sus padres y compañeros de hermandad no lo aprobarían. Nuestro rango social hace que muchos dejemos de entregarles a los demás la mayor felicidad que somos capaces de generar.

Cuanto menor sea el estatus social que alguien perciba acerca de sí mismo, más dispuesto estará a considerar oportunidades empresariales más diversas. Vidal quería hacer algo donde pudiera usar sus habilidades y ganarse la vida. Stephanie, de mayor estatus económico que Vidal, no consideró la idea poco glamorosa de iniciar una agencia temporal para contadores, aunque esa fuera una empresa lucrativa y de bajo riesgo.

Todos tenemos nuestra percepción de lo que eleva nuestro estatus social y de lo que lo disminuye. La cobertura de los medios es un gran modulador de esas percepciones sociales. Nadie está escribiendo historias de portada acerca de lo genial que es tener una franquicia, a pesar de que las principales franquicias como McDonald's contribuyen al éxito de miles de emprendedores. Sam consideró gestionar la franquicia de un negocio minorista en una pequeña ciudad, una ocupación socialmente aceptable, y usó la experiencia para aumentar sus posibilidades de éxito al mismo tiempo que aprendía a dirigir su propia tienda.

El concepto del estatus social del emprendedor que presentan los medios de comunicación se relaciona directamente con la valoración instantánea de una nueva empresa. Por desgracia, este ideal lleva a muchos empresarios a centrarse en iniciar negocios que generen mucho ruido en la prensa y que sean percibidos como en proceso de rápido crecimiento. De hecho, gran parte de la atención de los medios se centra en los emprendedores solo porque ellos recaudan mucho dinero. Esa atención los anima a recaudar más de lo necesario, a gastar más de lo necesario y priorizar la felicidad de los inversionistas aumentando su participación de acciones en lugar de hacer que los clientes estén contentos comprando y pagando más. La percepción de que el emprendimiento de alto riesgo aumenta el estatus social se basa en la insistencia que tiene nuestra sociedad en medir el estatus social según el tamaño y la riqueza de las empresas.

Esta opinión también anima a muchos aspirantes a emprendedores a intentar crear una empresa que consideren llamativa, pero para la que no tienen las habilidades necesarias. Por eso, no es una sorpresa cuando fallan. Lo irónico es que casi todos estos emprendedores que han fallado tuvieron oportunidades de emprendimiento de bajo riesgo para competir en la misma industria en la que querían incursionar, siguiendo caminos mucho menos arriesgados y también menos "atractivos" —algo de lo que hablaremos más adelante en el Capítulo 7.

Cuando yo empecé a enseñar, ayudaba a todo estudiante o aspirante a emprendedor que viniera a mí en busca de consejo. Me propuse a ayudarles en la búsqueda de tres o más ideas sólidas para crear empresas rentables y de crecimiento rápido usando las habilidades que ellos tuvieran o que, en su opinión, pudieran adquirir con facilidad. Pero esas reuniones solían hacer que el estudiante o emprendedor se sintiera frustrado. Cuando le preguntaba "por qué", el estribillo común era: "Las ideas no son lo suficientemente innovadoras —son demasiado comunes—". "Pero ¿qué tiene de común sentirse satisfecho, tener independencia financiera y hacer felices a decenas de clientes?", preguntaba yo. Resulta que esta es una pregunta difícil de responder con precisión y sinceridad, y requiere que entendamos "por qué" realmente las personas quieren ser emprendedoras —el tema del próximo capítulo.

CAPÍTULO 4

Por qué

A pesar de las casi ilimitadas posibilidades de iniciar toda clase de emprendimientos, existen pocas razones valederas para querer llegar a ser un emprendedor. Después de todo, serlo es arriesgado, estresante y requiere de toda tu atención, dejándote así poco tiempo para tu vida personal y tus amigos, y por lo general, también acaba absorbiendo todo tu dinero disponible. Es innegable que nadie se levanta un día siendo todo un emprendedor sin haber hecho ningún esfuerzo. ¡Sin sacrificio, nunca tendrás tu propia empresa! Entonces, ¿por qué tantos lo intentan? ¿Desean tanto la fortuna, la fama y la independencia que están dispuestos a arriesgarlo casi todo? La realidad es que necesitas una razón —y debe ser una buena— para luchar por tu sueños.

¿Tienes claro por qué quieres ser emprendedor?

Más de un millón de aspirantes a emprendedores en los Estados Unidos triunfan cada año iniciando empresas rentables. Sus sueños fueron lo suficientemente poderosos como para llevarlos a querer superar los muchos obstáculos que encontraron. Sin embargo, se estima que alrededor del 70% de quienes en verdad se convierten en emprendedores a tiempo completo abandona en tan solo un año sus esfuerzos o no recupera nada del dinero invertido, perdiendo así el tiempo y es casi seguro que también afectando sus relaciones más cercanas. Y en aras de justificarse, ellos aducen una multitud de razones y excusas para abandonar su sueño, incluyendo que es más arriesgado, estresante, costoso y desgastante de lo que pensaban. Hay quienes afirman que surgió algo mejor, pero la verdad es que algunas de estas decepciones son el resultado de fuerzas externas incontrolables de las que todos los empresarios son víctimas: la economía, los competidores, los cambios de gustos y mucho más. Pero estas dudas y excusas suelen ser el resultado de no entender su sueño original en sí mismo.

Por eso para llegar a ser un emprendedor exitoso y feliz debes entender la naturaleza de tu sueño de ser emprendedor. Jordan Monkarsh estaba tan motivado porque su negocio Sausage Kingdom tuviera éxito, que creó un personaje, Jody Maroni, para animar al mundo a consumir sus productos. Trabajó largas horas. Se quemó montones de veces asando salchichas y preparando condimentos sin sacar excusas. Lo hacía sin sacar excusas, pues estaba haciendo algo demasiado importante para él: demostrándose a sí mismo que era capaz de ser tan exitoso como su padre.

Retomando donde quedamos con la historia de Jordan… él cuenta que, después de cuatro años en Venice Beach, se sintió seguro con el saldo que tenía en su cuenta corriente. Ahora, tenía con qué comprar nuevos toldos para la tienda cada dos años y estaba en una buena posición económica incluso para pagar la universidad de sus hijos algún día. Así que, cuatro años después del día de la apertura de su negocio, sintiéndose bien, con clientes haciendo fila para probar sus productos y comprarlos, Jordan pensó para sí mismo: "Esto está funcionando sin sobresaltos, así que ¿qué sigue ahora?".

Jordan no podía reproducir con exactitud la secuencia de todos los pensamientos que le pasaban por la mente, pero lo que sí tenía claro es que su enfoque no consistía en hacer más dinero —de hecho, con su negocio actual, estaba haciendo más dinero del que él jamás llegó a soñar—. Más bien, sentía una mezcla entre aburrimiento y orgullo. Tenía admiradores que le pedían más y que lo admirarían aún más si producía más. Entonces, ¿por qué no estar en contacto constante con ellos haciendo salchichas para vender en los supermercados? Esa idea le sonó bastante bien.

Algunos emprendedores, cuando tienen nuevas oportunidades, las analizan haciendo investigaciones, pero la mayoría comienza por sopesar hasta dónde llegaría sin tener que arriesgarse a estrellarse contra un muro. En cambio, cuando Jordan decide lo que quiere, va por ello entregándose en cuerpo y alma.

Para lograr su nuevo propósito, comenzó a buscar una fábrica que estuviera a la venta a buen precio y que contara con las instalaciones adecuadas para fabricar salchichas. Puesto que muchos emprendedores prueban en el campo de la elaboración de alimentos, no es difícil encontrar cocinas de acero inoxidable de algún emprendimiento fallido que esté en venta. Así que Jordan logró comprar una cocina pequeña y de segunda mano, pero necesitaba equipos que valían un promedio de $250 mil dólares para convertirla en una fábrica de salchichas. Y aunque al final de cada mes su cuenta corriente tenía un saldo cada vez mayor, estaba muy por debajo de la cifra que necesitaba. Pero como Sausage Kingdom había sido rentable desde el día de su apertura, el gerente del banco donde Jordan tenía su cuenta le presentó a un inversionista que estaba dispuesto a comprar el equipo que él necesitaba y alquilárselo por una tarifa mensual accesible.

Los empresarios que obtienen beneficios como Jordan pueden usar préstamos de facto —es decir, alquileres—. Ellos no necesitan capital de riesgo (un tema que abordaré en detalle más adelante), que es una forma de financiamiento poco común, muy costosa e innecesaria, a menos que sea para sobrevivir. En su caso, Jordan no lo necesitaba y el gerente de su banco lo asesoró bien, recomendándole que rentara el equipo en lugar de venderles una participación de su propiedad a extraños e incluirlos en el negocio.

Un equipo de medio millón de dólares transformó la modesta cocina de servicios de eventos en una planta con la capacidad de producir dos toneladas de salchichas congeladas a la semana. Jordan contrató a un amigo con poca experiencia en la administración de fábricas para que le ayudara a supervisar el proyecto. De nuevo, los permisos y las inspecciones causaron retrasos de meses y antes de que la fábrica pudiera comenzar a vender su producción, Jordan tuvo que gastar gran parte del dinero que había ahorrado para cubrir los imprevistos.

Tal como él pensó, las buenas opiniones que reconocidos críticos de comida habían dado sobre sus salchichas, combinadas con la emoción que sus clientes sentían cuando él les hablaba de la idea de vender salchichas en los supermercados, hicieron que fuera fácil convencer a Trader Joe's, que en ese entonces era un supermercado especializado regional, para que vendiera sus salchichas junto con sus otros de sus alimentos congelados. Así que, cuando por fin la FDA expidió el permiso para que Jordan distribuyera sus salchichas, él ya tenía un gran cliente con quién empezar su negocio. Y una vez más, casi de inmediato, su saldo bancario aumentó a fin de mes.

Un domingo por la tarde, cuando Trader Joe's comenzó a vender salchichas Jody Maroni, un hombre que estaba pagando por un combo picante de salchichas italianas le entregó a Jordan una tarjeta de negocios con el logo del equipo de béisbol de Los Ángeles Dodgers y le preguntó si la siguiente semana podría pasar en algún momento para hablarle sobre una oportunidad de negocio. Cuando el caballero volvió a visitarlo, le preguntó si estaría interesado en poner a funcionar una concesión de salchichas en el Dodger Stadium —es decir, esa oferta era el equivalente a una oferta para jugar en las grandes ligas—. Si a Jordan le iba bien en el Dodger Stadium, le sería más fácil comercializar su marca a nivel nacional y abrir muchos más sucursales de su venta de salchichas.

Sin embargo, las concesiones en las instalaciones deportivas son costosas en su operación y no son muy rentables. Peor aún, después de una inspección sanitaria, Jordan se enteró de que el Dodger Stadium no tenía cocina, lo que significaba que tendría que servir salchichas precocinadas, pero él sabía muy bien que el hecho de que las salchichas recién recalentadas conserven su sabor mucho tiempo después de haber sido cocinadas es muy diferente a cocinarlas tan pronto las ordenan. Lo que esto significaba era que, para solucionar ese impase, su fábrica necesitaría un tipo de equipos completamente nuevos y costosos; además, tendría la ardua tarea de aprender el arte y la ciencia de las carnes ahumadas para así reformular todos los sabores de salchichas que sus admiradores esperaban de él. Esta resultó ser una habilidad excelente —durante los siguientes cinco años, casi todos los centros deportivos del Sur de California hicieron contratos para vender salchichas Jody Maroni.

Mientras que Jordan lanzaba su marca en el Dodger Stadium, otro hombre pasó por su puesto en Venice Beach y le dio su tarjeta con el logo de Universal Studios. Universal planeaba construir un nuevo centro comercial temático en la entrada de su popular tour por Universal Studios, cerca del suburbio de Los Ángeles donde él creció. Universal Studios estaba intentando llenar su centro comercial de tiendas y restaurantes atractivos para el público y quería que Sausage Kingdom también estuviera allí. El alquiler era caro, pero a Jordan le cautivó la idea y se sintió orgulloso de que una gran marca quisiera asociarse a la suya. Por consiguiente, dijo que sí en el acto. Por fortuna, Universal construiría un espacio para él, de manera que no sería necesario pedir un préstamo para llevar la idea a buen término.

Su local en Universal Studios CityWalk tuvo un éxito más allá de sus proyecciones más optimistas y de las de la gerencia de Universal, haciendo mayores ventas que incluso en el negocio en Venice Beach. Jordan se sentía muy bien con todo este negocio y con su creciente reputación, pero miles de problemas lo estresaban. Los aparatos y las máquinas se averiaban y debía repararlos de inmediato. También le preocupaba contratar a los empleados adecuados tanto para su fábrica como para sus puestos de salchichas y que ellos a su vez recibieran la capacitación que él quería. Además, ¿se las ingeniaría para encontrar un buen remplazo para su proveedor de pollos, el cual lo estaba volviendo loco porque incumplía con las entregas? ¿Lograría negociar un nuevo arrendamiento que fuera más asequible para su puesto de Venice Beach? ¿Y sí disfrutaría de unas vacaciones con su familia en Hawái? Universal Studios estaba abriendo una nueva atracción y esperaba tener cifras récord en visitas al CityWalk y el supervisor de Jordan para esa localización estaba en el hospital recuperándose de un accidente de moto. Menos mal que el administrador de la fábrica de Jordan estaba haciendo un buen trabajo consiguiendo más clientes al mismo tiempo que aumentaba la capacidad de producción para abastecer la demanda de CityWalk. Al menos, esa parte del negocio estaba en buenas manos.

Jordan recuerda ese tiempo como el punto más alto en su carrera de emprendimiento. Estaba haciendo más dinero del que había imaginado que haría alguna vez. Se había mudado con su familia a una gran casa en uno de sus barrios favoritos en Los Ángeles. Era una celebridad local. Incluso, estaba en capacidad de ayudar a las causas sociales que más le importaban. Le encantaba su vida y disfrutaba "vendiendo alegría".

Hasta ese momento, su fantástica carrera había sido impulsada por sus innovadoras salchichas y por la marca creada con su personaje del "Rey de las Salchichas". Nunca había tomado un curso, ni sabía qué es una hoja de resultados, ni por qué tendría que interesarse por saber cómo hacer un inventario. Para él, su alter ego, Jody, era un personaje carismático y el negocio que él dirigía, Jody Maroni's Sausage Kingdom, dependía de las personas, no de los procesos, para su éxito.

Algunos investigadores del emprendimiento deducen muchas de sus ideas con respecto a este campo de acción observando lo que sucede con un grupo de fundadores durante un período de cinco años. ¿Cuáles son las características de aquellos que sobreviven frente a los que no? Otros estudian a emprendedores que tienen éxito en un momento particular y procuran sintetizar los elementos comunes de sus experiencias. Lo que esto significa es que, ocho años después de que Jordan hubiera invertido sus modestos ahorros en un puesto de comida en Venice Beach, cualquier investigador lo consideraría como un emprendedor estándar; sin embargo, cualquiera que lo conozca desde el comienzo, lo valorará como un empresario modelo.

Administrar un negocio que hace y ofrece más de dos docenas de tipos diferentes de salchichas, algunas precocidas, algunas frescas, otras congeladas, en dos puestos de comida con elevado índice de rotación, así como en media docena de instalaciones deportivas y en varias docenas de supermercados es mucho más complejo que administrar un solo puesto de comida donde a diario se preparan salchichas frescas.

No es sorprendente que Jordan cometiera algunos costosos errores de inventario, lo que provocó que las carnes e incluso las salchichas se echaran a perder porque no se consumían en el momento oportuno. Después de gastarse lo que unos pocos años atrás podría haberse considerado como los ahorros de toda su vida por culpa de una mala gestión de inventarios, por fin, Jordan aprendió a gestionarlos, de manera que instaló un software de seguimiento de inventarios y les enseñó a algunos de los miembros de su equipo a usarlo; a la vez, asumió la responsabilidad de procesar los pedidos para comprar carne, programar la producción y controlar el inventario.

Al igual que muchos emprendedores empíricos, Jordan quiere sentir que entiende todos los aspectos de su negocio. "Enséñame" es una frase que él usa una y otra vez cuando está frente a algo importante que no entiende. Pero al igual que otros emprendedores empíricos, no quiso, ni quiere sacar tiempo de su ocupado horario para aprender algo que es claro que necesita saber. Ese es un tipo de mentalidad que indica que cometerá errores y que, a medida que la empresa crezca, esos errores aumentarán tanto de tamaño como de costo.

Existen infinidad de maneras mucho menos caras de hacer crecer un negocio que no sea aprendiendo mediante costosos errores. Pero a Jordan, al igual que a una gran cantidad de otros emprendedores, no les gusta admitir que necesitan ayuda, en especial si ya están ganando suficiente dinero o creciendo tan rápido como para mantener felices a sus inversionistas, a sus bancos y a sí mismos. La mayoría de ellos considera sus errores como eventos que solo suceden una vez. Así que siguen centrándose en los clientes que piden más, sin considerar cómo administrar las crecientes y complejas exigencias de sus negocios.

Todo el comportamiento de Jordan —trabajar para expandirse, aprender en el trabajo, trabajar sin reposo para entrenar a su equipo— tuvo su base en el deseo de demostrarle a su padre que él lograría ser más exitoso, que se las arreglaría para hacer salchichas que supieran mejor que cualquiera de las que su padre había producido y que llegaría a ser un jefe comprensivo. Todo esto fue lo suficientemente importante para él como para arriesgar todos sus ahorros pudiendo haberlos usado para tener un estilo de vida más holgado.

El deseo de impresionar a su padre también explica por qué Jordan se rehúsa a pedirles ayuda a asesores y mentores más experimentados. Muchas personas, no solo Jordan, quieren sentir que pueden hacerlo todo por sí mismas y que no necesitan ayuda. Jordan no quería diluir el elogio que recibiría o el orgullo que sentiría al hacerlo y lograrlo a su manera — él quería averiguar qué era capaz de hacer por su propia cuenta.

Mientras el negocio siguiera funcionando bien, Jordan estaría demostrando con total satisfacción que podía dirigir un negocio exitoso y ganarse la admiración de su padre. Así que se sentía realizado y contento —y un poco aburrido.

Luego, surgió otro de sus deseos más profundos: ser amado y admirado por quien él era. Se sentía muy satisfecho cuando la gente lo felicitaba por su trabajo y esto le daba el impulso para hacer todo lo que estaba a su alcance para que su producto llegara a la mayor cantidad posible de gente. El halago también lo llevó a donar dinero a causas sociales que consideraba importantes. "Me encanta el aspecto populista de mi negocio", manifestaba.

El deseo de ser admirado por decenas de personas, ya sea que Jordan se diera cuenta o no, lo llevó a centrarse en acciones que lo ayudarían a obtener mayor reconocimiento, a veces, en detrimento de ganar más dinero o reduciendo el riesgo de perderlo. Deseaba mucho aceptar las oportunidades de expansión de alto perfil que se le presentaran, así le representaran un riesgo financiero. Sin embargo, sabía que, si analizaba demasiado los problemas y los riesgos potenciales asociados con dicha expansión, tanto análisis terminaría siendo un obstáculo para alcanzar a más seguidores. Además, Jordan pensaba que era capaz de resolver cualquier problema que surgiera, bien fuera que lo anticipara o no.

Entendiendo el trasfondo

Jordan no entendió la verdadera naturaleza de sus sueños y motivaciones, sino hasta décadas después de haber fundado su Sausage Kingdom. Es muy frecuente que la mayoría de los aspirantes a emprendedores no entienda la verdadera razón por la que está dispuesta a soportar los traumas que conlleva el hecho de iniciar un negocio —así sea en su propio detrimento—. Siempre hay una explicación pública que los emprendedores se dicen a sí mismos y les dicen a otros sobre por qué eligieron el emprendimiento como su campo de acción. Y casi siempre hay una razón privada, una que, a veces, es tan privada y emocional, que ellos mismos no la reconocen, ni incluso la perciben, ni mucho menos la admiten ante otra persona. Al igual que para todos nosotros, son las razones privadas las que siempre impulsan nuestras acciones, en especial nuestras acciones de emprendimiento.

Para comprender mejor las razones que funcionan y las que no para ser un emprendedor, es útil recurrir a algunas ideas clave y a hallazgos del campo de la sicología en cuanto a la motivación. Las motivaciones son los procesos mentales que nos llevan a realizar alguna acción —toda acción—. Por fortuna, miles de estudios dirigidos por muchos investigadores brillantes han arrojado valiosas ideas sobre por qué hacemos lo que hacemos y por qué hacemos algunas cosas con más determinación, pasión e intensidad que otras.

Para ser más específicos, las motivaciones son los procesos mentales que determinan las acciones que tomaremos para mejorar nuestro estado mental, es decir, nuestro bienestar. Actuamos para obtener lo que deseamos o para aliviar algún temor o incomodidad. Todo el tiempo, cada una de nuestras acciones es, en última instancia, impulsada por motivos egoístas —para mejorar cómo nos sentimos con nosotros mismos y con nuestra posición en el mundo.

Todos tenemos una larga lista de deseos y, al mismo tiempo, intentamos eliminar nuestros temores y cualquier molestia. La motivación —el proceso que sigue nuestro cerebro para tomar las decisiones que toma— es, por lo tanto, un proceso demasiado complejo. Pero en términos generales, se puede decir que nuestro cerebro prioriza las acciones que nos sirven para eliminar nuestros miedos más profundos antes de tomar cualquier otra acción para alcanzar algo deseado, incluso algo tan intenso como el deseo sexual. Una vez que los miedos están bajo control, nuestras motivaciones cambian hacia el logro de nuestros deseos, sean cuales sean. Nos diferenciamos en gran medida por la importancia relativa de nuestros deseos; cada uno de nosotros hace intercambios entre el placer inmediato y los sentimientos a largo plazo de bienestar y propósito.

Para comprender nuestras verdaderas motivaciones por las cuales queremos ser emprendedores, necesitamos concentrarnos en lo que deseamos con mayor egoísmo y ansias que nada. Solo esos deseos particulares o protecciones contra temores específicos logran impulsar las acciones consistentes que, a largo plazo, nos harán emprendedores exitosos y satisfechos. Pero primero, necesitamos comprender la diferencia que hay entre las motivaciones implícitas y las explícitas.

Las motivaciones explícitas son aquellas de las que eres consciente y que puedes describir con facilidad. Se generan en la parte frontal del cerebro, donde ocurre el razonamiento. Unos ejemplos de motivaciones explícitas serían: "Quiero perder peso" o "Quiero comenzar una empresa". Podemos comprender y explicar nuestras motivaciones explícitas con facilidad. Las personas con una motivación explícita para perder peso saben explicar cómo planean satisfacerla, por ejemplo, yendo al gimnasio con más frecuencia o consumiendo menos sodas y haciendo cosas por el estilo.

La mayoría de nosotros no somos muy buenos cumpliendo nuestras motivaciones explícitas si no podemos alcanzarlas con prontitud. Son pocas las personas que persisten en su decisión de ir al gimnasio o comer de manera saludable. Es difícil mantener la coherencia en las acciones que planificamos durante largos períodos de tiempo. Otras motivaciones explícitas compiten por nuestra atención y se afianzan día a día. Por ejemplo, podríamos posponer nuestros planes de perder peso para tener una cena larga y relajante con un viejo amigo o tomar un refresco antes de una gran reunión. Es casi imposible pensar siempre en nuestra necesidad de ir al gimnasio o dejar de pensar en cuánto necesitamos encontrarnos con alguien para comer algo azucarado. Hay demasiadas cosas mucho más apremiantes. De hecho, nuestras motivaciones explícitas son malos predictores de las acciones que tomamos a largo plazo.

Las acciones que realizamos para lograr nuestros deseos profundos o evitar nuestros miedos más elementales surgen de las motivaciones *implícitas*, no de las explícitas*. Las motivaciones implícitas se almacenan en las partes más remotas e inaccesibles de nuestro cerebro, cerca de la espalda. Nuestro cerebro está conectado de tal forma que las partes primarias tienen control directo sobre todas nuestras acciones. Por razones evolutivas, es difícil acceder a esas partes primarias —anular la programación que el cerebro recibió a lo largo de la evolución para hacer de manera rápida y eficaz a fin de sobrevivir habría sido peligroso y arriesgado para los primeros seres humanos—. Además, nuestra capacidad de negociación podría verse comprometida si nuestro rival descubriera cuáles son nuestros deseos y temores más profundos, pues usaría esa información para manipularnos, así que hemos evolucionado para que ni siquiera entendemos mucho de lo que nos impulsa a hacer lo que hacemos.

Por fortuna, nuestro cerebro nos protege de sentirnos muy mal por no haber alcanzado todas nuestras motivaciones explícitas. Construimos y creemos explicaciones ex post facto que nos hacen sentir bien respecto a por qué actuamos como lo hicimos. Entonces, es cuando decimos: "He estado demasiado ocupado para ir al gimnasio y tan estresado como para no tomar una copa de vino en la cena. Volveré a intentarlo cuando termine este gran proyecto".

Los emprendedores también son buenos para racionalizar cuando no toman ninguna de las múltiples acciones estresantes necesarias para que su empresa comience a funcionar, para que crezca y, en última instancia, para que sea autosuficiente: "En realidad, no necesitaba hacer llamadas a clientes potenciales para ver si les gustaban las muestras que les envié. Sé que les encantarán mis mejoras y es más importante que haga un seguimiento de algunos puntos de acción hoy que recibir estos comentarios".

Lo que parece suceder es que, en realidad, el emprendedor siente temor de llamar a extraños. El deseo/la motivación explícitos para que el producto tenga éxito con clientes reales es más débil que la

---

* Las motivaciones implícitas, así como las explícitas, son diferentes a las motivaciones intrínsecas y extrínsecas y con frecuencia son confundidas unas con otras. Describiré las diferencias en la sección de Notas.

motivación o el miedo implícito de sentirse humillado o rechazado por extraños (un miedo que muchos de nosotros también tenemos y por razones evolutivas). Claramente, a Jordan le habría ido mucho peor si no hubiera reunido el valor suficiente para proyectar al mundo una persona muy extrovertida con el nombre Jody Maroni. Sin embargo, Jordan estuvo dispuesto a sufrir situaciones algo embarazosas y el rechazo por parte de los transeúntes con tal de aumentar sus posibilidades de demostrarle a su padre que él tenía lo que se necesitaba para dirigir su propio negocio. Muchos emprendedores arriesgan el futuro de sus empresas porque no tienen motivaciones implícitas para tratar con sus miedos más comunes.

Crear una empresa y hacerla valiosa y autosuficiente es un proyecto largo y estresante que requiere de motivaciones lo suficientemente fuertes como para superar el miedo, la fatiga y la incomodidad. Las motivaciones explícitas no llevan a nadie a ese punto. Estas solo crean proyectos de corta duración que suelen terminar en el abandono o sustituidos. Los emprendedores exitosos, ya sean de bajo o de alto riesgo, son impulsados por fuertes motivaciones implícitas y el hecho de no entender esas motivaciones suele causarles problemas reales. Un emprendedor está en una mejor posición para triunfar si es honesto consigo mismo en cuanto a por qué necesita ser exitoso como empresario, pues, en ese momento, tendrá la oportunidad de hacer algo con sus desajustes motivacionales antes de que le causen demasiado daño.

Una solución clásica es encontrar un socio con una visión similar del éxito en los negocios, y que además tenga habilidades y personalidad complementarias a las tuyas. Sin embargo, esta combinación funciona de vez en cuando, pues, la mayoría de las veces, termina en problemas debido a que las visiones de los socios difieren. Por esta razón, los emprendedores con acceso a mucho dinero prefieren contratar gente que haga lo que ellos no quieren hacer, pero esa es una solución costosa y suele resultar en una baja rentabilidad que estresa al empresario. Muchas veces, tienen entrenadores formales o informales, les pagan a terapeutas para que les ayuden a encontrar esas motivaciones más fuertes que tienen enterradas en lo más hondo de su ser o que suelen pasar por alto. Los ejercicios de autoconocimiento y de consciencia suelen conducir a estos descubrimientos. (Al final del capítulo describo algunos ejercicios para encontrar las motivaciones más ocultas).

Los académicos han dedicado mucho tiempo a estudiar las razones explícitas que tanto los aspirantes a emprendedores como los que ya son exitosos mencionan con respecto al hecho de haber asumido la carga de comenzar una empresa, pero han sido renuentes a investigar sobre las razones personales, privadas y emocionales —un nivel más profundo de comprensión al que es difícil llegar tanto para los investigadores como para los emprendedores—. Entre los investigadores también hay una sensación de que el análisis "clínico" es una ciencia imperfecta que debe evitarse, porque impide comprender la dinámica del espíritu del emprendimiento. Sin embargo, no querer llegar a la parte "personal" con los emprendedores que estudiamos es similar a la labor que haría un médico al realizarle un examen físico a un paciente que está completamente vestido. De esa manera, lo más probable es que el paciente se sienta más cómodo, pero es poco probable que el médico encuentre una erupción que sea el síntoma de una enfermedad que podría tratarse a tiempo, antes de que se vuelva fatal.

No es cuestión de dinero

A menudo, los emprendedores mencionan el hecho de "hacer dinero" como su principal motivación. Ganar dinero es una motivación explícita que desaparece cuando aparece algo más importante o puede ser un indicador de una motivación implícita mal entendida. Por ejemplo, ganar dinero impresionará a tus padres, te hará sentir superior o aliviará tu temor de que tus seres queridos pasen necesidades; también sirve como una carta de presentación socialmente aceptable y útil para camuflar alguna motivación implícita menos aceptable, como el ansia de ejercer poder sobre los demás.

La vida de Josephine Esther Mentzer fue transformada por un insulto. Tendría unos 17 años cuando esto sucedió. Estella, como se llamaba en ese entonces, era muy buena entablando conversaciones con las clientas en el salón de belleza donde trabajaba. Había aprendido algunas habilidades prácticas de ventas trabajando para una tía que era propietaria de una tienda en el vecindario; allí vendía ropa y otros artículos. Le encantaba vender y presumía con su familia y amigos diciendo: "Los clientes compran más cuando yo los atiendo". Incluso siendo niña, se enorgullecía de lo que había logrado siendo una de siete hijos de una familia inmigrante en Queens. Por eso, se sorprendió cuando una mujer a la que atendía le reprochó por elogiarle su bonita blusa y por preguntarle dónde la había comprado. "¿Qué diferencia habrá que lo sepas o no?", le respondió la mujer. "¡Nunca podrás comprarte una así!".

Estella siempre recuerda ese percance como un momento clave en su vida. Fue en ese preciso instante cuando ella decidió dedicarse a demostrarse a sí misma y a todo el mundo que podía llegar a ser más rica, más glamorosa y socialmente superior que cualquier otra mujer en Queens. No era el dinero en sí mismo lo que la motivaba, sino superar un estilo de vida que consideraba degradante.

Trabajar en un salón de belleza llegó de forma natural a su vida. Desde temprana edad, le encantó inventar y disfrutaba animando a los demás —para molestia de su padre—. Como la mayoría de los niños que vive en hogares con recursos limitados, se esperaba que Estella comenzara a trabajar desde muy jovencita; primero, ayudando los fines de semana en la pequeña ferretería de sus padres. Después, siendo ya adolescente, logró negociar el hecho de trabajar en la tienda de su tía, donde se esperaba que ella hiciera el máximo posible, desde mantener el inventario hasta arreglar las vitrinas y vender.

Tras la humillante experiencia con aquella clienta, Estella soñó con otra vida, lejos de Queens. Entendió que quería, de hecho, que necesitaba la vida de belleza y alta sociedad que había vislumbrado a través de los ojos de las clientas que atendía tanto en el salón de belleza como en la tienda de su tía. Durante mucho tiempo, sus amigos y familiares habían percibido sus ambiciones y solían bromear con ella diciéndole que lo más probable es que en el futuro abriría su propio salón de belleza o tal vez hasta una tienda de ropa. Pero en ese momento crucial, Estella no estaba tan segura de eso, pues pensaba ser "actriz".

Poco antes del suceso del salón de belleza, un tío de Austria emigró a Queens e instaló una empresa química que producía líquido para embalsamamiento, polvos desengrasantes, pomadas para las erupciones y también perfumes; en definitiva, productos para el cuidado de la piel. Como a ella le encantaba el maquillaje, su tío John la llamaba para que le ayudara cuando saliera de la escuela. Y aunque el líquido de embalsamamiento no despertaba ningún interés en ella, estaba fascinada por aprender a hacer productos de belleza. Observando muy de cerca a su tío John, Estella aprendió a formular sus propios tratamientos de belleza, que luego les aplicaba a sus amigas de la escuela secundaria por las tardes, prestándoles mucha atención a los resultados.

Cuando Estella estaba por terminar la escuela secundaria, se enamoró de un guapo e ingenioso chico de 25 años que venía de una familia de orígenes similares a los suyos. Joseph Lauter (más tarde, la "t" cambió a una "d") acababa de comenzar un negocio de importación de seda. Joe encajaba a la perfección con la visión de Estella respecto a una vida más hermosa y lujosa. Después de casarse y tener un bebé, Estella puso en práctica sus planes de cambiar de vida vendiendo las lociones para la cara y las manos que producía su tío. Pero venderles sus productos de belleza a amigas y vecinas no la satisfizo —ella quería cambiar su vida de una manera más tajante.

Por desgracia, el negocio de Joe fracasó y él se frustró por no poder encontrar un trabajo y un lugar donde encajar. Estella le reprochaba por su situación y trabajaba aún más horas vendiendo los productos de su tío, alejándose aún más de su marido. Estas y otras frustraciones aumentaron hasta el punto en que ella y Joe se separaron y, finalmente, se divorciaron. Estella tomó a su hijo de cuatro años y se mudó a Miami Beach, donde sentía que tendría más posibilidades de éxito. Una vez allí, se dispuso a vender sus productos de belleza en vestíbulos y en salones de belleza de hoteles de lujo, a una clientela de clase más alta a la que ella tenía acceso en los salones de belleza de Queens. Siendo una joven glamorosa e independiente, Estella atraía las miradas de varios de los caballeros solteros y divorciados que pasaban las vacaciones o los inviernos en Miami.

Vivir allí le dio una visión más detallada de la vida que quería, pero aun así, no le proporcionaba los medios necesarios. Vender productos de belleza uno por uno no la haría tan rica como para ser respetada por las mujeres de clase alta, así que tomó otro rumbo. Pensó en pedirles dinero prestado a sus familiares con el fin de obtener el capital necesario para vender sus propios productos a una escala mucho mayor, haciéndolos y empaquetándolos justo como ella quería. Se mudaría de nuevo a Nueva York y se volvería a casar con Joe, quien tenía muchas ganas de volver con ella, siempre que él estuviera de acuerdo con las condiciones que ella le puso: tendría que dejar su trabajo como vendedor y ser su socio para dirigir un negocio de belleza. Ella sería la jefa y representante de ventas, mientras que él manejaría y dirigiría el resto de las tareas que no eran tan de cara al público como las de ella. Y para ser una líder glamurosa de un negocio de belleza, adoptaría una nueva personalidad, asumiendo un nombre más aristocrático, como es el de Estée Lauder, tanto para ella como para su nueva compañía.

Estée trabajó sin descanso para hacer que su compañía fuera un éxito. Pasaba más de 200 días al año viajando para vender sus productos, capacitar a sus vendedores y promocionar su marca. Por su parte, Joe se encargaba de procesar los lotes de cremas, los ponía en atractivos frascos y enviaba pedidos durante todo el día. También cuidaba de los niños, incluido a su segundo hijo, que llegó un año después de que se volvieran a casar. Su hijo mayor, Leonard, le ayudaba después de la escuela.

Estée era implacable, en especial cuando trató de instalar sus productos en una determinada tienda por departamentos. Durante meses, varios días a la semana, se sentó en el área de recepción de Saks Fifth Avenue esperando presentar y volver a presentar sus productos para que esa prestigiosa tienda los vendiera. Como los compradores de cosméticos no veían la necesidad de agregar otra línea de productos de belleza, Estée ideó formas para que las mujeres preguntaran por sus productos en la tienda. Por último, trazó un plan que la llevaría a entrar a Saks al ofrecerse a proveer los suvenires para las asistentes a un almuerzo de beneficencia que se realizaría en el Hotel Waldorf Astoria, que está muy cerca de Saks.

En cada una de las 300 bolsas de los suvenires, Estée decidió incluir su mejor y más caro lápiz labial; lo empacó de manera muy especial en hermosos tubos de metal, algo difícil de encontrar en ese momento. Luego, les dijo a las asistentes al almuerzo que obtendrían sus repuestos en Saks. Pocas semanas después, Saks accedió a tener los productos de Estée Lauder en sus establecimientos.

Estée hizo crecer su compañía llevando sus productos a una cadena de grandes almacenes donde pasó semanas capacitando a los vendedores. Insistiendo en que sus productos se presentaran de cierta manera, fue pionera en muchas de las técnicas de venta de cosméticos que aún hoy se consideran las mejores, como obsequiar muestras gratuitas al realizar una compra y mantener esteticistas en los mostradores de ventas ofreciendo una sesión de maquillaje gratuita para que las clientas prueben los productos. Estas técnicas fueron efectivas para ella cuando vendía los productos de su tío en salones de belleza y quería que todas las vendedoras de Estée Lauder las siguieran con *exactitud*. Su estrategia funcionó y la empresa creció año tras año.

Pero Estée quería que su compañía fuera más grande y creciera más rápido que con el progreso lento y constante que estaba obteniendo. Por fortuna, el negocio era rentable y tanto Estée como Joe fueron austeros esos primeros años haciendo todo ellos mismos y contratando trabajadores solo cuando fuera necesario. Estée usó el dinero ahorrado para desarrollar lo que sentía que haría a la compañía mucho más grande. En ese momento, el perfume era considerado un lujo, algo que solo las mujeres acomodadas usaban a diario. Con sus muchos años de experiencia tratando directamente con clientes de todo el país, Estée creyó que el aceite de baño perfumado sería un producto asequible y popular. "Youth-Dew" fue una sensación. La compañía duplicó su tamaño en un año transformando a Estée Lauder en una de las compañías de productos de belleza líderes en el mundo y dándole a Estée el estilo de vida y el prestigio que ella tanto deseó. La riqueza fue solo el medio para lograr ese fin.

¿Por qué las ideas no son suficiente?

Ni Jordan, ni Estée fueron movidos a ser emprendedores gracias a una idea. Cada uno tenía una motivación principal que necesitaba satisfacer y cada uno usó sus habilidades personales para crear compañías que satisficieron esa necesidad. Los dos inventaron nuevas ideas — nuevos sabores de salchichas, nuevos aromas—, pero estas ideas, como el dinero, solo fueron el medio para un fin.

William Shockley luchó por su idea, una muy buena, pero la amaba tanto, que no estuvo dispuesto a cambiarla para hacerla comercialmente viable. También amaba su idea más de lo que valoraba sus relaciones con las personas inteligentes que él mismo había contratado para que trabajaran con él. Pero, en última instancia, el amor por su idea no resultó tan fuerte como para querer cambiar. Su motivación siempre fue ser reconocido como el científico más inteligente donde fuera que estuviera. Soñaba con que la comercialización de su transistor cambiaría el mundo y que ese hecho aumentaría aún más su prestigio como científico. Pero cuando las realidades comerciales entraron en conflicto con sus prioridades científicas, hizo a un lado las realidades comerciales. El amor de Shockley por el transistor lo hizo un gran científico, pero no lo hizo un emprendedor ni siquiera mediocre.

Contrario a la opinión popular, las ideas —ni siquiera las grandes ideas— no generan en las personas la pasión necesaria para dirigir una empresa exitosa y autosostenible. Una idea provoca fuertes sentimientos, tan fuertes como para crear las motivaciones explícitas que podrían llevar a quien la descubrió a iniciar un emprendimiento. Aunque fundar una corporación es rápido y bastante sencillo, si te lo propones, hacerla crecer hasta convertirla en una entidad que produzca valor y autosostenibilidad, no lo es. Así como la pasión es una motivación válida para casarse, que se desvanece con el tiempo, también lo hace la pasión por una idea. La pasión por las ideas se desvanece con la inevitable pérdida de control que viene cuando entiendes que los clientes en realidad quieren algo diferente, así como con las dificultades que debes soportar para hacer que algún aspecto de la idea sea una realidad comercial.

Construir una empresa toma mucho tiempo y requiere que los fundadores superen muchos desafíos y dificultades. "Identificar una oportunidad" y "hacer algo divertido, interesante o instructivo" no son ideas motivadoras lo suficientemente fuertes. Si te conviertes en empresario porque es divertido, entonces te detendrás tan pronto como la diversión desaparezca. Del mismo modo, si fundas una compañía solo para aprender a ser un empresario, entonces te sentirás bien cometiendo errores, lo que dará como resultado un equipo desmoralizado e inestable, así como unos clientes bastante descontentos.

Siempre es una prueba

Al mundo no le interesa si algunos de nosotros nos convertimos en emprendedores, no importa lo que hayamos logrado antes. Convertirse en emprendedor termina siendo una decisión personal y egoísta. Aunque podemos describir de manera diferente las motivaciones que tenemos para empezar nuestra propia empresa, al final, todos nos estamos sometiendo a prueba: "¿Soy merecedor del estatus que busco?". Podemos ganar o perder dinero en nuestro emprendimiento, pero mucho más importante que el dinero es cómo la experiencia cambia lo que pensamos de nosotros mismos y si probamos lo que nos propusimos demostrar. Y siempre debemos probar algo para satisfacer nuestras principales motivaciones implícitas. *Las principales motivaciones siempre vienen como una prueba, son dos caras de la misma moneda. Pasar la prueba es como saber que alcanzaste tu principal motivación.*

Aunque no puedes elegir de manera explícita tus principales motivaciones, sí puedes elegir si quieres hacer la prueba de comenzar un emprendimiento. La mayoría de la gente nunca se pone a prueba; o bien no son lo suficientemente conscientes de sí mismos, y/o a lo mejor le tienen mucho miedo al fracaso. Todos nuestros modelos de roles empresariales enfrentaron pruebas autoimpuestas, pero es probable que ninguno de ellos entendiera las profundas raíces de sus pruebas: ser un mejor ejecutivo que su padre, tener un mayor nivel social que cualquier otra persona en Queens o ser el mejor científico de su época.

El hecho es que ya sea que entiendas o no por qué haces lo que haces, serás responsable de asegurarte de haberte sometido a la prueba correcta y de que la afrontaste como debía ser. William Shockley no se sometió a la prueba correcta. Alguien que aspire a ser reconocido como el mejor científico del planeta no debería estar tratando de producir productos para vender. Jordan, una vez que su Jody Maronis's Sausage Kingdom fue más grande y exitoso que la carnicería de su padre, se puso una nueva prueba: ser amado por la mayor cantidad de personas posible. La prueba de éxito empresarial puede estar bien alineada con esta motivación principal, puesto que el emprendimiento se concentra en hacer felices a un gran número de personas y en obtener dinero a cambio. Pero Jordan no se puso a prueba correctamente en dos maneras. Primero, no se interesó mucho en recuperar el dinero y se lanzó hacia el emprendimiento sin hacer el análisis suficiente de los posibles problemas que harían que su inversión produjera una ganancia decente. Segundo, como llegaremos a comprender más adelante en el libro, Jordan permitió que otros tuvieran demasiada libertad de acción entregándoles la "alegría" de Jody Maroni (es decir, la felicidad) a sus clientes, lo cual redujo la experiencia y, a la larga, decepcionó a sus clientes.

Llegando al verdadero por qué

La experiencia de ser un emprendedor no resulta como lo esperan muchos de los que lo intentan. La mayoría no llega muy lejos y se rinde. Menos de la mitad de quienes comienzan una compañía sobreviven cinco años y solo una pequeña fracción de los que permanecen en los negocios cumple con los objetivos explícitos que tenía para iniciar la empresa desde un comienzo. Además de William Shockley, este libro perfila a emprendedores que tenían las motivaciones esenciales, bien alineadas y con la fuerza adecuada para impulsarlos hacia el éxito, ya sea que pudieran o no describir con precisión esas motivaciones cuando emprendieron sus negocios.

Un "por qué" sólido, una fuerte motivación principal, siempre está presente entre los grandes emprendedores, pero rara vez entre aquellos que apenas sí salen del paso. Sacar a la luz y comprender esos profundos motivos es el primer paso para triunfar como emprendedor o para descubrir que no estás excluido de las agotadoras exigencias —los sacrificios personales, los inevitables reveces, el trabajo incansable, la aplastante presión del tiempo, la incertidumbre financiera y las noches de desvelo que el 99% de los emprendedores enfrenta—. Tú debes saber si tus motivaciones son tan fuertes como para soportar una experiencia que sin duda sea excitante, pero también agotadora, llevándote a echar mano de tus más profundas reservas de fortaleza personal. Necesitas entender la prueba que debes pasar.

Por supuesto, podrías invertir una gran cantidad de tiempo y dinero en terapia, pero la mayoría de los emprendedores dispone de poco tiempo o dinero para esto. Además, no necesariamente deberás resolver cualquier problema detrás de tus motivos; solo necesitas saber cuáles son esos motivos para poder cuidarte de tus excesos. Trata de comenzar asumiendo un ejercicio simple que yo suelo usar con estudiantes y aspirantes a emprendedores.

Primero, pregúntate por qué quieres ser emprendedor. Es probable que hayas respondido esta pregunta muchas veces antes, ya sea para ti mismo o a tus amigos y familiares, y quizás hayas dado argumentos similares. Sin embargo, escríbelos. Luego, hazte y responde algunas preguntas profundas y muy específicas:

- *¿Qué deseo fundamental o miedo compensaría mi éxito como emprendedor?* Esta pregunta también genera algunas respuestas que se repiten una y otra vez. Por ejemplo, muchos temen ser humillados ante un pariente o un rival. Otros descubren que tienen un fuerte impulso por el poder o el estatus o por ser escuchados. Tienen una intensa motivación por el deseo de que nadie les diga qué hacer o por que un grupo de personas se vuelva muy dependiente de ellos. Los motivos más profundos de muchos otros son impulsados por retos de la infancia —dificultades económicas, por ejemplo, un padre alcohólico o abusivo— y su deseo más profundo es nunca volver a sentir lo que ellos sentían ante las desafiantes circunstancias de ese entonces.

Aun así, hay personas cuyas motivaciones más profundas se han formado por alguno de los muchos posibles intercambios de la dinámica familiar.

- *¿Qué me hace enojar tanto que no puedo controlarme?* Quizás, hay ciertos nombres o etiquetas que te hacen enojar en un solo instante. Alguien, de manera casual, te dice algo sugiriendo que eres perezoso o inconsecuente y tú estallas de inmediato. Esa erupción es un indicador de que te estás acercando a esa motivación principal que no entiendes por completo. Por ejemplo, supón que te enfadas cuando esa cualidad que tú consideras como tu toque infalible alguien la considera como servilismo o falta de carácter. Tu ira es desproporcionada ante la ofensa. ¿Por qué? Quizá, porque de niño eras el pacificador en una familia disfuncional, un valioso papel que siempre estás resuelto a retomar.

A lo mejor, haya alguna otra razón profunda, pero el punto es que tu carácter irritable dice mucho de ti mismo, si estás dispuesto a seguir las pistas.

- *¿Qué es lo que me hacía más feliz cuando era niño?* Al igual que la ira, la alegría nos revela cuáles son nuestros motivos más profundos. Pero si les haces preguntas genéricas a las personas sobre qué las hace felices, ellas mencionarán circunstancias temporales como una buena comida o experiencias a largo plazo como relaciones duraderas, vida de familia o satisfacción espiritual. Sin embargo, localiza la pregunta en torno a la infancia y a la imborrable memoria de situaciones específicas que te hicieron muy feliz y podrás comenzar a puntualizar motivos altamente específicos. Tal vez, sea tan simple como siempre querer revivir el sentimiento que tuviste cuando metiste el gol de la victoria en un importante juego de fútbol. O quizá, sea tan complicado como la enorme tranquilidad que sentiste cuando tus padres se reconciliaron después de un intento de separación. Sea lo que sea, saberlo te acercará más a descubrir qué es lo que realmente te impulsa a seguir.

- *¿Cuál es la prueba que necesito pasar?* Es fundamental que pasar esta prueba te dé un sentido de bienestar. Es probable que esté relacionada con demostrar tu autoestima y tu capacidad para actuar con autonomía.

- *¿Cómo me sentiría si fallara?* Si la respuesta es: "Mientras sienta que he dado lo mejor de mí, puedo aceptar el fracaso", entonces, lo más probable es que tu motivación no sea lo suficientemente fuerte. Las consecuencias sicológicas del fracaso deben ser tan importantes como para impulsarte a superar sin desistir las dificultades y traumas que enfrentarás. No debe haber nada más importante; de lo contrario, quizás abandones tu emprendimiento cuando el camino se ponga muy difícil. Y es mucho mejor que lo descubras por ti mismo antes de perder dinero, gastar preciosos años de tu vida y destruir muchas relaciones valiosas a lo largo del camino. Eso no significa que no debas unirte a un emprendimiento donde puedas hacer uso de las habilidades de las que te enorgulleces a cambio de algún tipo de recompensa. Solo significa que quizá no deberías ser el líder fundador.

- *¿Alguien cuya sabiduría y dirección valoro vería mis motivos de la misma manera que yo los veo?* Cuando hayas examinado y registrado lo que crees que te motiva, busca un consejero confiable en alguien que te conozca bien, que te haya visto en acción en diferentes situaciones, *en quien puedas contar por su franqueza* y que esté dispuesto a hacerte preguntas de sondeo. Ahora, ¿sus percepciones sobre tu verdadera motivación coinciden con las tuyas? De no ser así, entonces repasa tu autocuestionamiento e intenta solucionar la diferencia.

Como entenderás cuando completes este ejercicio de autodescubrimiento, tus motivaciones más fuertes surgirán de todo aquello que es la fuente de tu felicidad o que te protege de temores primarios. Por tal razón, será inevitable que descubras que tienes una razón muy egoísta para querer ser un empresario. Esto no tiene nada de malo y hay gran ganancia en identificar y admitir que eres egoísta. Si no lo reconoces, puedes sentirte ambivalente respecto al éxito y, como resultado, podrías sabotearte a ti mismo.

¿Significa eso que debes adoptar la filosofía de "buscar el primer lugar" y destruir a todo el que se interponga en tu camino? No, todo lo contrario. El requisito más desafiante para el éxito empresarial es la constante necesidad de cambiar tu estilo de liderazgo a medida que tu negocio también crece y cambia[5]. Sin una motivación poderosa, no harás los cambios necesarios en tu interior, ni dominarás el difícil equilibrio entre el egoísmo necesario para ser un empresario motivado y el desinterés suficiente como para dirigir a las personas que se dispongan a ayudarte a hacer realidad tus sueños.

¿Por qué no?

Querer ver realizada tu idea no es una buena razón para convertirte en un emprendedor. Si tienes una buena idea, entonces bien podrías patentarla y autorizar a alguien que tenga la necesidad egoísta de dirigir una compañía —puedes ser o no ser tú—.

Querer hacer algo interesante o divertido no es una razón lo suficientemente duradera como para convertirte en emprendedor. Mejor, busca un empleo divertido e interesante.

Querer aprender no es una razón tan buena como para ser un emprendedor. En ese caso, encuentra un empleo o toma una clase que te enseñe lo que quieres aprender.

Debes tener una razón poderosa para querer ser un emprendedor —una duradera—, porque alcanzar el éxito tomará mucho tiempo y viene acompañado de grandes dificultades.

Necesitas una razón muy egoísta para querer ser un emprendedor, pues tienes que hacer que el mundo quiera lo que tienes para darle. Tu egoísmo te impulsará a cambiar, a cuidar de tus clientes y compañeros de equipo y a dar los pasos necesarios para lograr que otros acepten tu visión.

Debes querer probarte a ti mismo. Esa es la única forma en la que serás tan bueno en lo que haces como para llegar a sentirte satisfecho de ti mismo como emprendedor. También es la única manera de seguir

---

5. Este punto lo analizaremos muy a fondo en el Capítulo 8.

siendo tan bueno que logres ingeniártelas para mantener felices a tus clientes.

Con la conciencia propia de lo que deseas, también viene la respectiva prueba para saber si eres o no capaz de conseguirlo. Cuando ya cuentas con el conocimiento de cómo y por qué necesitas probarte a ti mismo, debes escoger si una estrategia bien cimentada es la más adecuada para ti o si mejor será elegir una de alto riesgo. El emprendimiento de alto riesgo logra soluciones más rápidas y eficientes si puedes pasar tu prueba, así que será mejor que entendamos lo que implica.

CAPÍTULO 5

Qué tal si...

¿Qué tal si siempre has soñado con ir a Marte y alguien creyera tanto en ti que se ofreciera a financiarte una nave espacial? ¿No sería genial? En la actualidad, al menos dos emprendedores, Jeff Bezos y Elon Musk, gastan cientos de millones de dólares para construir los cohetes y las organizaciones de apoyo necesarios para permitirles a otros viajar a Marte. Se gastan su propio dinero para financiar expediciones porque son proyectos de su interés personal. Cuando se trata de sus sueños espaciales, Jeff y Elon son empresarios bien fundamentados. Al no querer confiar en extraños o sentirse presionados para cumplir con metas de rendimiento o financieras impuestas externamente, ellos están construyendo sus compañías espaciales de manera lenta y constante.

Pero Jeff y Elon comenzaron como emprendedores de alto riesgo. Ahora, tienen el dinero para financiar las misiones a Marte solo porque lograron que personas inteligentes invirtieran millones en sus nuevas empresas y luego otros inversionistas compraron cientos de millones de acciones de Amazon y Tesla Motors tan pronto estas se convirtieron en empresas de cotización en la Bolsa. A su vez, la demanda de los inversionistas por estas acciones ha hecho que sus acciones en estas empresas valgan decenas de miles de millones de dólares. Jeff y Elon son empresarios inteligentes y estratégicos que entienden muy bien cuándo hay que ser emprendedores de alto riesgo y cuándo es más conveniente ser de cimientos firmes.

Los sueños audaces que no puedes financiar y cubrir por completo con tus esfuerzos requieren una mentalidad empresarial de alto riesgo. Para comprender bien esta mentalidad, debes entender cómo funciona el modelo de inversión de Silicon Valley y las personas que dirigen el sistema que permite el emprendimiento de alto riesgo. ¡Y, sí! Silicon Valley es el hogar por defecto del emprendimiento de alto riesgo. Este modelo podría resumirse como: "Apúntale a la luna y usa el dinero de otros para llegar a ella"[6].

Los emprendedores de alto riesgo juegan un papel desproporcionada-mente importante en la generación de empleo y riqueza; menos de una fracción de un porcentaje de todas las nuevas empresas crea un poco menos del 10% de toda la riqueza que estas generan. Con el apoyo de los inversionistas de riesgo, estén o no localizados en Silicon Valley, los emprendedores de alto riesgo lanzan compañías cuyo crecimiento es más rápido que una compañía promedio y tienen más probabilida-des de salir a cotizar en la Bolsa. Los emprendedores que cuentan con el respaldo de capitalistas de riesgo que son ricos y experimentados disfrutan de inmensas ventajas competitivas en sectores comerciales donde las economías de escala o los efectos de red dominan las estructuras de costos y/o la aceptación de los clientes. En los sectores comerciales donde se requieren estudios a largo plazo para obtener aprobaciones regulatorias (como la biotecnología), el respaldo de los capitalistas de

---

6. Es irónico que Bezos y Musk estén apuntando a Marte y usando casi todo su propio dinero.

riesgo es, prácticamente, necesario para tener éxito. Sin el modelo de inversión de Silicon Valley, Estados Unidos no sería el líder mundial en software empresarial, semiconductores, redes sociales, biotecnología y comercio electrónico. Las empresas líderes en estas industrias esenciales comenzaron como sueños audaces.

Sin embargo, no todas las empresas, ni todos los sueños audaces obtienen una ventaja favorable o competitiva si hacen uso del modelo de Silicon Valley. Todo empresario debe estar en capacidad de decidir por sí mismo si sus sueños necesitan el apoyo y el favor de los capitalistas de riesgo altamente experimentados, ocupados, enfocados y orientados a generar riqueza. Así que, comencemos por entender lo que se espera de los emprendedores de alto riesgo y hagámoslo viendo por qué el destino de todos los emprendedores de alto riesgo con sueños audaces que necesitan o desean el apoyo de la comunidad de capital de riesgo prácticamente será determinado en un lunes.

La importancia de los lunes

Todo el campo del capital de riesgo funciona casi en una perfecta sincronía. Es un ritual. Los lunes, casi todo el mundo perteneciente a la industria de capitales de riesgo hace "reuniones de socios" para decidir el destino de miles de emprendedores —ya sean aspirantes a emprendedores que buscan dinero o emprendedores ya existentes que operan sus empresas bajo la atenta mirada de uno o más socios de la firma.

El estilo de reunión difiere de una firma a otra. Algunas son formales, otras son informales; en unas solo participan socios y en otras ellos invitan a sus analistas principales. La manera en que se conduce la reunión depende de las preferencias del encargado o los encargados de tomar las decisiones de la empresa. Las firmas de capital de riesgo tienen culturas como cualquier otra empresa. De hecho, son solo negocios iniciados por emprendedores.

Por lo general, los lunes por la mañana, no muy temprano, el socio principal de la firma convoca a la reunión: "Bueno, comencemos". Podría decirse que la agenda es la misma cada semana: revisar nuevas inversiones potenciales; luego, revisar el desempeño de las compañías de su portafolio, discutir la recaudación de fondos (que casi siempre se da en las empresas exitosas) y por último, conversar sobre aspectos administrativos tales como contrataciones y despidos dentro de la firma o planificar eventos como el retiro anual de socios o la reunión anual de socios limitados. El hecho es que este tipo de reuniones suele tomar la mayor parte del día.

Por lo general, antes de cada reunión, se les distribuye a los socios un paquete de información que incluye un resumen sobre el funcionamiento de la firma de capital de riesgo y un reporte detallado sobre cualquiera de las compañías que analizarán para ver si existe la posibilidad de hacer alguna inversión.

Cada firma siente que tiene su propia ventaja competitiva en cuanto a la manera en que encuentra las empresas en las que desea invertir y considera importante mantener. Una de las mediciones importantes del capital de riesgo se denomina "flujo de transacciones" —es un indicativo de la cantidad y la calidad de las inversiones potenciales que la empresa ha revisado—. Si algún socio principal detecta un problema con el flujo de transacciones, entonces ese se convierte en el primer tema a discutir el lunes por la mañana.

Las empresas dispuestas a invertir en nuevos emprendimientos en sus etapas tempranas se preocupan por la cantidad y la calidad de los acuerdos iniciales en los que se les pide que inviertan. Un capitalista de riesgo en etapa temprana debe analizar una gran cantidad de propuestas de nuevos emprendimientos porque la firma solo financiará una fracción de los acuerdos que revisa —a veces, tan solo uno entre 1.000. Así que, si quiere financiar seis acuerdos al año, debe revisar hasta 500 propuestas al mes.

Además, las firmas de inversionistas de riesgo quieren asegurarse de estar recibiendo propuestas de alta calidad. Por eso, suelen hacerle seguimiento a cómo esas propuestas llegaron a ellas. ¿La propuesta en cuestión provino de otra firma de inversionistas de riesgo que ellas respetan, de una entidad que les pide que inviertan en conjunto? (Esta se considera una fuente de muy alta calidad). ¿Llegó por medio de un socio junior que tiene contactos con la Facultad de Negocios en su alma mater (calidad media) o la recibieron de un desconocido por medio de internet (baja calidad)?

Los socios de las firmas en etapa temprana no discuten los cientos de presentaciones y paquetes de información que reciben[7]. En lugar de ello, cada firma tiene un proceso para revisar la información de las compañías en las que se les solicita que inviertan. El proceso suele comenzar con la revisión por parte de uno de los analistas junior, quien se encarga de analizar las presentaciones, descartar casi todas y crear un resumen de una sola página que incluya el quién, el qué, el dónde y el cuánto de las pocas propuestas que, en su opinión, le agradaría ver al supervisor junior. Después de leer los resúmenes de una página, el socio junior se reúne con uno de los socios principales para discutir el posible interés que la empresa tiene en uno o más de los planes de negocios que resumió el analista junior. Si el socio principal está interesado, entonces el socio junior y el socio principal hacen una sesión de ideas respecto a la información adicional que quieran conocer y luego llaman al emprendedor que envió la información. Si en la conversación es claro que ese(os) emprendedor(es) tiene(n) una comprensión profunda de su idea de hacer dinero, se le(s) invita a visitar la firma de capital de riesgo para que presente(n) en persona su idea y a su equipo.

Al comprender cómo se logran los grandes sueños de Silicon Valley, también debes tener en cuenta que solo alrededor de un tercio de las empresas de capital de riesgo invierte en nuevos emprendimientos. La inversión en la etapa temprana es una especialidad. La mayoría de las firmas de capital de riesgo se especializa en "inversiones de crecimiento". Esto significa que dos tercios de todos los dólares de inversión de riesgo se destinan a empresas más maduras, pues la mayoría de los capitalistas de riesgo piensa que es demasiado arriesgado invertir en emprendedores de alto riesgo con sueños, así que, para ofrecerles un buen rendimiento a sus inversionistas, ellos prefieren invertir en compañías jóvenes; quizás, aún no rentables, con productos ya establecidos y clientes satisfechos, que buscan inversiones adicionales para crecer con mayor rapidez. En otras palabras, la mayoría de los capitalistas de riesgo invierte en

---

7. Durante los últimos años, los encuentros para escuchar presentaciones con información de apoyo han remplazado al plan de negocios, convirtiéndose en una forma en que los emprendedores les presentan sus ideas y sus equipos a los posibles inversionistas.

crecimiento —no en sueños—. Si apenas estás comenzando, entonces debes presentarle tu idea y tu equipo a una firma de capitalistas de riesgo en etapa temprana.

La oportunidad para que una firma de capital de riesgo invierta en estas nuevas empresas más maduras, en particular, en las que ya se consideraron exitosas y se dirigen hacia una oferta pública en la Bolsa, lo que se considera como una "gran salida", proviene de que estas tengan una reputación de ser empresas "reconocidas" que han invertido en otras empresas nuevas de gran éxito y de tener una relación personal con los fundadores. Los lunes por la mañana, los socios principales comparten historias acerca de cómo conocieron o socializaron con los fundadores y directores ejecutivos de estas nuevas empresas "reconocidas" y si creen que su empresa será invitada a invertir y cuándo.

Casi todos los capitalistas de riesgo que se especializan en invertir en nuevas empresas más maduras contratan varios jóvenes graduados y extrovertidos de Ivy League o de escuelas de negocios para que a diario les hagan decenas de llamadas a los directores ejecutivos de las nuevas compañías sobre las cuales han escuchado recientemente. Ellos deben procurar conversar con el director ejecutivo para felicitarlo por haber impresionado a la firma de capital de riesgo con lo que ha logrado su empresa. La misión de estos analistas junior es tratar de ir más allá de la publicidad y la emoción de la empresa y obtener suficiente información financiera para determinar si esta tiene buen "impulso" (es decir, está creciendo con rapidez). Si está creciendo a un ritmo suficientemente rápido, entonces, el analista junior se lo informará a un socio principal, quien se encargará de dirigir la atención de los socios hacia la compañía y a la información financiera que ha recibido.

Después de todos los relatos de socialización, y asumiendo que no haya problemas con el flujo de transacciones, el primer punto oficial de la agenda en las reuniones de socios los lunes es discutir cuál de las compañías interesantes que la empresa descubrió recientemente —ya sea en etapa temprana o más madura— sería digna de inversión. Los socios revisan las oportunidades potenciales y los riesgos asociados con una inversión teórica en cada compañía presentada. Cuando se trata de compañías que significarían una inversión interesante, la firma planea enviar un socio principal, junto con un socio junior y tal vez un analista, para que hagan una visita y obtengan una "percepción" más profunda del emprendedor, del equipo y de la oportunidad. También se espera que tanto los socios principales como junior contacten a expertos conocedores del área general de negocios donde se desempeña la compañía sobre la cual están interesados. Si la compañía está en el negocio de la información, llamarán a alguien como yo y le preguntarán algo como: "Basado en su experiencia, ¿qué problemas encontraría una compañía que desea recopilar información sobre el mundo de la tecnología utilizando las redes sociales?". Si les gusta lo que ven, y basándose en su visita y en sus llamadas a personas como yo, y además les interesa lo que oyen, entonces, les harán a los demás socios una recomendación específica. Luego, en la siguiente reunión de socios, es posible que se les solicite a todos que busquen más información o que no continúen haciéndolo o los socios votarán para decidir si darle al socio principal el visto bueno para redactar los términos sobre la cantidad de dinero que la compañía estaría dispuesta a invertir en una valoración específica.

La hoja de términos describe los términos propuestos para una inversión potencial que la firma de capital de riesgo podría hacer en la empresa. No es una oferta vinculante; es una base para mayor discusión y negociación. Incluso después de acordar la hoja de términos, esta sigue sujeta a negociaciones sobre docenas de detalles, los cuales se hacen entre los abogados de la compañía y la firma de capital de riesgo, así como una investigación adicional (llamada debido proceso) sobre la compañía, sus productos, sus finanzas, sus principales empleados y sus clientes actuales y potenciales, así como de sus socios y proveedores. Suponiendo que toda esta investigación y negociación adicional resulte satisfactoria para ambas partes, entonces proceden a firmar un extenso conjunto de documentos y la nueva empresa recibe el dinero.

Al debatir si hacen una oferta de inversión ("entregar una hoja de términos"), los socios analizan si deben hacer una propuesta, pues, sin importar cuánta investigación y debido proceso adelante una firma de capital de riesgo en torno a un empresario y a una nueva empresa, ellos no tienen total certeza con respecto a si la empresa

tendrá el éxito suficiente para hacer que la inversión valga la pena —
un dilema que requiere complejos debates para saber si ellos entienden
muy bien los riesgos relacionados con la cantidad de riqueza que se
podría generar—. También debaten cuánto invertir y qué porcentaje
de propiedad desean tener sobre la nueva empresa. Luego, entre todos
los socios determinan las restricciones y limitaciones que le impondrán
al emprendedor: cuánto dinero le permitirán invertir sin necesidad de
autorización, a quién(es) tiene derecho a contratar por decisión propia,
si está autorizado o no para firmar un contrato de arrendamiento, cuál
es el tamaño de los pedidos que puede hacerles a sus proveedores o el
monto máximo de los contratos que se le permite firmar. Para algunas
de estas decisiones, el emprendedor deberá obtener el visto bueno de
la junta directiva; para otras, la empresa de capital de riesgo puede
reservarse derechos de veto.

Después de hacer una inversión, al socio principal que trabajó en el
acuerdo se le asigna la responsabilidad de la inversión y en las reuniones
de socios él deberá ser quien presenta los informes sobre el progreso de
dicha empresa. Esas actualizaciones suelen ser el segundo punto en la
agenda de estas reuniones. Estas actualizaciones incluyen un resumen de
los últimos resultados financieros de la empresa, pero lo más importante,
desde el punto de vista de los socios, también incluyen una evaluación
de lo que se podría hacer para "ayudarle" a la empresa a mejorar y ser
más valiosa. La conversación acerca de cómo ayudar a una empresa
adquiere un tono diferente dependiendo de si se trata de una firma de
capital de riesgo en etapa temprana o en crecimiento. Los socios de una
firma de capital de riesgo en etapa temprana determinarán si creen que
la premisa original para esa compañía sigue siendo válida en función
de la información más reciente sobre las pruebas del producto o la
reacción de los clientes. La discusión se centra en los cambios que ellos
crean que la administración debe hacer: "El prototipo que enviaron a
IBM para calificación falló en las pruebas; creo que debemos insistir en
que contraten a un ingeniero de calidad con experiencia para obtener
un mejor control sobre su cadena de suministro".

Si asistieras a una reunión de socios en una firma de inversionistas
de riesgo en etapa de crecimiento, probablemente escucharías más

comentarios sobre la calidad del liderazgo que sobre el producto —comentarios como: "La compañía se está atrasando en su plan de presentar un producto mejorado. A mi parecer, el director de ingeniería no está entendiendo la magnitud del desafío, ni tiene la experiencia para dirigir un equipo de 15 ingenieros. El director ejecutivo es demasiado condescendiente con él porque no es un experto en software y no se siente seguro de presionar para lograr un cambio. En mi opinión, debemos insistir en que John (el director ejecutivo) comience a buscar un nuevo vicepresidente de ingeniería, y si se resiste, tendremos que pensar en la posibilidad de remplazarlo".

También podrías escuchar a un socio sénior de una firma de capital de riesgo en etapa de crecimiento iniciar una discusión en términos como estos: "A *mi* compañía le está yendo bien, pero le podría ir mejor. Me preocupa que nuestro principal competidor acaba de recibir otros $50 millones en financiamiento y podría comenzar a llevarse a nuestros clientes ofreciéndoles descuentos y eso desaceleraría nuestra tasa de crecimiento. Yo le expresé mis preocupaciones a la directora ejecutiva, pero ella cree que, gracias a que tenemos un mejor servicio al cliente, un ataque tan competitivo sería un desperdicio de dinero. A mi parecer, esto muestra un exceso de confianza y falta de visión. Hablé en privado con los otros inversionistas de la junta directiva y ellos tienen la misma preocupación que yo. No he tocado el tema de remplazar a la directora ejecutiva con ellos, pero planeo hacerlo esta semana. Entiendo lo traumático que sería ese cambio, pero mantenerla en esa posición significa la diferencia entre que la compañía valga solo $50 millones en lugar de $1.000 millones". Debido a que las firmas de capitalistas de riesgo en etapa de crecimiento invierten solo en compañías que ya están creciendo con rapidez (pero quizá no son rentables todavía), los inversionistas se fijan mucho en qué tan bueno es el crecimiento del equipo de liderazgo de esas compañías. A diferencia de las firmas de inversión de riesgos en etapa temprana, ellos no se enfocan tanto en la viabilidad del producto. El trabajo del fundador se pone en riesgo cuando las firmas de capitales de riesgo en etapa temprana traen firmas de capitales de riesgo más grandes y en etapa de crecimiento. Las investigaciones han demostrado que, cuanto más exitosa sea una empresa respaldada con capital de riesgo, más probable será que la firma de capital de riesgo intente remplazar al fundador.

Hacia el final de esta parte de la agenda, los socios se concentran en las inversiones de las cuales piensan "salir" —ya sea vendiendo la empresa o haciéndola pública para cotización en la Bolsa—. Todos los socios desean actualizaciones sobre el estado del portafolio de la empresa en relación con el "proceso" de ofrecer una compañía para la venta o de crear una estructura y un entorno donde sus acciones se puedan vender en mercados públicos. Quieren que cada uno informe: "¿En qué punto estás en cuanto a la elección de tu banquero inversionista?", "¿Cuándo vas a redactar tu propuestas (o prospecto, en caso de una oferta pública en Bolsa)?", "¿Van a superar sus cifras este trimestre en relación a las proyecciones de base utilizadas para nuestras valoraciones?".

Todos los socios están enfocados en hacer hasta lo imposible para sacar el máximo provecho del dinero que reciben por la venta u oferta pública de su portafolio de empresas. Si no tienen salidas exitosas, las firmas de capital de riesgo no sobrevivirán, los socios junior no serán promovidos y los socios principales no ganarán las grandes cantidades de dinero a las que aspiran. Por tal razón, el tema de las salidas ocupa gran parte de su atención. Los socios de capital de riesgo se sienten ansiosos cuando no hay propuestas sobre las cuales discutir.

Después que los socios debaten la mejor manera de posicionar a las compañías que planean vender u ofrecer públicamente en la Bolsa, las firmas de capital de riesgo continúan hablando sobre la recaudación de fondos. Casi todas las firmas de capital de riesgo operan como un conjunto de sociedades de 10 años. Cada asociación de 10 años controlada por la firma de capital de riesgo representa una empresa independiente que se ha creado con el único propósito de comprar acciones en nuevas empresas y en otras empresas privadas. Los socios en una firma de capital de riesgo son los socios "generales" de estas asociaciones legales y todos los demás inversionistas del fondo les pagan (los inversionistas son socios legalmente "limitados", es decir, socios silenciosos) para que inviertan los fondos de la sociedad de tal manera que antes del transcurso de 10 años cada inversionista recupere *mucho* más dinero del que invirtió.

Del dinero invertido en la sociedad, a los socios de capital de riesgo generalmente se les permite gastar el 2% anual en sus propios salarios y gastos a veces reducidos al 1,5% después de cinco años. Así que, durante los 10 años de vida de la sociedad, los socios de capital de riesgo gastan entre el 18% y el 20% de la inversión original en sus pagos, manutención y vivienda, y solo alrededor del 80% de la inversión original se utiliza para invertir en nuevas empresas y en otras empresas privadas. Además de los reembolsos de salarios y gastos pagados por los inversores, los socios del capital de riesgo también reciben un bono del 20% de todas las ganancias que obtiene la sociedad. Esta puede ser una suma considerable de dinero para un socio de riesgo exitoso. Este plan de compensación se conoce como el modelo de "2 y 20" y suele aplicarse al funcionamiento de las empresas de capital de riesgo, así como a los fondos de capital privado y de cobertura.

La fórmula de compensación de los inversionistas de riesgo tiene implicaciones significativas entre los emprendedores que buscan obtener financiación de capital de riesgo, pues hace que las firmas de capitalistas de riesgo busquen emprendedores que quieran hacer algo grande, que quieran "apuntarle a la luna". En términos muy generales, si una sociedad de riesgo recibe $100 millones de dólares de parte de sus socios limitados para que inviertan durante 10 años —un fondo pequeño según los estándares actuales—, entonces, esa sociedad buscará invertir en compañías en las que crea que una inversión de $5 a $7 millones crecerá a un valor de $50 a $70 millones en cinco años, más o menos. Un fondo de $100 millones de capital de riesgo obtiene $2 millones al año para pagar salarios y el alquiler de unas oficinas presentables, así como para pagar las opiniones de expertos, diversos honorarios legales (las propias nuevas empresas suelen acordar reembolsarles a las firmas de capital de riesgo la totalidad o una parte de sus costos legales), reuniones de socios limitados y cenas con otros capitalistas de riesgo. Todo esto se traduce en que un fondo de estas dimensiones solo cuenta con un par de socios, algunos analistas de apoyo, un par de asistentes personales y una recepcionista. Una firma con tan poco personal como ese, tiene el ancho de banda para invertir sus $80 millones (después de asignar del 18% al 20% de los $100 millones a gastos) en unas 15 empresas. Esto equivale a una inversión promedio de $5 a $7 millones por empresa.

Como la mayoría de las empresas en las que cualquier capitalista de riesgo invierte no logra sus objetivos a largo plazo a pesar del extenso análisis inicial y del debido proceso, la firma necesita que sus empresas tengan éxito y que sea en grande. Al buscar rendimientos de 10 veces su valor con compañías individuales, la firma de capital de riesgo en realidad aspira a devolverles a sus inversores alrededor de tres veces su inversión original cuando la sociedad se disuelve después de 10 años. Tres veces equivale a un rendimiento anual compuesto de poco menos del 12% —un rendimiento decente para un inversionista que reparte su dinero durante 10 años sin garantías[8]. Tres veces es lo que una empresa de capital de riesgo necesita como retorno para ser considerada "dentro del campo de juego".

El hecho de que las firmas de capital de riesgo de $100 millones de dólares busquen realizar 15 inversiones en el rango de $5 a $7 millones, donde cada inversión tiene el potencial de valer 10 veces lo que ellas invirtieron, significa que las firmas de capital riesgo de $100 millones de dólares solo quieren invertir en compañías que valdrán más de $100 millones de dólares en pocos años (en términos generales, los capitalistas de riesgo solo serán propietarios de una parte de la compañía, así que desearán que su fracción de propiedad tenga un valor de $50 a $70 millones). Si un emprendedor no tiene un plan creíble para crear una empresa que pueda venderse rápidamente por $100 millones, será poco probable que encuentre el respaldo de capital de riesgo, así sea de una pequeña firma de capital de riesgo en etapa temprana.

Las firmas de capitales de riesgo más reconocidas en la actualidad administran fondos con, al menos, $1.000 millones de dólares para invertir. Esto significa que sus objetivos son 10 veces más que los números asociados a un fondo de $100 millones. Es por eso que las marcas de capitales de riesgo de la actualidad están interesadas en

---

8. Debido a que los inversionistas de riesgo por lo general no necesitan que se deposite de inmediato todo el dinero que sus inversionistas han comprometido, los rendimientos reales pueden ser un poco más altos. Por ejemplo, si un capitalista de riesgo esperó dos años para solicitar que se depositaran fondos y devolvió 3 veces esa cantidad 8 años más tarde, eso equivaldría a un rendimiento anual un poco por encima del 14,7%.

negocios con el potencial de llegar a valer más de $1.000 millones de dólares en muy poco tiempo. El capital de riesgo solo tiene sentido para emprendedores que aspiran a construir grandes compañías rápidamente, de ahí el adagio: "Apúntale a la luna y usa el dinero de otros para llegar a ella".

Aunque cada sociedad tiene 10 años para operar, los socios de capital de riesgo se mantienen en una rutina constante de recaudación de fondos. Casi todas las asociaciones de capital de riesgo están estructuradas de tal modo que los socios generales puedan invertir fondos solo en compañías "nuevas" durante los primeros cinco años, y con el requisito de que los segundos cinco años estén enfocados en optimizar el desempeño de las compañías en las que la sociedad invirtió en un principio. El mantra es: "Cinco años para sembrar semillas y cinco años de cosecha". Entonces, si una firma de capital de riesgo no está recaudando un fondo nuevo dentro de los tres años posteriores al lanzamiento de su último fondo (los socios experimentados esperan que la recaudación de fondos tenga lugar al menos en el transcurso de un año y medio), al final del quinto año, se encontrará sin dinero para plantar semillas, saliendo así del juego. Por tal razón, la estrategia de recaudación de fondos y los resultados son discusiones más frecuentes en las reuniones de socios de las firmas de capital de riesgo más exitosas y, por lo general, se dan al final.

Como te imaginarás, la forma en que un grupo de socios trata de equilibrar todos estos diferentes factores en relación con las empresas en las que invierten es complicada. Casi ninguna nueva empresa tiene el desempeño que la sociedad de inversión espera al realizar su inversión inicial. Algunas lo harán mejor de lo previsto, pero la abrumadora mayoría de los nuevos emprendimientos tropieza o se topa con algún obstáculo inesperado. Aunque la mayoría de las compañías con inversiones de capital de riesgo termina generando utilidades, su rentabilidad y crecimiento nada espectacular hacen que estas sean compañías difíciles de vender. Cada decisión respecto a cómo aumentar el valor de las compañías que ellos poseen tiene un gran impacto en las carreras y en las agendas de los socios de capital de riesgo.

La verdad es que la gran mayoría de los fondos de capital de riesgo no le devuelve a sus inversionistas más dinero del invertido hace una década o más. Los capitalistas de riesgo son reservados cuando se trata de hablar sobre sus retornos de inversión. A veces, la asociación comercial de capitales de riesgo analiza cifras que apuntan a rendimientos promedio para esa industria en un rango del 14%, pero estas cifras no están vinculadas al dinero real devuelto a los inversores. The Kauffman Foundation, una gran organización sin fines de lucro dedicada a fomentar el emprendimiento, presentó un informe sobre los beneficios decepcionantes que recibió de sus propias inversiones de capital de riesgo con sociedades limitadas. Estos rendimientos financieros reportados incluyen estimaciones del valor que una firma de capital de riesgo cree que puede recibir por sus acciones en todas las compañías que no se han vendido. Los inversionistas suelen recibir solo una fracción del valor estimado de las empresas "zombis" — empresas de poco crecimiento y poco rentables que siguen operando y son difíciles de vender—. Y quitar una cuando el capitalista de riesgo logra venderlas, los cheques llegan varios años después a los buzones de los inversionistas[9]. En realidad, después de 10 años, la mayoría de las firmas de capital de riesgo obtiene un retorno sobre la inversión de menos del 13% compuesto. Después de deducir los honorarios y las bonificaciones que se les pagan a los socios generales, muchas firmas de capitales de riesgo obtienen peores resultados. Pocos capitalistas de riesgo ganan los grandes rendimientos con los que sueñan y la mayoría de las empresas de capital riesgo recauda dinero solo una vez, quedando fuera del negocio cuando su primer fondo se reduce 12 o más años después de su lanzamiento.

Los capitalistas de riesgo son empresarios de alto riesgo. Eso hace que las pocas firmas de capitales de riesgo que tienen éxito de manera consistente sean grandes socias para los emprendedores de alto riesgo en los que invierten. Estos capitalistas de riesgo comprenden cómo identificar,

---

9. A menudo, para vender una empresa madura poco rentable con perspectivas de crecimiento riesgosas, la empresa de capital de riesgo debe aceptar que una gran parte del precio de venta de la empresa depende de los resultados futuros, retrasando así la recepción de efectivo durante años y haciendo que la cantidad de dinero recibida sea una variable desconocida. Estos acuerdos se llaman "ganancias".

priorizar y controlar el riesgo y, en última instancia, cómo reducir y eliminar el riesgo en las empresas.

Aquí debemos ser claros, porque, no importa lo que digan, *todos los capitalistas de riesgo invierten en empresas y no en emprendedores.* Las acciones que son propiedad de los capitalistas de riesgo representan la propiedad de la empresa, no del emprendedor. Los inversionistas de capital de riesgo en etapa inicial se preocupan por los equipos en los que invierten. Sienten que el impulso y la pasión detrás de una idea puede disiparse si despiden al líder de desarrollo de productos, así que tienen la misma probabilidad de cerrar una empresa, que encontrar un nuevo liderazgo. Cuando una compañía gana terreno y ha aceptado dinero de firmas capitalistas de riesgo en etapa de crecimiento, el empresario será despedido si los inversionistas consideran que la compañía podría tener un mejor desempeño sin él o ella[10]. El precio de las acciones de las empresas en las que han invertido es lo que determina las prioridades de todos los capitalistas de riesgo exitosos. Los emprendedores son estrictamente el medio por el cual un inversionista de riesgo puede lograr el fin que desea.

Los datos en torno a la inversión de capital de riesgo sorprenden a la mayoría de las personas. Para 2015, había 718 firmas de capital de riesgo activas en los Estados Unidos. Solo 238 de ellas invierte en emprendimientos en etapa inicial; el resto invierte casi exclusivamente en compañías que ya han establecido clientes y productos, pero que aún no son rentables. El número de emprendedores y sus compañías que recibieron capital de riesgo en 2015 para ayudar a financiar su desarrollo inicial de productos fue de 147. Este número ha ido declinando durante cinco años consecutivos y se encuentra en el punto más bajo en 20 años. Y esto sucede en un momento en el que el interés en el emprendimiento de alto riesgo está cerca de su máximo histórico, si es que ya no se encuentra en ese punto. No sabemos cuántos emprendedores aspiran a usar fondos externos de desconocidos para ayudar a lanzar su producto, pero el número sin duda supera los 100.000. Es claro que solo una pequeña fracción de estos empresarios tendrá éxito como emprendedores de alto riesgo.

---

10. A menudo, al fundador despedido se le ofrece un título honorífico para cuidar su reputación.

Desde 1995 hasta 2015, las firmas inversionistas de riesgo han invertido en un total de 28.516 compañías, un promedio de 1.358 compañías nuevas por año. En 2015, las firmas de capital de riesgo invirtieron en 1.444 empresas que aún no habían recibido fondos de capital de riesgo, un número que no ha cambiado mucho en los últimos 20 años. El capital de riesgo no es un negocio de alto crecimiento — pero es volátil—. Esto no es tan sorprendente si nos fijamos en lo que ha ocurrido con esas 28.516 compañías que han recibido dinero de capital de riesgo desde 1995. Durante ese tiempo, un poco más de 2.000 compañías respaldadas por capital de riesgo han llegado a ser públicas, cotizando en el mercado bursátil de EE. UU. (Algunas de estas compañías pudieron haber recibido su primera inversión de capital de riesgo antes de 1995, así que esta cifra se excede al incluir todas las empresas que se hicieron públicas pasando al mercado de valores desde 1995 en adelante). Otras 7.535 compañías respaldadas con capital de riesgo fueron vendidas o fusionadas con otras empresas durante este mismo período. Poco más de un cuarto de estas fusiones o ventas tuvieron pérdidas. Nuevamente, estas cifras, de alguna manera, cuentan de más la cantidad exacta de inversiones de capital de riesgo posteriores a 1995 que dieron lugar a la venta de la compañía. Eso deja a, por lo menos, 19.000 compañías respaldadas con capital de riesgo, dos tercios en un total de 20 años que todavía son parte de los portafolios del capital de riesgo o que están cerrando. El hecho de que los inversionistas de riesgo hayan invertido en poco menos de 13.000 compañías en los últimos 10 años (el tiempo máximo al que un capitalista de riesgo aspira tener acciones en determinada compañía) implica que, entre 1995 y 2005, se cerraron cerca de 6.000 compañías respaldadas por capital de riesgo, más del 38% del total financiado durante ese periodo. Las cifras también indican que muchas compañías respaldadas por capital de riesgo tardan más de 10 años en salir.

Sueños de ángel

También están los inversionistas ángeles. Son inversionistas que buscan invertir su propio dinero en empresas nuevas. Se estima que hay alrededor de 300.000 inversionistas ángeles en los Estados Unidos.

En 2015, los inversionistas ángeles invirtieron $24,6 mil millones de dólares en 71.100 nuevas empresas y pequeños negocios, lo que equivale a un promedio de alrededor de $346.000 de inversiones ángeles en cada compañía.

Debido a que los inversionistas ángeles suelen invertir en una compañía con otros ángeles[11], el tamaño real del cheque para cualquier inversionista ángel suele ser mucho más bajo, por lo general, más cercano a $50.000. En raras ocasiones, los cheques son más grandes. Conozco a un adinerado inversionista ángel que ha invertido $10 millones de dólares en una sola compañía, pero el exdirector de tecnología dirige la empresa —siempre hay circunstancias especiales asociadas con los inversionistas ángeles que giran grandes cheques.

En conjunto, los inversionistas ángeles invierten en nuevas empresas tanto dinero como las firmas capitalistas de riesgo, pero en cantidades más pequeñas y en muchas más compañías. Pocas veces, los inversionistas ángeles despiden a los fundadores, pero a menudo están más involucrados en ayudar a la compañía. Esta "ayuda" adicional puede o no ser apreciada por parte del empresario. Al igual que con los capitalistas de riesgo, la mayoría de los inversionistas ángeles no hace un buen trabajo al invertir su dinero, mientras que algunos de ellos lo hacen muy bien y disfrutan de rendimientos fenomenales sobre su inversión.

Por tal razón, los inversionistas ángeles pueden ser problemáticos para los emprendedores bien cimentados que quieren seguir siendo independientes. Los inversionistas ángeles quieren su dinero de vuelta, así que recibir una inversión por parte de un inversionista ángel crea la expectativa de que la compañía se venderá en un plazo de tres a siete años así el inversionista ángel termine siendo el propietario de mucho menos del 50% de las acciones.

La inversión de un ángel puede ser una gran fuente de capital inicial, pero los empresarios de alto riesgo suelen no confiar en la financiación de un ángel, sino solo para comenzar. Los inversionistas ángeles

---

11. Los inversionistas ángeles suelen formar clubes de inversión formales dentro de su área local y, por lo tanto, comparan notas e ideas sobre compañías antes de que uno o más de ellos decidan invertir juntos.

llenan la brecha que los capitalistas de riesgo han creado al no querer arriesgar su dinero en nuevos emprendimientos que todavía no están establecidos. Debido a que los ángeles no emiten cheques grandes, los empresarios de alto riesgo siguen enfrentando el desafío de ser una de cerca de 1.400 compañías al año que las firmas capitalistas de riesgo eligen comenzar a apoyar. Los inversionistas ángeles no son una vía alternativa de financiamiento para los empresarios de alto riesgo, son un puente.

Lo mismo se aplica a los *aceleradores*. Ellos tienen una pequeña participación en empresas nuevas iniciadas por equipos (nunca individuos), a cambio de poner hasta 50 equipos a la vez a través de un programa de tutoría, educación y redes que dura de 10 a 12 semanas. En los Estados Unidos, hay cerca de 300 aceleradores operados en su mayoría por inversionistas que esperan obtener grandes cantidades de dinero de estas empresas. Cada año, en sus programas, los aceleradores asesoran y capacitan a más de 4.000 equipos, incluidos más de 12.000 aspirantes a emprendedores.

Los propietarios de los aceleradores son emprendedores (¡en su mayoría, empresarios de cimientos firmes porque invierten su propio dinero!). Los aceleradores pueden ser negocios rentables que invierten pequeñas sumas —a menudo, en el rango de $25.000 a $100 mil dólares por equipo— en una gran cantidad de nuevas empresas[12]. Para mostrar un retorno positivo, los aceleradores necesitan que tan solo unas pocas de estas compañías sean vendidas a precios modestos. Como los propietarios de aceleradores quieren recuperar su dinero lo más pronto posible, nutren equipos de emprendedores de alto riesgo en los que ven una buena oportunidad de crecimiento rápido. Todos los aceleradores son selectivos, y los mejores son altamente selectivos, eligiendo menos de uno por cada 10 de sus solicitantes; Después de todo, ellos quieren ganar dinero. Son, por lo tanto, semilleros de emprendedores de alto riesgo. Dado que la mayoría de los aceleradores solo ha existido durante unos pocos años, casi ninguno de ellos no ha generado ningún flujo de efectivo positivo.

---

12. De ahí el adagio: "Los capitalistas de riesgo disparan rifles; los ángeles, pistolas; y los aceleradores, escopetas".

Curiosamente, una serie de grandes empresas establecidas hace poco comenzaron a alojar aceleradores con el objetivo de identificar nuevas ideas de productos a los que puedan hacerles seguimiento para terminar adquiriéndolos. Muchas universidades también trabajan con aceleradores para ayudarles a los estudiantes en su aprendizaje sobre emprendimiento y, por lo general, no se apropian de las compañías de sus estudiantes. (Princeton dirige un acelerador de verano). Estos aceleradores que no son de éxito rápido pueden ser buenas ofertas tanto para emprendedores que aspiran a ser de cimientos firmes como de alto riesgo, si logran ingresar.

Si bien cada año los aceleradores contribuyen a que 10.000 o más equipos exploren su potencial empresarial, estos equipos, cuando se gradúan, siguen necesitando encontrar inversionistas para poder sobrevivir.

Todo acelerador invita a los grupos de inversionistas ángeles y a capitalistas de riesgo, si el acelerador es famoso, al "ensayo" de su ceremonia de graduación con la esperanza de que algunas de las compañías recientemente aceleradas obtengan fondos y aceleren su crecimiento. Una pequeña cantidad de compañías aceleradas de los 12 programas más reconocidos (es decir, el 2,5% superior de los aceleradores) recibe fondos de firmas capitalistas de riesgo —entre las más famosas están Airbnb y Dropbox.

Pero incluso con la ayuda de aceleradores e inversionistas ángeles, un promedio de tan solo 1.400 compañías son financiadas cada año por emprendedores de alto riesgo que obtienen los fondos que necesitan para alcanzar su potencial máximo. Si bien esta cifra no ha cambiado mucho en 20 años, sí ha cambiado la cantidad de empresarios de alto riesgo. Más emprendedores de alto riesgo les presentan sus ideas a un creciente número de inversionistas ángeles, más se postulan a un creciente número de aceleradores, más les envían propuestas a capitalistas de riesgo y más que nunca aspirantes a emprendedores leen y sueñan con famosos empresarios de alto riesgo. Nuestra sociedad está llevando una gran cantidad de corderos emprendedores al matadero.

La implicación es clara. *Los emprendedores de alto riesgo deben entender cómo complacer a los capitalistas de riesgo para obtener fondos y luego conservar sus empleos.* Son pocos los emprendedores que conozco que entienden esto.

Los emprendedores bien cimentados también pueden tener grandes aspiraciones. Sam Walton construyó la que en la actualidad es la compañía más grande del planeta utilizando valores y financiamiento bien cimentados. Tomó dinero prestado para construir su compañía desde 1945 hasta 1970, cuando Walmart salió a oferta pública. Primero, le pidió dinero prestado a su suegro y luego a los bancos. Pagó primer préstamo de su suegro en tres años; pagó el su primer préstamo bancario (por $1.500 dólares para comprar una máquina de palomitas de maíz) en dos. Cuando Walmart pasó a oferta pública, Sam era responsable de millones de dólares en deudas personales. Walmart le vendió el 20% al público cuando fue puesta en la Bolsa de Valores y esas ganancias le fueron suficientes para pagar todas sus deudas y para que Walmart recaudara el dinero suficiente para abrir tiendas tan rápido como encontrara buenas ubicaciones.

Sam construyó su negocio minorista con socios. Su socio más cercano fue su hermano mayor Bud, con quien se asoció en varias tiendas. Además, les ofreció pequeños porcentajes de propiedad de cada tienda que abrió a sus posibles gerentes para desviar su atención de otras cadenas minoristas que fueran competitivas. También se dispuso a permitir que un gerente de tienda comprara una mayor propiedad si (en ese momento todavía era "suya") estaba dispuesto a asumir algunos de los costos de apertura de la tienda. Para un gerente de tienda exitoso que trabajara en otra cadena minorista de variedades, J.J. Newberry, por ejemplo, la oportunidad de ser propietario de una parte de su tienda era insólita. El atractivo de ser propietarios animó a muchos gerentes exitosos de tiendas a abandonar sus cargos actuales para trabajar para Sam. Como lo describiremos en el siguiente capítulo, Sam ya conocía a todos los gerentes que quiso atraer, así que, en realidad, no eran desconocidos cuando firmaron con él. Debido a que Sam era reacio al riesgo, se dedicó a saber bastante acerca de aquellos a quienes les ofreció asociarse.

Cuando Sam comenzó a pensar en la posibilidad de ofrecer a Walmart en el mercado de valores, ya había abierto 20 tiendas. Además de las

13 franquicias de Ben Franklin que poseía y que seguían siendo muy rentables, tenía otros ocho Walmart en planes y en construcción. Cada tienda se había creado como una empresa independiente con un conjunto único de socios y algunas tiendas habían visto a sus gerentes originales retirarse o mudarse; así que, a menudo, había múltiples socios en una sola ubicación[13]. Para hacer una oferta pública, Sam tenía que llegar a un consentimiento unánime para que varias docenas de propietarios parciales de tiendas individuales llegaran a ser propietarios de algún porcentaje de las acciones originales de Walmart. Esta no era una tarea fácil ni para el negociador más experimentado y en las hojas originales de trabajo escritas por Sam podemos ver que dedicó una gran cantidad de tiempo a elaborar fórmulas para la asignación de propiedad. Por los miles de números en sus hojas de trabajo, con alrededor de 100 columnas que detallan los activos de la tienda y las inversiones iniciales, todas calculadas a mano, es claro que le preocupaba que esto se hiciera de manera justa y correcta (esto fue mucho antes de las computadoras personales y las hojas de cálculo. Sam usaba una máquina sumadora de manivela para obtener sus totales; incluso hoy en día, para obtener una hoja de cálculo con información tan detallada tomaría muchas horas organizarla antes de poder comenzar a poblarla con números).

Las empresas de capital de riesgo cuentan con jóvenes brillantes, graduados con títulos admirables de buenas universidades, con capacidades para realizar análisis equivalentes cuando están a punto de vender o hacer pública una de sus compañías del portafolio. Hoy en día, una compañía respaldada por capital de riesgo con un tamaño similar al del Walmart cuando se hizo pública probablemente tendría un número similar o mayor de accionistas dispares. Para una compañía contemporánea respaldada por capital de riesgo, los accionistas dispares estarían compuestos por una combinación de inversionistas ángeles, varios fondos de capital de riesgo (recuerda que cada firma de capital de riesgo puede administrar varios fondos de sociedades limitadas de 10 años distintos, cada uno

---

13. Dado que la oferta pública en el mercado de valores se hizo en 1970 y la tienda Bentonville abrió en 1950, algunas tiendas de Ben Franklin habían estado abiertas durante 20 años al momento de la oferta pública y habían tenido múltiples gerentes.

invirtiendo como una entidad diferente) y empleados con opciones para comprar acciones, sin mencionar al (a los) fundador (es).

En el caso de Sam Walton, casi toda la propiedad fuera de la familia, la había regalado para crear vínculos más estrechos con empleados clave, equivalente a lo que hacen las opciones de acciones hoy. Después de la oferta pública, Sam Walton y su familia eran dueños del 61% de las acciones de la compañía, el público tenía el 20% y el 19% restante era propiedad de gerentes y ejecutivos de las tiendas (el 4% de este 19% le pertenecía al hermano de Sam). En última instancia, Sam les dio a los gerentes de sus tiendas clave una participación individualmente mayor en Walmart que la que les dio al resto de los ejecutivos, pero los de nivel C esperarían hoy en día por medio de opciones de acciones en sus empresas nuevas. Sam consideraba la propiedad como un ejercicio para crear vínculos más estrechos con aquellos a quienes él consideraba sus socios y no como una fuente para recaudar dinero y mucho menos de desconocidos.

Para comenzar, Stephanie DiMarco consiguió alrededor de $50.000 con un amigo de la familia que tenía conocimientos financieros y que, por lo tanto, podría ser considerado legítimamente como un inversionista ángel (bien fuera que él se considerara o no a sí mismo como tal). Este mismo amigo invirtió otros $50.000 dólares un año después para apalancar a Stephanie durante el año adicional que tardó el software de Advent en conseguir aceptación. Un par de años más tarde, el inversionista ángel original le presentó a Stephanie a otro sofisticado inversionista financiero con quien ella se sintió cómoda al permitirle comprar las acciones que le habían pertenecido a su exsocio Steve.

Luego, Stephanie consiguió capital de riesgo para darle a su compañía más credibilidad antes de hacerla pública. Ella no necesitaba el dinero cuando lo recaudó —Advent ya era rentable y crecía más y más—. A los capitalistas de riesgo les encanta invertir en compañías de rápido crecimiento que son rentables y no necesitan su dinero. Las acciones en empresas rentables y de rápido crecimiento aumentan de valor mucho más a menudo de lo que bajan, así que no son muy riesgosas. El bajo perfil de riesgo de Advent, en comparación con otras compañías privadas de su edad, hizo que los socios de la firma de capital de riesgo se ofrecieran a invertir con muy pocas restricciones en su inversión. Bajo esas condiciones, el capital de riesgo era una excelente propuesta incluso para un emprendedor bien cimentado y Stephanie era muy inteligente como para entenderlo.

Para comprender más si el mejor camino hacia el éxito y la satisfacción empresarial es ser emprendedor bien cimentado o de alto riesgo debes comprender cómo se da el éxito, qué tan bueno debes ser y cuánto necesitas tener —los temas de nuestros próximos tres capítulos.

CAPÍTULO 6

Cómo hacerlo

Asesorar a emprendedores sobre cómo tener éxito parece inútil en al menos tres niveles. Primero, los emprendedores son más diferentes entre sí de lo que se parecen y lo que hacen para hacer felices a los demás es casi igual de diverso. ¿Cómo hacer entonces para sacar alguna perspectiva de infinidad de experiencias de emprendimiento únicas? Segundo, un cúmulo de consejos contradictorios de una cantidad innumerable de autoproclamados emprendedores expertos viene en forma de libros, blogs y programas en audio. Si los "expertos" no pueden ponerse de acuerdo, ¿por qué los que aspiran a ser emprendedores o los que ya lo son deberían prestar alguna atención?

Tercero, dar consejos sobre "cómo hacerlo" nos sumerge de vuelta en el laberinto de las definiciones de "emprendedor" discutidas en el Capítulo 2. La definición que tengas en mente mientras consideras iniciar una compañía influye en tu forma de hacerlo. Si piensas que el emprendimiento consiste en iniciar empresas que puedas vender con rapidez, entonces le prestarás mucha atención a cómo se forman las corporaciones y cómo se desarrollan y lanzan productos en el menor tiempo posible. Si crees que el emprendimiento es dirigir con éxito la compañía que empiezas, entonces, estarás muy interesado en los temas operativos, por ejemplo, en cómo hacer una tonelada de salchichas. Si para ti el emprendimiento consiste en aprovechar tu inquieto estado mental, entonces, tu atención se centrará en cómo hacer que tú mismo y todos los que te rodean se entusiasmen para hacer temblar cualquier industria en la que decidas entrar.

Desafortunadamente, toda definición de emprendimiento, cada una con un criterio de éxito implícito, desvía a los emprendedores porque cada caso limita el enfoque del emprendedor cuando sus desafíos en realidad son muy diversos. La forma en que un emprendedor decide qué hacer —cómo iniciar una compañía, esto es, liderarla hasta que prospere y luego hacer que se mantenga en pie por sí misma, todo esto al mismo tiempo que es una persona decente que puede o no tener una familia bajo su cuidado— es compleja, desafiante y llena de alarmantes llamadas de sirena que añaden riesgos irrazonables.

¿Cuál es la mejor forma de desglosar toda esta confusión respecto a quién le hace qué a quién para obtener cuál resultado? Buscando un modelo único a seguir que haya triunfado usando las técnicas empresariales más sencillas y ampliamente aplicables —Sam Walton—. Él podría ser el prototipo más puro de emprendedor que ha existido a lo largo de la Historia del emprendimiento. Como ya lo mencionamos, su educación lo motivó en gran manera a querer ser un líder respetado al interior de la comunidad de un pequeño pueblo, así como a tener una familia feliz. Para Sam, el emprendimiento consistía en cómo ganar respeto al mismo tiempo que ganaba el dinero suficiente para brindarle muy buen cuidado a su familia. Su motivación explícita de hacer dinero se alineaba bien con su motivación implícita de ser diferente a su padre, teniendo una familia feliz mientras tuviera vida. Sam Walton hizo que Walmart se convirtiera en el mayor creador de valor empresarial de todos los tiempos. También es igual de importante recordar que él fue un gran esposo, padre y líder comunitario —todos los que fueron cercanos a él se beneficiaron de su liderazgo empresarial—. Los únicos que sufrieron fueron sus competidores. Por fortuna para nosotros, como él era extrovertido, hablaba sin rodeos y buscaba respeto, estuvo dispuesto a compartir sus experiencias sin reservas y con sinceridad en su biografía titulada *Made in America*. Es una excelente lectura, pero no trata sobre "cómo lograrlo". Sin embargo, por suerte Walmart y la familia Walton me concedieron acceso a los archivos de Sam y a las muchas historias contadas por parte de los primeros empleados que trabajaron cerca de él, las cuales aclaran cómo era su manera de trabajar. Escuchar las historias mientras sostenía en mis manos los documentos que Sam Walton usaba para tomar decisiones cruciales me dio una valiosa perspectiva con respecto a su experiencia. En esencia, podemos construir su instructivo de cómo hacerlo.

Por lo general, todos los emprendedores aprenden en la práctica. La historia de Sam ilustra con claridad cómo el hecho de aprender habilidades formales y desarrollar nuevas destrezas se relaciona con el éxito empresarial. Primero, comenzó aprendiendo los conceptos básicos de la venta al por menor comprando una tienda de variedades en la pequeña ciudad de Newport, Arkansas, franquiciada por Ben Franklin y casi en bancarrota. Para ayudarles a los propietarios de franquicias a que tuvieran éxito, aumentando así los ingresos y las ganancias de Ben Franklin, la organización de la empresa capacitaba y supervisaba a los franquiciados. Así que, lo que Sam necesitaba saber para dirigir una tienda lo adquirió de ellos. Aprendió a llenar los formularios de contabilidad, pedidos e inventarios y también sobre mercadeo —dónde y cómo exhibir los productos en los estantes para venderlos mejor—. Ben Franklin esperaba que los franquiciados siguieran sus instrucciones al pie de la letra y ellos a su vez esperaban ganarse la vida de manera decente administrando una tienda en una ciudad pequeña.

La tienda que Sam compró había sido mal administrada y, sin embargo, en la misma plaza del pueblo había otras dos tiendas de variedades, aunque Newport tenía solo 3.500 habitantes. Así que le alegró encontrar una tienda que él estuviera en capacidad de pagar con sus ahorros, junto con un préstamo de su reciente suegro. Sin embargo, fue muy ingenuo en cuanto a las malas perspectivas del negocio. ¿Cómo iba a saberlo si no tenía experiencia, ni consultó con nadie que la tuviera? Después de asumir el control, Sam no tardó en darse cuenta de que, al igual que el propietario anterior, él enfrentaría una bancarrota inminente si no encontraba cómo atraer a los clientes de sus competidores más cercanos. En poco tiempo, corrigió todo lo que era evidente que el antiguo dueño había estado haciendo mal —por ejemplo, no permitía que productos de alta rotación se agotaran y organizó la tienda de manera diferente para que los clientes tuvieran acceso a cada producto que él tenía para ofrecerles—. De esa manera, las ventas aumentaron un poco, pero no lo suficiente. Después, empezó a visitar las tiendas de sus competidores y a copiar aquellas técnicas que parecían estarles funcionando. Sus constantes visitas molestaban a sus competidores, pero ellos no podían hacer más que apelar a la lealtad de sus clientes. Luego, se dedicó a visitar tiendas en otras ciudades para aprender a copiar la forma en que estas hacían sus exitosas promociones y se dio cuenta a gran velocidad que el hecho de informarles a los clientes qué ofertas encontrarían en su tienda sí marcaba una gran diferencia en las ventas. Fue así como, en menos de un año, las duplicó; y en menos de tres, estaba vendiendo más que sus dos competidores.

Cuatro años más tarde, Sam dirigía la tienda Ben Franklin con mejor desempeño en toda la región. De hecho, estaba obteniendo tan buenos rendimientos, que su arrendador la quería para su hijo. Sam estaba en una situación difícil. Cuando aceptó asumir el contrato de arrendamiento del propietario anterior, pasó por alto preguntarle al arrendador si había una opción para renovar el contrato. Por lo tanto, sin opción para renovarlo, Sam no tenía derechos legales para quedarse. La ubicación en la plaza de la ciudad era esencial y no había otro local disponible. Por lo tanto, Sam no tuvo más alternativa que venderle su inventario y otros bienes de la tienda al arrendador para recuperar los costos que más pudo.

Muchos empresarios que disfrutan del nivel de éxito de Sam en su primera empresa gastan sus ganancias muy rápido porque no prevén desastres, ni crisis. Sam sobrevivió a este desastre porque había ahorrado para los "días grises", tal como su padre lo había hecho. Habiendo vivido con austeridad, incluso con una familia que había crecido con rapidez hasta tener cuatro hijos, Sam tenía suficiente dinero guardado como para comprar otra tienda Ben Franklin en la plaza de la ciudad en Bentonville, Arkansas, en el extremo opuesto del Estado. El propietario, buscando retirarse, se la vendió con gusto mientras que, por su parte, Sam estaba ansioso por comenzar de nuevo el proceso de construir un negocio. Aunque seguía siendo una franquicia de Ben Franklin, Sam tuvo la audacia de optar por no usar el nombre de la marca y le puso un nuevo nombre a su tienda. La llamó "Walton's 5&10" para que todos entendieran con claridad quién era el responsable de la tienda.

Usando las mismas técnicas que le funcionaron en Newport, Sam hizo de Walton's 5&10 la tienda de variedades más exitosa en Bentonville. Pudo haberse detenido con esa única tienda y mantener su seguridad financiera, como lo hicieron la mayoría de las franquicias Ben Franklin, pero él no se sentía cómodo y tenía el impulso de hacer algo todavía mejor. Estaba muy seguro de que ganaría más dinero si hacía las cosas de otra manera, pero no lograba ver con claridad qué prácticas debía cambiar, así que decidió experimentar más a fondo. En esencia, a Sam le gustaba jugar con el mercadeo, así que probó algunas técnicas, como comprar una máquina de palomitas de maíz para venderlas frente a la tienda atrayendo a los transeúntes a entrar. Pero no todas sus ideas le funcionaron —una máquina de algodón instalada dentro de la tienda atrajo un enjambre de moscas.

Así las cosas, solo mantenía las técnicas que aumentaban las ventas, al menos, mientras descubría una nueva que las aumentara mucho más. Sam visitaba todo el tiempo las tiendas de ciudades más grandes para encontrar ideas nuevas. No se veía a sí mismo como un innovador, ni necesitaba sentir el orgullo de decir que alguna idea fuera suya. Vender más y más era lo que en realidad lo impulsaba.

Como casi todos los empresarios, Sam descubrió cómo aumentar las ventas por medio de la experimentación. Al poner en práctica la fijación de los precios en los artículos en venta, Sam encontró que el hecho de poner precios bajos en la ropa interior femenina le había generado ventas significativas, más que todo, porque la propaganda se esparcía voz a voz. Al vender miles de bragas a $1,30 en lugar de vender 100 a $2 dólares Sam advirtió que así era posible darle un gran impulso a las ventas y ganar más dinero. Además, muchas clientas que compraban bragas baratas también compraban otras cosas y esto aumentaba aún más las ventas.

No obstante, vender productos con grandes descuentos iba en contra de las reglas de la franquicia Ben Franklin y de la predominante sabiduría de las ventas al por menor, la cual se enfocaba en los márgenes de ganancia y no en los dólares de ganancia[14]. Pero solo la ley podía impedir que Sam hiciera algo que, en su opinión, le diera a ganar más dinero; a su vez, esa experiencia le mostró que era importante hacer felices a sus clientes ofreciéndoles lo que ellos necesitaran y a precios sorprendentemente bajos.

Los supervisores de Ben Franklin siempre reprendían a Sam por no seguir sus reglas, pero como él seguía encontrando mercancía a bajo costo y la ofrecía a la venta en su tienda, las utilidades aumentaban cada mes. Como sus tiendas tenían tanto éxito aunque él incumpliera las normas, a Ben Franklin le agradó concederle franquicias adicionales en nuevas ubicaciones. A la larga, Sam se convirtió en el franquiciado más grande de la cadena, con 15 franquicias en total[15].

Pero después de 17 años operando tiendas franquiciadas, él quiso tener completa libertad para decidir qué vender y cómo venderlo. Para lograr su propósito, creó su propia cadena independiente de tiendas de solo descuentos: Walmart.

En 1962, cuando Sam abrió su primer Walmart en Rogers, Arkansas, la siguiente ciudad más pequeña después de Bentonville, ya había allí algunos grandes negocios que vendían a bajo precio, como Kmart y Target. Al igual que Sam, ellos también habían llegado a la conclusión de que las tiendas de descuentos atraerían a un gran número de compradores y seguirían siendo rentables. Por fortuna para Sam, la mayoría de las tiendas de descuentos se concentró en abrir tiendas en las principales ciudades, no en pequeños pueblos. La que más se acercaba

---

14. El margen de ganancia es el porcentaje de diferencia que existe entre el precio de venta de un artículo y lo que este cuesta.

15. Para cuando Walmart salió a la Bolsa, Sam había cerrado algunas de sus tiendas Ben Franklin con el fin de concentrar su tiempo y sus recursos en abrir más sucursales de Walmart.

a una tienda minorista de pueblos pequeños que experimentara con descuentos todos los días se encontraba en Texas, a 400 millas de su tienda. Pero la mayoría de las tiendas de descuento, fueran parte de una gran cadena o solo una tienda local, no tuvo éxito en ese entonces. Y hoy, sigue sucediendo lo mismo. La lección: la mayoría de las nuevas empresas falla incluso cuando ha descubierto cómo hacer felices a sus clientes. Sus fundadores no saben cómo ejecutar su propia visión, pues entienden "el qué", pero se confunden con el "cómo".

Incluso después de abrir sus tiendas Walmart, Sam siguió usando las hojas de contabilidad de Ben Franklin para rastrear sus ventas, inventarios, salarios y utilidades. Cada semana, recibía informes de todas las tiendas; primero, eran cartas enviadas por correo postal que le daban un reporte sobre las ventas y los salarios. Para motivar a los gerentes de sus tiendas a experimentar, Sam les pedía que, en la hoja que enviaran, escribieran una sencilla frase describiendo un artículo que hubieran ofrecido a un nuevo precio y cuya venta hubiera sido especialmente buena esa semana.

Los sábados, desde muy temprano en la mañana, Sam conducía al trabajo, se encerraba en su oficina y se dedicaba a copiar las cifras de cada tienda en una gran hoja de trabajo. Después de rellenar las cifras de las ventas y salarios, calculaba cuánto habían crecido o disminuido las estadísticas en comparación con el año anterior. Copiar las cifras en su hoja de trabajo y luego calcular los porcentajes le ayudaba a entender qué necesitaba de su atención. Al ver sus hojas de cálculo y sus notas, casi podemos escucharlo pensar: "Debo saber por qué la tienda de Fayetteville no se recuperó tan rápido después de la tormenta de la semana pasada como lo hizo la de Bentonville". En esas mañanas de sábado también llamaba a los gerentes de sus tiendas para hacerles preguntas y aprender de ellos. "Vendiste 4 docenas de servilletas a $0,23 centavos la semana pasada, ¿cómo salió eso?". Después de completar su hoja de trabajo y obtener respuestas a sus preguntas, Sam hacía escribir esas cifras a máquina junto con el artículo mejor vendido de cada tienda y les enviaba los resultados a todos los gerentes de las tiendas. Con esto, todos y cada uno sabían cuán bueno era el desempeño de la compañía. Además, así aprendían unos de otros, intercambiando ideas sobre la mercancía a destacar para aumentar las ventas. Sencillo. Tan sencillo, que no había malos entendidos sobre lo que se esperaba de ellos y de sus ventas.

Pero las cifras no eran en lo único que Sam se basaba para entender lo que estaba ocurriendo. También visitaba sus tiendas varias veces a la semana; lo hizo durante la mayor parte de su vida. Ninguna cantidad de tiempo en el teléfono, ni ninguna cantidad de datos y cifras le darían una idea clara de lo que funcionaba y lo que no. Él necesitaba ver, escuchar y olfatear cómo era el movimiento de sus tiendas por sí mismo. Las visitaba sin avisar y tomaba nota de todo lo que veía. Lo primero que hacía era buscar al gerente —a quien esperaba encontrar en algún lugar del área de ventas y no en su oficina—. Después, recorría cada departamento por su cuenta, hablando con clientes y con cada empleado. Les preguntaba a los clientes qué deseaban que no estuvieran recibiendo. Por ejemplo, sus notas de una visita a una tienda decían: "Me han hecho una solicitud nuestros clientes mayores en esta tienda. ¿Por qué no señalizamos nuestras áreas por departamentos como en los supermercados? ¿Por qué no les decimos dónde ir? Sigo escuchándolo y ¡no estamos haciendo nada al respecto!". También les preguntaba a los empleados qué se vendía y qué no. "La nueva colección de béisbol para niños por $5 dólares. ¿De quién? Hecho en EUA... Este es un gran artículo". En síntesis, Sam le prestaba atención a todo lo que se hacía de una manera diferente a como él esperaba que se hiciera y elogiaba a sus trabajadores por los esfuerzos que habían hecho para vender más artículos. Les decía cosas como: "Lo que más me gustó son las bancas que tienen en el medio para que los clientes tomen asiento. Le dan una apariencia bonita y abierta a la tienda y la hacen ver muy bien".

Mientras tanto, Sam tomaba notas para recordar qué cosas quería decirles a los demás empleados sobre cada tienda que visitaba. Al final de una visita, le comunicaba al gerente qué le gustaba y qué quería que mejorara o cambiara de inmediato y se aseguraba de volver para asegurarse que sí se habían hecho tales mejoras. Sam tenía un profundo entendimiento de cada tienda, de cada administrador, y, por muchos años, de cada empleado. Cuando hubo demasiados empleados como para conocerlos a todos personalmente, promovió a un gerente de confianza para que visitara con frecuencia las otras tiendas a su alrededor con el fin de que él se encargara de escribir las notas por Sam.

Su estrategia de mantener las cosas sencillas y controlables se manifestaba en las tiendas que abrió durante los siguientes 12 años. Todas estaban ubicadas en un rango de 130 millas de distancia de Bentonville —la distancia que alguien podía transitar usando carreteras pequeñas, descargando un camión y regresando a casa el mismo día—. Esa distancia también tenía su intención, porque cuando hubo alrededor de 10 tiendas, Sam podía pedirles a los gerentes que fueran cada semana a su oficina para la reunión de los sábados por la mañana. Allí, revisaban los resultados semanales, respondían sus preguntas, debatían ideas y hacían planes que ponían en marcha de inmediato. Estas reuniones se convirtieron en el motor con el que Sam impulsó la que se convirtió en la tienda minorista más grande del mundo. Hoy, 25 años después de su muerte, sus tiendas Walmart siguen haciendo las reuniones de los sábados por la mañana.

Sam odiaba perder tiempo, pero no consideraba que conocer a sus empleados, sin importar sus posiciones al interior de la compañía, fuera una pérdida de tiempo. No era frívolo, ni escueto, ni cortante. Cuando hablaba con ellos, los escuchaba. Eso sí, los interrumpía si se desviaban del tema, pero siempre le importaba lo que pensaban y tenía en cuenta de qué manera sus ideas mejorarían la compañía.

Su molestia en cuanto a perder el tiempo se manifestaba en cómo quería que se hicieran las cosas. Por ejemplo, después de haber abierto media docena de tiendas, Sam vio que él mismo estaba perdiendo mucho de su tiempo conduciendo de un sitio a otro; muchas veces, lograba visitar tan solo una tienda al día, así que compró un avión monomotor usado, de dos plazas y aprendió a volar, lo cual le permitía visitar múltiples tiendas en un día. Volaba a la pista de aterrizaje más cercana a cada tienda y le pedía a la primera persona que encontrara que le prestara su auto un par de horas a cambio de unos cuantos dólares. También descubrió que un avión le permitía ver con claridad desde el aire en qué dirección se expandiría el centro de una ciudad según los patrones de estacionamiento y donde se estuvieran construyendo viviendas, lo cual le permitía tener una mejor comprensión de cuáles eran las mejores ubicaciones para sus nuevas tiendas.

La estrategia de Sam —hazlo sencillo y asegúrate de entenderlo tú mismo— no fue un accidente, ni un golpe de suerte, sino una manifestación de su manera de pensar y de lo que él respetaba. Además, se centraba en mantener bajos costos; él mismo no podía evitar sentirse más pobre por cada centavo que gastara, incluso después de que Walmart llegó a ser la cadena de venta minorista más rentable del mundo. Esperaba que los empleados de Walmart que hicieran viajes de negocios compartieran las habitaciones de los moteles más baratos que encontraran. Al principio, compraba de segunda mano los enceres fijos de las tiendas; solo años después, Sam encontró a alguien que le proporcionaba nuevos activos fijos por menos dinero de lo que le costaba encontrar, comprar y transportar los utensilios usados a las tiendas nuevas.

En el pasado y en el presente, muchos empresarios han tratado de adaptar esta misma filosofía de "hazlo sencillo y asegúrate de entenderlo tú mismo", pero esta terminó encadenándolos. Sin embargo, Sam no permitió que su deseo de simplicidad impidiera el crecimiento de su compañía. Él observaba que el crecimiento en el número de tiendas y de artículos vendidos requería más coordinación de la que una sola persona era capaz de implementar. Una vez Sam fue propietario de un par de tiendas, contrató a un asistente para que organizara toda la información que entraba y salía de su oficina. Cuando llegó a tener seis tiendas, estableció un sistema simple, similar a una oficina de correos, construyendo ranuras en la pared cerca de su escritorio para que su asistente clasificara todos los pedidos que las tiendas necesitaran hacer. Al principio, el mismo Sam hacía los pedidos con Ben Franklin y otros proveedores. Pero cuando hacerlos se interpuso en el camino de sus dos máximas prioridades —que consistían en visitar las tiendas y en revisar los números cada semana—, contrató otro asistente para que organizara e hiciera los pedidos de la misma manera en que él los hacía. Solo cuando esa persona ya estaba trabajando demasiadas horas al día haciendo órdenes, Sam contrató a otro asistente.

Si bien el cuidado, la competencia y dedicación de Sam inspiraban confianza entre quienes lo rodeaban, él siempre entendió que su aptitud y capacidad personal para hacer mejoras eran limitadas. Él contaba con que todos los que lo rodearan tuvieran la dedicación y las calificaciones adecuadas para realizar lo que él esperaba de ellos. Él dedicaba su tiempo a comprender qué más hacer para que sus tiendas funcionaran con mayor eficacia y esperaba delegarles a otros la responsabilidad de realizar esas mejoras dentro de sus áreas de responsabilidad.

Para escoger a los ayudantes con los cuales contar, usaba un proceso sencillo y efectivo. A Sam le encantaba presentarse él mismo y saludar a cualquiera que se cruzara en su camino. Era claro que se preocupaba por quienes lo rodeaban, porque escuchaba y le respondía a todo el mundo: "Oye, he estado en tu pueblo", les decía, "¿Dónde conseguiste esa bonita chaqueta que estás usando?". Sam usaba esta habilidad para entrar en cualquier tienda que llamara su atención, en especial, en las tiendas que les pertenecían a sus competidores y se le presentaba al gerente diciendo: "Hola, soy Sam Walton. Diriges una tienda muy interesante. ¿Puedo hacerte algunas preguntas?". Los gerentes (algunas veces, "las"), casi siempre se enorgullecían por la atención que él les prestaba y le mostraban los alrededores de sus tiendas, contándole todo lo que él quería saber, inclusive respondiéndole preguntas detalladas como: "¿Me permites ver dónde guardas tu mercancía devuelta?". Mientras tanto, Sam tomaba notas en una agenda que llevaba a todas partes (después, la cambió por una grabadora de bolsillo). Al escuchar qué hacía sentir orgullosos a los gerentes con respecto a sus tiendas, se le ocurrían ideas, pero también les prestaba atención a los problemas organizacionales, a las políticas de precios, al entrenamiento, a la comercialización y a la higiene. En la reunión del siguiente sábado por la mañana, Sam conversaba con sus gerentes acerca de lo que estaba saliendo bien y mal en las tiendas de otros dueños para que ellos pusieran en práctica las buenas ideas y se mantuvieran alejados de las que no lo eran.

Presentarse en las tiendas que visitaba era también una excelente manera de encontrar gerentes exitosos, motivados y altamente calificados. Y mantenía el contacto con ellos invitándolos a cenar con alguna frecuencia; de esa manera, conocía a sus esposas y se enteraba más de lo que les gustaba o no les gustaba hacer. En particular, Sam prefería a gerentes que no fumaran, no tomaran alcohol, asistieran a la iglesia y que conocieran sus cifras y se enorgullecieran de sus tiendas y de sus empleados. De hecho, la mayoría de sus primeros gerentes los contrató de esa colección de gerentes a quienes se les había presentado con anterioridad.

Al ver a los gerentes en acción en sus propias tiendas y conocerlos personalmente, Sam reducía casi a cero el riesgo de contratar a alguien incompetente o inmoral (nadie recuerda que haya habido un gerente incompetente o inmoral que Sam hubiese contratado). Eso no significaba que todos trabajaran a la perfección, pero la mayoría tenía un buen rendimiento y los pocos que no, por lo menos, no hicieron retrasar demasiado sus tiendas antes de que Sam los remplazara. Él entendía las habilidades que buscaba y salía a buscar gente que las estuviera poniendo en práctica en circunstancias reales —una estrategia excelente.

Después de abrir seis Walmart, además de operar 15 tiendas Ben Franklin, Sam comenzó a prestarle atención al creciente número de entregas tardías a sus tiendas. Las razones de las entregas no realizadas también estaban aumentando: había demasiados pedidos para hacer en un día, los números se intercambiaban, los copiaban mal o los interpretaban mal debido a la poca claridad de algunas caligrafías o porque alguien se había enfermado o quizás porque el camión proveedor se había averiado. Como su oficina estaba justo al lado del área donde se recibían las órdenes de las tiendas y luego se enviaban a los proveedores, Sam podía ver, escuchar y entender que se estaban entregando demasiados productos a muchas tiendas y que eran demasiadas como para que sus cuatro asistentes las administraran y resolvieran los problemas de manera rápida y efectiva. Él sabía que las grandes cadenas de tiendas usaban bodegas de distribución, pero la idea de tener un edificio lleno de productos que sus clientes no podían comprar no le agradaba.

Sin embargo, por medio de los gerentes que trabajaban en otras cadenas de ventas minoristas, Sam se enteró de una cadena en el Medio

Oeste que movía en muy poco tiempo los artículos que tenía en su bodega. Entonces, organizó una visita y fue con su gerente de tienda y encargado de compras de más alto rango para conocer su opinión respecto a si Walmart podría beneficiarse de un centro de distribución. Observar la bodega en funcionamiento donde los artículos se recibían y eran enviados a las tiendas el mismo día —y hacerles preguntas directas a los empleados que trabajaban allí— le permitió ver que abrir una bodega sería una manera sencilla de administrar a bajo costo el flujo de los productos a sus tiendas.

Entendiendo que diseñar y gestionar un almacén difería en gran manera de cualquier cosa que alguien en su compañía hubiera hecho antes, Sam contrató a un empleado que conocía y respetaba, alguien con experiencia previa en administrar una bodega, para que organizara y administrara su centro de distribución. Por supuesto, él se encargó de trasladar su oficina junto al nuevo centro de distribución para visitarlo durante los días que no estuviera visitando las tiendas. Necesitaba comprobar con sus propios ojos que todo lo que había llegado el día anterior hubiera sido enviado al siguiente día a las tiendas.

Usar una bodega para administrar la afluencia de miles de artículos y redistribuirlos a un creciente número de locaciones en las cantidades exactas necesarias centraliza un negocio. Los períodos de transición que implican mayor sistematización en los procedimientos de operación y la toma de decisiones confunden a muchos empresarios. Estas transiciones implican cambios importantes en lo que hacen los empleados y los cambios asustan a casi todo el mundo. Pedirles a los empleados clave que hagan las cosas de manera diferente los hace percibir un cambio en su estatus, pensando algo como: "Antes, podía decidir qué vender en mi tienda y ahora me dicen qué vender". Esta transición no fue fácil de manejar. Aparte de ser abierto con su gente, Sam no tenía ninguna fórmula mágica para hacerla sentir cómoda con el cambio. Tuvo éxito porque explicó la necesidad de una bodega de distribución centralizada, así todos los empleados entendieron por qué la transición era importante. En cada reunión de sábado por la mañana con Sam, todos los gerentes comentaban qué estaba funcionando con la transición y qué no y decidían con rapidez cuáles serían las acciones para mitigar los problemas que se estuvieran presentando. Todos los lunes, los gerentes les daban instrucciones a sus propios equipos sobre qué debían hacer a continuación para que los nuevos sistemas funcionaran con la mayor eficacia posible. En últimas, todos sintieron que Sam de verdad quería establecer un nuevo sistema de tal manera que ellos, como gerentes,tuvieran la mayor autonomía posible.

Incluso con toda la confianza que ellos le tenían en Sam, y con toda la competencia que tenía su equipo de la bodega (y poco después, su equipo de sistemas informático), esta fue una transición emocional para muchos gerentes importantes. De hecho, resultó tan emocional, que muchos dejaron la compañía. Lo crucial es que casi todos los gerentes entendieron que la transición terminó por remover la última restricción respecto a la rapidez con la que la compañía podía crecer. Como había escogido gerentes muy competentes para diseñar el centro de distribución (que en poco tiempo serían centros) y poner en marcha sus sistemas, Sam condujo a Walmart en medio de una transición esencial para su competitividad a largo plazo. Ahora, un ilimitado número de artículos fluía de manera precisa a través del centro de distribución, eran entregados a la tienda correcta y puestos en el lugar indicado.

Sam creía en darles oportunidades a las personas, pero no toleraba la mediocridad y establecía altas expectativas de manera apropiada. Él entendía que si estableces expectativas demasiado altas que un empleado o equipo no puede cumplir, esto desmoraliza al empleado o al equipo. Si estableces expectativas demasiado bajas, entonces el conjunto de habilidades del equipo no mejora lo suficientemente rápido como para superar a la competencia. Así que Sam establecía expectativas altas que, por experiencia, sabía que se podían cumplir, quizá con un poco de ayuda. Si alguien se retrasaba en la apertura de una nueva tienda, entonces Sam enviaba cuanta ayuda fuera necesaria para ponerla en marcha. Si la persona a cargo aprendía a planificar aperturas de tiendas de manera más eficiente a partir de la experiencia, entonces eso estaba bien para Sam y esa persona se sentía bien por lo que había logrado y aprendido. Los que no aprendía de la experiencia, o no estaban dispuestos a aceptar ayuda, no demoraban en comprender que no tendrían un futuro brillante en la compañía.

Sam usaba su equipo con eficiencia. Aunque establecía la mayoría de las prioridades de la compañía basándose en su constante búsqueda de mejores ideas, siempre estaba abierto a escuchar las ideas de otros. Como no se enorgullecía de ser dueño de una idea, ni dudaba en darles crédito a otros por las buenas ideas que aportaran, todos se sentían orgullosos de contribuir. La no intervención de Sam, así como su capacidad para delegar, mostraba respeto por las habilidades de los demás haciendo que ellos se sintieran orgullosos y ansiosos por desempeñarse al máximo de sus capacidades.

Sam no solo estaba abierto a sugerencias e ideas de otros, también buscaba ideas y técnicas para satisfacer su visión de vender a más bajo costo. Desde un comienzo, cuando vio que las computadoras podían ser útiles para Walmart, tomó una clase de una semana en IBM para aprender a usarlas dentro del contexto de los negocios minoristas. No se hizo experto, pero aprendió lo suficiente como para entender cómo apoyar a los expertos que contrató.

La búsqueda constante de nuevas ideas mete en problemas a muchos empresarios. Las organizaciones no pueden acomodarse a los continuos cambios de dirección, estrategia y procesos. Lo que es efectivo para algunos no necesariamente lo es para todos. Se puede desperdiciar una gran cantidad de tiempo, recursos y dinero implementando ideas que tal vez nunca funcionen en el contexto que se pretendía. Sam *experimentaba* con ideas que lo atraían —nunca se arriesgaba—. Cada idea o técnica nueva que probó tenía un objetivo simple, claro, entendible y medible que casi siempre estaba asociado con el aumento de las ventas o con la disminución de costos o inventarios y debía ser clara, pues sería implementada por docenas, cientos, miles o incluso millones de personas.

No todos los experimentos funcionaron. Sam trató de abrir tiendas de artesanías. También intentó vender excedentes de inventarios de los fabricantes. Experimentaba probando una idea en uno o dos sitios, por lo general, dentro de los edificios ya vacíos que no tenía que arrendar por un largo período —similar a lo que hoy llamamos un surgimiento emergente—, pero no a gran escala y con las posibilidades de seguir con el negocio en ese lugar si el experimento funcionaba.

Un experimento que funcionó bien fue Sam's Club, que fue diseñado para imitar a la tienda de súperdescuentos Price Club. Después de enterarse del éxito que Price Club[16] tenía por el hecho de venderles productos a granel directamente a sus clientes, Walton voló a California para visitar la tienda y aprender lo que más pudo en cuanto a la parte operativa. Incluso invitó a Sol Price a cenar para escuchar todo lo que él estuviera dispuesto a compartirle. Luego, voló de regreso a Bentonville el día después de su visita y creó un equipo de tres individuos que tenían la reputación de querer hacer las cosas de manera diferente. Acto seguido, les pidió que encontraran un edificio vacío y barato en un suburbio de alto tráfico, a menos de un día de viaje en auto con el fin de establecer una copia de Price Club y ver si el concepto funcionaría en el Medio Oeste. En pocos meses, el equipo estableció la tienda y quedó comprobado que a muchos habitantes de la región les encantaba comprar a granel —todo, excepto vino.

Es probable que Sam, un emprendedor bien cimentado, no hubiera podido tener éxito de otra manera. No abrió su primer Walmart sino hasta después de haber estado en la industria durante 17 años. Ningún inversionista externo habría esperado tanto para que Sam, creara un concepto que tomaría otros ocho años para pasar a oferta en la Bolsa. Además, los Walmart no eran muy rentables al comienzo —ni igualaron la rentabilidad de las tiendas franquiciadas Ben Franklin de Sam sino casi hasta cuando Walmart salió a la Bolsa de Valores—. La mayoría de los inversionistas habría considerado el primer Walmart como un fracaso, oponiéndose a abrir un segundo. En su primer año de operación, la primera tienda Walmart perdió dinero y apenas estaba llegando a un punto de equilibrio cuando Sam abrió el segundo Walmart en Harrison, Arkansas. Sus instintos y su comprensión en cuanto a lo que era factible mejorar en la primera tienda al abrir una segunda fueron acertados, a

---

16. De hecho, Price Club fue fundado por el Sr. Sol Price.

pesar de los fiascos del día de apertura con la explosión de sandías y los excrementos de burro.

Antes que Walmart saliera a oferta en la Bolsa de Valores, Sam confió por completo en los préstamos bancarios para financiar la expansión. Incluso compró el banco local de Bentonville pensando que le ayudaría a conseguir préstamos para hacer crecer su negocio. La mayoría de los bancos locales conocía personalmente a Sam y muchos le habían prestado dinero para comprar inventarios y respaldar las hipotecas de los terrenos en los que construyó las tiendas. Lo apoyaban porque su negocio era rentable y había sido rentable desde sus primeras tiendas Ben Franklin. Pero aun así, seguían insistiendo en tener garantías. Sam tenía que garantizar en persona cada préstamo que tomaba, algo que nunca se les aconseja hacer a los emprendedores de alto riesgo para que no caigan en la quiebra a nivel personal usando el dinero de otras personas.

Incluso después de que Walmart salió a la Bolsa, seguía siendo una organización firme, con la familia Walton y los empleados controlando el 80% de todas las acciones. Sam seguía teniendo la capacidad de experimentar con tiendas de artesanías y centros de distribución sin la preocupación de que su trabajo estuviera en juego dependiendo de si los experimentos funcionaban o no. Hoy en día, Walmart conserva su estatus como una organización bien cimentada porque la familia Walton, sus fundaciones y sus empresas todavía poseen casi el 50% de las acciones de la compañía.

Todo es cuestión de habilidades

Todo emprendedor enfrenta un conjunto de obstáculos únicos cuando trata de tomar una idea en particular sobre cómo hacer felices a los clientes y desarrollarla en una empresa valiosa y autosostenible. Los obstáculos difieren, dependiendo de si quieres vender ropa interior, software de contabilidad especializado, salchichas, servicios de autopsia, aplicaciones para iPhone o lo que sea. *Pero las habilidades subyacentes requeridas para superar todos los obstáculos de emprendimiento y construir una empresa productiva, competitiva y autosostenible son las mismas.*

El éxito en el emprendimiento se reduce a entender cómo armar empresas productivas, competitivas y autosostenibles. Sam tenía cinco habilidades principales que encontramos en casi todos los empresarios diestros:

Conciencia de sí mismo. Sam siempre escuchaba y prestaba atención para ver lo que era posible mejorar y pensaba en qué hacer para llevar a cabo esas mejoras. Siempre tenía una consciencia aguda de lo que sabía y no sabía y de qué habilidades tenía o no tenía. Cuando se daba cuenta que tenía un vacío, adquiría y practicaba las habilidades necesarias para llenarlo. Tener autoconciencia es en sí misma una habilidad, no algo con lo que naces. Puedes adquirirla, aprender a identificar tus aptitudes y tus maneras personales de crecer y mejorar por tus propios medios.

Capacidad de construir relaciones. Sam era franco y extrovertido. Conocer gente lo energizaba. Pero ser extrovertido no atrae, ni construye un equipo con miembros dispuestos a dedicar su vida a alcanzar la visión de otro, como sucedió con quienes se dedicaron a hacer realidad el sueño de Sam. Es indudable que él era muy hábil construyendo relaciones, creando objetivos fuertes y compartiéndolos con otros. Esa también es una habilidad que podrías aprender y dominar, así seas extrovertido o no. (Walt Disney, a quien conoceremos en el siguiente capítulo, fue un introvertido que también supo crear fuertes relaciones con las personas cuya ayuda necesitaba). Los objetivos que Sam estableció para compartir con quienes lo rodeaban tendían a ser sencillos y se fundamentaban en los resultados que ellos le presentaran cada semana: ventas, salarios e inventarios. También era claro entre sus empleados que él tenía un genuino interés en ellos y sus familias, y que compartía sus objetivos para llegar a ser esposos, padres y líderes comunitarios de éxito. Sam siempre preguntaba qué estaba sucediendo con las familias de sus empleados y ellos sabían muy bien que él se interesaba de verdad en sus respuestas.

En la escuela, rara vez se enseña sobre cómo construir relaciones, aunque hay libros sobre ese tema. Algunos entrenadores de habilidades para la vida saben cómo enseñar y ayudar a las personas a poner en práctica esta habilidad. ¿Dónde aprendió Sam a construir relaciones tan fuertes? No lo sabemos, pero quizás aprendió un poco de su madre, quien fue un miembro amado dentro de su comunidad local. También pudo haber aprendido algo con los entrenadores de equipos deportivos en los que jugó durante su niñez. Sam solía ocupar la posición de capitán del equipo, con la cual podía practicar la construcción de relaciones mientras recibía retroalimentación y consejos de un buen entrenador. Pero lo más probable es que Sam llegó a dominar la construcción de relaciones mediante la práctica deliberada con personas a las que quería acercarse. Cuando se proponía la meta de conocer a alguien, lo lograba y luego veía cómo hacerlo mejor la próxima vez (que es justo la manera en que yo aprendí la mayoría de mis habilidades de construcción de relaciones).

Motivar a otros. Sam era muy bueno haciendo que las personas que nunca antes había visto o que apenas acababa de conocer se sintieran bien ayudándolo. La gente solía describir a Sam como alguien carismático y creía que esa era una característica innata en él. Pero la capacidad de motivar a otros es una habilidad que puedes aprender y practicar. La técnica de Sam es clásica: él hacía que las personas se sintieran bien consigo mismas en el contexto de hacer algo importante para Walmart o quizás en la iglesia a la que Sam y su familia asistían. A lo mejor, aprendió esta habilidad dirigiendo equipos deportivos. Puedes imaginártelo diciendo algo como: "Es asombroso lo bien que penetraste la defensa en el juego de anoche; ¿cuál es tu nueva técnica?". Las personas que él elogiaba no solo se sentían bien consigo mismas, sino que también querían estar a la altura en otro momento.

Construir relaciones y motivar a otros son habilidades diferentes. Sam no siempre felicitaba a los empleados que trabajaban cerca de él. Podía ser mordaz cuando alguien no cumplía con sus altas expectativas. "¿Quién compró esas 500 chaquetas de piel falsa que tuvieron que ser devueltas porque son basura?". Decir eso no construye una nueva relación, pero, sin duda, puede ser motivador.

Liderar el cambio. Desde el día uno en su primera tienda, Sam siempre estaba cambiando cosas, lo que solía terminar en algún tipo de mejora. Pero a la gente no le gusta el cambio y a menudo se resiste de forma pasiva-agresiva o secreta. La mayoría de los cambios está mal concebida y mal alineada con lo que la gente considera importante y por eso es considerada confusa. Los asociados y gerentes de Walmart esperaban cambios, los aceptaban y los consideraban positivos; de hecho, había muchos cambios cada semana y ellos los aceptaban porque Sam era claro en hacerles saber por qué eran importantes, qué se esperaba de ellos y cómo se beneficiarían, así que ellos sabían que toda la organización les proporcionaría el apoyo y los recursos necesarios para hacer que dichos cambios se hicieran con eficacia y de manera exitosa. Y puesto que los cambios estaban muy bien delineados, comunicados y apoyados, eran considerados de bajo riesgo. Sam evitó el pecado de la administración que muchos cometen, que es pedirle a alguien que cambie algo, que realice el cambio a la perfección y además sin tener ningún apoyo, ni usar ningún recurso. Sam impulsaba enormes cantidades de cambios cada semana, pero todos conocían la organización por completo y Sam mismo los respaldaba.

Incluso se realizaron cambios grandes, como pasar a un centro de distribución centralizado y de respuesta rápida y todos sabían cuáles eran los resultados esperados. No es que no hubo sorpresas, ni errores, ni decepciones, pero las reuniones semanales de Sam lograban que los ajustes y moderaciones se hicieran con rapidez. Bajo su liderazgo, Walmart se convirtió en el estándar de oro en cambios persistentes, rápidos y positivos.

Sam dominó sus habilidades de cambio de liderazgo participando en lo que ahora se conoce como *práctica deliberada*. Cada semana, explicaba a grandes rasgos los cambios a realizar y recibía retroalimentación de su equipo de gerencia sobre cómo se implementarían los cambios, qué estaba bien, qué no y qué se podía mejorar. Sam, quien siempre estaba abierto a sugerencias, mejoró sus prácticas de liderazgo basado en su propio análisis y en los consejos recibidos.

Aspectos empresariales básicos. Esta también es una habilidad que se puede aprender, no se nace con ella. Sam entendió que debía obtener utilidades y para lograrlo haría felices a sus clientes ofreciéndoles buenos precios que no era común ver. Hizo que rutinas sencillas (es decir, procesos) que consistían en tareas repetitivas, como hacer órdenes, fueran lo más productivas posibles, de modo que él y su organización pudieran concentrarse siempre en estar implementando mejoras (es decir, proyectos). Fue diligente en crear una cultura de personas que con gusto emprendían proyectos y usaban procesos para hacer felices a los clientes manteniendo los costos y precios tan bajos como fuera posible.

Entender cuándo y cómo usar las rutinas, los procesos y los proyectos para crear una operación efectiva de venta al por menor no es una gran ciencia. Cuando Sam trabajó en J.C Penney conoció las rutinas que mantienen a un departamento operando de manera fluida y productiva. Quizá, también experimentó uno o dos proyectos de mejora que se implementaron en el departamento donde trabajó. En el ejército, durante la Segunda Guerra Mundial, tuvo una prueba más en torno a proyectos y procesos —experiencia que quizás aplicó por analogía a sus tiendas.

En resumen, todo emprendedor debe dominar estas cinco habilidades básicas para sobrevivir y prosperar: consciencia de sí mismo, construcción de relaciones, motivar a otros, liderar el cambio y conocer los aspectos básicos de la empresa. A excepción de los aspectos básicos de la empresa, estas habilidades aplican para todos los buenos líderes.

Habilidades específicas de la industria

Dependiendo del tipo de negocio que estás emprendiendo, también es probable que necesites algunas habilidades específicas adicionales. Pero ¿cómo sabes cuáles son esas habilidades específicas que necesitas? Solo estudia a empresarios que han tenido éxito en sus industrias. Si estás interesado en emprender un negocio minorista, entonces estudia a Sam Walton y a Jeff Bezos. Escribe todo aquello en lo que ellos son efectivos todos los días. No tienes que ser tan bueno como ellos, pero sí debes ser lo suficientemente bueno. "Qué tan bueno" es el tema del siguiente capítulo.

Tres maneras de adquirir las habilidades que necesitas

¿Cómo aprendes esto? Cada empresario aprende e implementa sus habilidades de manera diferente, pero casi siempre todos las aprenden en la práctica o en alguna actividad grupal intensa, como en los deportes y en organizaciones de voluntariado.

En esencia, nadie aprende habilidades del liderazgo empresarial en el salón de clases. En primer lugar, las escuelas rara vez las enseñan. En segundo lugar, es probable que incluso los estudiantes que quizá *sí* hayan tomado una clase para aprender una o más de estas habilidades hayan olvidado lo aprendido. O a lo mejor, nunca las hayan practicado en la medida necesaria como para sentirse seguros ejerciéndolas muchos años después en el intenso ambiente de un emprendimiento.

Sam comenzó aprendiendo y practicando sus habilidades de liderazgo desde temprana edad: jugando en equipos deportivos, observando y escuchando a sus supervisores de trabajo y participando y dirigiendo organizaciones relacionadas con voluntariados. Cuando estaba en la escuela secundaria y la universidad, sus compañeros y maestros lo veían como un líder. Sam practicaba el liderazgo más que la mayoría de sus compañeros porque él se ofrecía como voluntario para organizar actividades y eventos para casi todos los clubes o equipos a los que se unió. Invirtió bastante tiempo y atención en volverse más y más experto dirigiendo organizaciones. Siempre se concentraba en los resultados y siempre le faltaba tiempo, así que siempre estaba tratando de hacer que los equipos trabajaran con mayor eficacia. Y debido a que Sam pasó mucho tiempo realizando actividades extracurriculares, fue un mejor líder que estudiante.

Mucho se puede aprender de un jefe o supervisor, incluso en un trabajo de medio tiempo o de verano —*si* tu jefe dirige un exitoso negocio o departamento (y ese es un gran "*si*") —. También puedes aprender habilidades de liderazgo organizando actividades fuera del lugar de trabajo, como hacía Sam. Por ejemplo, comenzar un voluntariado local para alguna organización nacional puede darte experiencia directa construyendo relaciones, motivando a otros y dirigiendo cambios. Si alguna organización nacional tiene un programa para ayudar a las personas a empezar voluntariados locales, esa también es una excelente manera de conseguir retroalimentación y entrenamiento. National Outdoor Leadership School (NOLS por sus siglas en inglés) les enseña a muchos interesados sobre las habilidades básicas de la autoconsciencia y de la construcción de relaciones.

La parte más difícil de aprender de un jefe y una empresa es escoger el jefe y la empresa para la que quieres trabajar. Con frecuencia, las grandes organizaciones son las que eligen y no lo opuesto. Solo asegúrate de escoger una organización que acepte cambios y entrene a su gente.

La escuela también puede enseñarte habilidades *específicas para una industria*. Sam aprendió con Ben Franklin sus habilidades operativas en ventas minoritas. Las escuelas de culinaria preparan cocineros con las habilidades específicas requeridas para dirigir restaurantes. Muchas escuelas dentales enseñan a sus estudiantes lo básico para dirigir una práctica dental. Hoy en día, las habilidades en programación que aprendes en muchas escuelas son importantes para diseñar con eficacia una aplicación de software.

Además de aprender en el trabajo o en la escuela, Sam usó una tercera forma de adquirir habilidades esenciales. Contrataba personas que ya fueran hábiles y les daba la autoridad y la responsabilidad de tener el control de tareas que podían ejecutar con más pericia que él. Como aprendimos de Sam, *los grandes emprendedores buscan conocer gente competente y hábil y atraerla para que trabaje para ellos según sea necesario*.

Es claro que la falta de una educación formal no impidió el avance de Vidal Herrera, el fundador de 1-800-Autopsy, a quien conocimos en el Capítulo 3; él apenas terminó la secundaria. Como la mayoría de los empresarios, él también adquirió su entrenamiento en el trabajo. Además, siempre estuvo abierto a aprender todo lo que podía sobre cómo tener éxito como empresario. Al igual que él, tú solo necesitas la educación previa suficiente para poder adquirir con rapidez las habilidades necesarias para tener éxito en el nicho del mercado en el cual te desempeñas.

Progreso, no perfección

Sam no era perfecto. En particular, él era desorganizado. Ver fotos de Sam en su oficina es ver una gran torre de papeles en su escritorio, en el piso, en las sillas. Sus asistentes bien organizados sabían qué informes vencidos, libreatas repletas de información con su letra ilegible o viejas copias de revistas comerciales y boletines informativos debían llevarse y archivar; de otro modo, se habría sepultado a sí mismo entre todo lo que mantenía en su oficina.

Además, Sam no era sensible con el tiempo de los demás. Solía interrumpir a sus empleados en lo que ellos estuvieran haciendo en su casa o en el trabajo para hacerles preguntas que bien podían aguardar. Era conocido por hacer esperar a las personas, incluso a las que habían recorrido largas distancias para encontrarse con él. Y tampoco era puntual, salvo para sus reuniones de los sábados por la mañana, para las cuales pasaba horas preparándose. Sam estaba tan concentrado pensando cómo mejorar Walmart, que trabajaba estrictamente según su propia valoración de cuál era su más alta prioridad en ese momento.

Su incesante establecimiento de más y más altas expectativas agotó a muchos de los que trabajaron para él, en particular, a ciertos gerentes de tiendas y a algunos encargados de las compras. Él no prometía empleo de por vida, pero su gente lo sabía y no esperaban que Walmart los siguiera empleando una vez que no se sintieran entusiasmados por sus trabajos.

La perfección no existe y los emprendedores que persisten en ella harán que los demás se sientan incómodos porque, además, estos tipos de jefes nunca ofrecen elogios.

Sin duda, algunos emprendedores que no contemplan la posibilidad de elogiar a sus colaboradores han construido negocios exitosos, pero las personas se sienten más cómodas trabajando, comprando y estando con personas imperfectas como ellas mismas.

Cómo separar

Un alto porcentaje de socios fundadores no logra llegar a un acuerdo en cuanto a qué hacer una vez que su empresa se establezca. Cuando eso ocurre, el rendimiento de la compañía en cuestión se ve afectado negativamente y a menudo colapsa. Estas transiciones son peligrosas. Pocos emprendedores, así como nacientes compañías, sobreviven a la pérdida de personal con habilidades cruciales y mucho menos cuando ya no tienen el impulso necesario para mantenerse adelante de la competencia. Pero Stephanie lo hizo.

La manera cómo Stephanie DiMarco manejó la tensa tarea de aliviar la carga de su socio está llena de lecciones para emprendedores en cuanto a cómo dirigir un emprendimiento exitoso. En la formación de Advent, Stephanie agregó un recurso valioso que muchos emprendedores descuidan tener: una experimentada junta directiva que los ayude a superar su ingenuidad. Como casi siempre es el caso, con el éxito vienen los problemas: su sociedad con Steve se fue a pique y la compañía estaba en peligro de parar. Steve era y es un gran ingeniero, pero su amor por la ingeniería fue más grande que cualquier deseo de ver a Advent convertirse en una enorme y valiosa compañía. Él prefirió hacer las cosas perfectas en lugar de hacerlas funcionales en términos económicos y se sentía incómodo supervisando a cualquiera que trabajara diferente a lo esperado. Este modo de pensar dio como resultado incumplimientos entre los ingenieros de la compañía. Tan pronto Stephanie identificó el problema, se aseguró de proporcionarle a Steve un entrenamiento sobre dirección y liderazgo. Cuando eso no produjo cambios, fue sabia en buscar el consejo de su junta directiva, llegando así a hacer un acuerdo para comprarle a Steve su parte con la condición de que pasara un año entrenando a su sucesor. Con la ayuda de la junta, Stephanie tuvo que encontrar una manera elegante de aliviar la carga de Steve, una ruptura que la mayoría de los empresarios con socios encuentra imposible de enfrentar. *Confiar en las habilidades de otras personas no significa permitir que esas personas te frenen*, pero esto es verdad sí y solo sí, entiendes cómo lidiar con estos difíciles y estresantes asuntos personales. Al igual que Sam Walton, Stephanie no contaba con las habilidades fundamentales para lidiar con esta situación, pero fue lo suficientemente inteligente para disponer de ellas por medio de un fuerte círculo de consejeros, mentores y miembros de la junta.

Cuando se trata de emprendimiento, las habilidades son importantes; el estilo y la personalidad no lo son tanto. Para prosperar, Sam y Stephanie obtuvieron mucha ayuda donde y cuando la necesitaron. Pero sin un nivel mínimo de competencia, tanto de ellos mismos como de su equipo fundador, nunca hubieran tenido éxito. Necesitamos entender cuál es la respuesta a la pregunta: "¿Qué tan bueno?". Y como descubriremos en el siguiente capítulo, la respuesta no es tan sencilla.

CAPÍTULO 7

Qué tan bueno

Walt Disney apenas sí logró llegar a ser animador y jefe de un estudio de animación. *¡Escasamente!* Pero cuando logró poner todas las piezas en su lugar, redefinió y reinventó diferentes formas de entretenimiento. Eso hace de él un excelente modelo a seguir para comprender qué tan bueno debes ser para ser un emprendedor exitoso. Aunque murió hace años, deberías conocer y apreciar su historia. Puesto que su impacto en el arte y el entretenimiento todavía se siente con fuerza, ha sido objeto de excelentes biografías y de una gran cantidad de investigaciones.

Como creció siendo parte de una familia con medios limitados y poca alegría o afecto, Walt descubrió en el dibujo una grata distracción. Comenzó con un cuaderno de bocetos y lápices de colores que un tío le dio cuando tenía cinco años. Amigos, vecinos y maestros lo elogiaban por sus habilidades para dibujar y lo alentaban a continuar, aunque a su padre le parecía una actividad frívola. Aspirando a ser caricaturista de periódicos, Walt dibujaba para el periódico de su escuela y siempre que fuera posible hacerlo en otros contextos. Estando en la secundaria, tomó clases nocturnas para adultos en Art Institute de Chicago para aprender dibujo profesional y habilidades relacionadas con la caricatura.

Su hogar era un lugar triste y desalentador, motivo por el cual Walt lo abandonó a los 16 años para unirse al ejército. Aunque allí lo rechazaron por ser tan joven, la Cruz Roja no se fijó demasiado en la edad de aquel escuálido niño que se postuló para conducir ambulancias, así que Walt terminó en Francia justo después del final de la Primera Guerra Mundial y experimentó un mundo muy diferente al del Medio Oeste donde creció. Dibujó siempre que tenía la oportunidad, dejando de lado muchas oportunidades para conocer a los lugareños amigables y agradecidos con sus compañeros voluntarios de la Cruz Roja. Prefería dibujar solo y ganar algo de dinero extra enviando caricaturas a un periódico local de su ciudad. A los 18 años, regresó de Francia siendo un joven fuerte y robusto, con toda la seguridad de que pronto sería un famoso caricaturista de periódicos.

Como no quería regresar a la casa de sus padres en Chicago, Walt se fue a vivir con su hermano mayor en Kansas City, quien lo ayudó a conseguir un empleo como dibujante para una agencia de publicidad local, pero no había suficiente trabajo para mantenerlo ocupado y el trabajo pronto desapareció. En lugar de buscar otro, Walt, de 18 años, se unió a otro dibujante despedido de la misma agencia, Ubbe "Ub" Iwerks, para comenzar una agencia basada en el humor como gancho de venta. A pesar de ser introvertido, Walt no tenía problemas para ingresar a los establecimientos comerciales del centro de la ciudad y decirles a quienes estuviesen dispuestos a oírlo que él podía conseguirles más clientes para sus negocios con anuncios y volantes ilustrados con humor. En el primer mes, Ub y Walt ganaron bastante dinero, pero el negocio se detuvo muy pronto cuando los anuncios no atrajeron a la multitud de nuevos clientes que ellos les prometieron a sus clientes. Entonces, para sobrevivir, convirtieron su agencia en un negocio de medio tiempo y Walt consiguió un trabajo en una agencia cercana que creaba anuncios que los cines exhibían durante los intermedios. Muy pronto, Walt se sumergió en su nuevo trabajo y la agencia que había iniciada no tardó en desaparecer.

Con estrellas como Charlie Chaplin y Harold Lloyd, las películas ya eran un negocio enorme y de rápido crecimiento a principios de la década de 1920, el cual atraía a decenas de empresarios, algo muy similar a la atracción empresarial del internet hoy en día. Todas las grandes ciudades tenían agencias de publicidad que se especializaban en diseñar anuncios atractivos específicamente dirigidos a las audiencias cinematográficas. La animación era una de las formas de hacer que un anuncio fuera llamativo y la agencia para la que Walt trabajaba tenía un pequeño grupo que se encargaba de hacer eso. Walt estaba cautivado por esa labor y su interés hizo que no tardaran en transferirlo a trabajar con el grupo de animación. Entonces, tomó prestada una cámara del propietario de la agencia y en el garaje detrás de la casa de su hermano instaló un sencillo equipo de animación. Trabajaba hasta pasada la medianoche, casi todas las noches, animando sus propias versiones humorísticas de los cuentos de hadas clásicos. Además, tomó prestado el único libro de animación que pudo encontrar en la biblioteca pública, siguió todas sus instrucciones y luego experimentó con sus propias formas de obtener los efectos que quería. Sus animaciones eran rudimentarias, pero nadie en la agencia, ni en todo Kansas City las hacía mejor que él. En ese momento, ya existían varios estudios de animación exitosos y a millones les encantaban los personajes de dibujos animados como Félix el Gato, pero todos los estudios famosos y sus animadores estaban ubicados en la Ciudad de Nueva York y Walt no tenía ningún interés en mudarse allá.

No mucho después de que Walt comenzara a experimentar, comenzó a sentirse restringido y soñaba con ser su propio jefe y hacer sus propios dibujos animados y divertidos. Les mostraba su trabajo a los dueños de los teatros de la ciudad, pero pasó casi un año antes de que uno de ellos aceptara exhibirlos durante los intermedios. Las caricaturas eran sátiras de la vida en Kansas City. Aunque el dueño del teatro local le pagó solo una pequeña suma de dinero, Walt sintió que esto indicaba que tenía posibilidades de prosperar con su talento. Así que, después de terminar el trabajo en la agencia de publicidad, y antes de ir al garaje de su hermano para producir su sátira semanal de dibujos animados de Kansas City, Walt comenzó a pedirle a todo el que conocía que le prestara dinero para montar su propio estudio de animación. Y aunque su hermano mayor y un tío exitoso se negaron a invertir, le presentaron a un miembro prominente de la elite política local para quien sería fantástico tener un estudio de cine en Kansas City y él le hizo un préstamo que hoy equivaldría a unos $50.000 dólares e instó a sus amigos políticos y de negocios a que también invirtieran. Walt utilizó esta generosidad para formar Laugh-O-Gram Studios (aunque a los 20 años era demasiado joven para crear una empresa en Missouri) y poco después, contrató a ocho colaboradores, incluido su antiguo socio Ub Iwerks y un vendedor, para comenzar la producción de una serie de cuentos de hadas animados de cinco minutos.

Tan pronto como terminó el primer cuento, Walt envió a su vendedor a Nueva York para intentar vendérselo a un distribuidor. Durante las siguientes semanas, el vendedor vivió y se divirtió a sus anchas en Nueva York, lo cual, combinado con todos los salarios y gastos de producción de Kansas City, agotó el dinero que Walt tenía en el banco, así que no tuvo más remedio que traer de vuelta a su vendedor a Kansas City y volver a pedir más dinero prestado. Pero el día que partió de Nueva York, el vendedor recogió un comunicado por escrito de un pequeño distribuidor regional de películas para comprar seis cuentos de hadas animados por $11.100 dólares (el equivalente a unos $ 150.000 de hoy) ¡con $100 por adelantado y el resto sería cubierto durante la entrega de los seis cuentos de hadas el año siguiente! Aunque esto era muy malo porque Laugh-O-Gram asumiría todo el riesgo de un año de trabajo, Walt sintió que ese dinero justificaba sus esfuerzos y que era una clara señal de que debía continuar y pedir prestado más dinero donde pudiera encontrarlo. Así las cosas, docenas de personas le prestaron pequeñas sumas de dinero para ayudarlo a cumplir su sueño.

Caminando varias veces en la oscuridad de la noche para evitar a los cobradores y que su equipo fuera decomisado, Walt logró hacer cuatro de los seis cuentos animados. Por desgracia, al cabo de unos meses, el distribuidor regional quebró dejando a Walt sin ningún tipo de cliente para varias de las animaciones que ya había terminado, pero que aún no había entregado. Para obtener el dinero que necesitaba con gran urgencia, Walt hizo algunos otros cortos animados para empresas locales aprovechando cada oportunidad para probar nuevas técnicas, pero después de un año de esfuerzo se encontró solo y sin hogar (su hermano se había mudado a Portland), su ropa estaba rota y lucía esquelético. Cada noche, dormía en casa de un amigo diferente. Con deudas que en la actualidad equivaldrían a medio millón de dólares, reconoció que no tenía más remedio que declararse en bancarrota. Entonces, vendió su cámara y empacó sus pocas pertenencias restantes en una vieja maleta de cartón y se embarcó en un tren rumbo a Los Ángeles, soñando con ser director de cine.

Al momento de la bancarrota, Walt Disney era el mejor animador y cineasta de animaciones de Kansas City, pero la región no tenía suficientes clientes como para él mantener un estudio local. Tampoco había logrado establecer su reputación con ninguno de los distribuidores nacionales en Nueva York que le hubieran permitido entrar en el negocio. Walt sabía que debía darse a conocer y vender en Nueva York y lo intentó; primero, a través de un vendedor costoso; luego, por su cuenta, pero aún no era lo suficientemente hábil, ni sagaz. Era un hombre de negocios ingenuo y carecía de las habilidades básicas para administrar el dinero. Aunque en un comienzo Walt había contratado a un gerente comercial, lo usó más como contador hasta que ya no pudo pagarle. Y aunque pensaba bien sobre cómo hacer sus cortos animados, no pensaba en ningún momento en planear el uso que debía darla a su dinero; más bien, creía que el dinero era solo el medio para su fin.

Tras su fracaso, Walt aprendió mucho sobre animación. Al final de la experiencia, sus habilidades de producción de animación eran tan buenas como las de casi cualquier experto en Nueva York. De hecho, mientras experimentaba con nuevas técnicas en su frenético intento de salvar su estudio, Walt Disney desarrolló una técnica novedosa para combinar imágenes reales y animadas. Incluso hizo un corto llamado *Alice's Wonderland* protagonizado por una actriz de cuatro años que jugaba con unos gatos hechos en dibujos animados. Pero en el momento de la quiebra, ninguno de los distribuidores de Nueva York se había ofrecido a distribuir el novedoso corto.

Cuando lanzó su primer estudio, Walt era un empresario de alto riesgo puro. Realizó el equivalente a un experimento de medio millón de dólares con el dinero de otras personas solo para descubrir que no era tan bueno como para hacer realidad su sueño empresarial. Con habilidades básicas y sin entrenador, optó por participar como observador en las grandes ligas de la animación. Recaudó medio millón de dólares de inversionistas novatos que le permitieron practicar y mejorar sus habilidades de animación. En la actualidad, los emprendedores realizan experimentos igual de costosos con el dinero de amigos, familiares o desconocidos.

Todo esto nos lleva a una pregunta: ¿qué tan bueno debes ser en lo que haces para tener éxito como emprendedor? La respuesta depende de la liga de emprendimiento donde quieres o necesites jugar. En el caso de Walt Disney, a la edad de 20 años, él era lo suficientemente bueno como para vender sus animaciones a nivel local, pero no a nivel nacional —y fue por eso que quebró.

Quizá, para tener una tienda pequeña en una ciudad pequeña no es necesario tener tantas habilidades como las necesarias para fundar un estudio de animación o una empresa que les ofrezca software de seguridad cibernética a los principales bancos del mundo (una de las empresas más sofisticadas de la actualidad). Y aunque tanto el propietario de una tienda minorista independiente como el fundador de la compañía de seguridad cibernética son emprendedores, al parecer, no tienen nada más en común. Pero, de hecho, el éxito de ambos es el resultado de las decisiones que ellos tomen sobre cuán buenos quieren ser con relación a los demás emprendedores. Los empresarios mismos son los que deciden en qué liga quieren jugar —por desgracia, la mayoría elige de manera inconsciente y equivocada.

Triunfar como propietario de una pequeña tienda exige saber dónde puedes comprar los productos que planeas vender a un precio tan bajo como para ganar el dinero necesario para pagar el alquiler y los salarios. Debes saber de matemáticas básicas para calcular el cambio o sumar el costo total de una lista de artículos. También sería beneficioso entender lo que quieren comprar los clientes y el precio que están dispuestos a pagar.

Si el propietario de la tienda puede comprar los bienes que desean los clientes a un costo inferior al que los clientes están dispuestos a pagar, *y* es ahorrador y puede ahorrar las utilidades, *entonces* sí puede optar por utilizar sus ahorros para alquilar un lugar más grande y vender una gama más amplia de productos. Para competir con otras tiendas que venden los mismos productos, el propietario necesitaría empleados que le ayuden y contar con las habilidades que le permitan encontrar, contratar y capacitar a personal honesto que conozca de aritmética básica lo suficiente como para saber entregar el cambio correcto o contabilizar los productos que reciba del mayorista. Ahora, para obtener ganancias al administrar una tienda de tamaño mediano, el que antes fue propietario de una tienda pequeña ahora necesitará habilidades de comercialización más sofisticadas, al menos, tan buenas como las de los propietarios de tiendas de productos similares. También necesitará contar con algunas habilidades básicas de contabilidad y administración de inventario para realizar un seguimiento del dinero entrante, saber qué bienes reponer y qué artículos se venden bien.

Cuando se trataba de habilidades, Sam Walton conocía sus limitaciones. Mientras trabajaba para J. C. Penney después de la universidad, fue entrenado para ser vendedor de tiendas por departamentos, pero comprendió que este cargo no lo preparaba para dirigir una tienda en una ciudad pequeña, ni mucho menos para competir con los dueños de tiendas ya establecidas. Así que, siendo un joven que acababa de salir del ejército, y sabiendo que carecía de esas habilidades, decidió comprar una tienda de la franquicia Ben Franklin. No quería arriesgar su futuro al tener que adquirir de inmediato las habilidades requeridas para abastecer, inventariar y comercializar miles de artículos. Por lo tanto, gustoso aceptó renunciar a una parte significativa de sus ganancias potenciales a cambio de recibir capacitación para dirigir una tienda reconocida con el apoyo de Ben Franklin en cuanto a suministro y distribución.

Walt Disney y Sam Walton tomaron caminos opuestos para dominar las habilidades que iban a necesitar para competir en las ligas empresariales a las que se unieron. Walt optó por competir en las grandes ligas de la animación adquiriendo las habilidades mediante prueba y error y sin entrenamiento experto. Sam eligió pagarle a un entrenador de marca para que lo ayudara a prepararse para competir con los otros dos propietarios de las tiendas de Newport, Arkansas.

Tuvo que trabajar duro para implementar todo lo que aprendió de los supervisores de Ben Franklin, que luego mejoró copiando lo que vio que funcionaba en otras tiendas. Fue así como alcanzó el éxito a tal punto que sus ganancias le permitieron comprar una nueva tienda cuando su propietario se negó a renovar el contrato de arrendamiento. Por otro lado, la elección de Walt no generaba valor, pero sí mucha experiencia —aunque perdió el dinero de otras personas en el proceso, lo que lo obligó a abandonar la ciudad en busca de otra oportunidad.

Al declararse en bancarrota, Walt sintió que su mejor oportunidad era unirse a su tío Robert y a su hermano Roy en Los Ángeles. Viviendo de la buena voluntad de su tío, Walt ignoró las expectativas que su tío tenía en cuanto a que él no tardaría en conseguir un empleo cualquiera. Mientras tanto, Walt dedicaba su tiempo a visitar estudios de películas e intentando venderles versiones de las ideas de animación que tuvo en Kansas City a los dueños de los teatros más sofisticados de Los Ángeles. Por fortuna, una distribuidora de dibujos animados de Nueva York comenzó a tener problemas contractuales con uno de los animadores con los que trabajaba, así que decidió reconsiderar la petición que había recibido de Walt sobre su interés en *Alice's Wonderland* y le ofreció pagarle $1.500 dólares por su novedosa combinación de animación y acción en vivo, lo que le dio la oportunidad de volver al negocio.

Walt, quien nunca tuvo miedo de pedir ayuda, tomó la decisión de pedirle a Roy, su hermano mayor, que fuera su socio en un nuevo negocio, Disney Brothers Studios. Como aprendimos de la experiencia de Sam, los socios clave pueden aportar habilidades esenciales a una empresa. Se haya dado cuenta Walt o no, Roy tenía habilidades esenciales de las que él carecía, incluida la contabilidad y la administración del dinero. Roy siempre había sido bueno con los números y con el ahorro de su dinero, ya que había sido cajero de un banco antes de ser diagnosticado con tuberculosis. De hecho, todavía se estaba recuperando en una sala de tuberculosis cuando Walt se coló en su habitación en medio de la noche para despertarlo y pedirle ayuda. Debido a que su convalecencia estaba llegando a su fin, Roy había estado pensando qué hacer a continuación y con gusto estuvo dispuesto a ayudarle a su amado hermano menor en su empresa.

La participación y madurez de Roy hicieron posible que tomaran prestados $500 dólares del tío Robert para alquilar un espacio y establecer el negocio, dinero que pagaron con intereses cuando recibieron los $1.500 para *Alice's Wonderland*. La distribuidora, cuyo interés estaba en que la idea de las caricaturas de Walt funcionara tanto como Walt mismo, quedó decepcionada con la animación. Ella dijo que su mano de obra mediocre y su historia aburrida eran inutilizables. No obstante, le dio permiso para producir un segundo episodio por otros $1.500. Walt, que siempre estuvo abierto a la crítica artística, produjo un segundo episodio más atractivo y mejor ejecutado que satisfizo a la distribuidora y esto le dio la confianza de ofrecerle un contrato para producir un nuevo episodio cada mes durante el siguiente año.

La experiencia de animación de Walt le permitió visualizar cómo produciría su nueva serie y de inmediato envió a Roy a alquilar un espacio más grande, mientras que él negociaba con su ex compañero Ub Iwerks para que se mudara a Los Ángeles con el fin de que le ayudara a dibujar la parte animada de cada episodio. Walt se asignó la tarea de dirigir la acción en vivo. La tarea de Roy era operar la cámara de cine, pagar las cuentas y llevar la contabilidad.

Sus habilidades de producción de animación, junto con las habilidades de dibujo de Ub, mejoraron a gran velocidad debido al trabajo constante. Aunque la distribuidora seguía pensando que todavía era necesario hacer mejoras en la calidad de la producción, el contrato se renovó por un año más. La distribuidora envió a su hermano a Los Ángeles desde Nueva York durante varios meses para que supervisara las mejoras. Walt fue diligente en mejorar en cuanto a las técnicas de producción, pero los costos consumieron todas sus ganancias.

El dominio que Walt tenía sobre las técnicas de producción hizo que la serie de *Alice* tuviera la misma calidad que otras caricaturas de la época, así que la distribuidora le pidió que le presentara una nueva serie de dibujos animados que Universal Studios pudiera comercializar en teatros para mostrarla en sus películas. Walt propuso una serie basada en un conejo inteligente con orejas largas llamado *Oswald* —un concepto innovador en ese momento, ya que todos en este ámbito siempre habían usado a los gatos como sus protagonistas.

Oswald logró un contrato para producir 26 episodios durante el año siguiente. Jubiloso y animado, *Walt* persuadió a su pequeño equipo para que duplicaran su producción, haciendo otra *Alice* junto con el nuevo episodio de *Oswald* en las siguientes dos semanas. Pero al igual que con la primera *Alice*, el primer episodio de *Oswald* fue rechazado por Universal por tener temblores en la secuencia de apertura, una historia confusa y por la apariencia de *Oswald*. *Walt* entendía que trabajar con un estudio importante le exigiría hacer un producto de mayor calidad y estuvo de acuerdo con la mayoría de las críticas de Universal (pero rechazó su sugerencia de que *Oswald* se pusiera un monóculo). El segundo capítulo de *Oswald* fue aceptado y recibió críticas favorables de la prensa cinematográfica.

Habiendo recibido un contrato de *Oswald* con un importante estudio cinematográfico, Walt tuvo ingreso a las grandes ligas de su profesión. Así mismo, Sam Walton ascendió de las ligas menores de propietarios de tiendas en pueblos pequeños a las grandes ligas de las tiendas minoristas manteniendo una incansable concentración en mejorar los procesos. Para dirigir múltiples tiendas, Sam tuvo que desarrollar y dominar procesos habituales para hacerles seguimiento simultáneo al estado de las ventas y a los inventarios en diferentes ubicaciones, un proceso para reabastecer artículos en cada tienda, además de un método para manejar la logística necesaria para entregar los artículos en la tienda correcta. Sam desarrolló su primer proceso con la ayuda de Ben Franklin. En un tablero de boletines, frente a su escritorio, clavaba trozos de papel con cifras que necesitaba saber —tales como los informes de tiendas o facturas—. Cada bloque de papel unido con un clavo representaba una acción diferente que debía realizar cada semana. Sam era muy visual y ver que el tamaño de los montones de papel crecía le daba una idea adicional de qué tanto se estaban vendiendo las cosas y le ayudaba a priorizar los pasos a seguir. Estos procesos funcionaban para Sam en su tarea de administrar media docena de tiendas Ben Franklin y, en ese punto, se mudó a una oficina más grande con orificios en cubículos para poner allí la documentación correspondiente a cada tienda, la cual revisaba semana a semana o cuando el cubículo se llenaba.

Como Sam no era bien organizado, estos procesos básicos y comunes fueron determinantes para su éxito. Si no hubiese organizado religiosamente su documentación, transcribiendo cifras importantes a grandes hojas de cálculo u organizando papeles en cubículos habría perdido el control sobre sus tiendas, así las visitara con mucha frecuencia. Su trabajo constante con sus gerentes para hacer pequeñas mejoras incrementales a la comercialización y los procedimientos hizo mejorar casi todas sus tiendas, haciendo que cada una fuera la mejor en su localidad.

Pero los gerentes habrían recibido solo el apoyo con el inventario y la mercancía que necesitaban porque Sam se obligó a implementar algunos procesos básicos para hacerles seguimiento al desempeño de la tienda y a las órdenes. Como estos procesos se hicieron rutinarios, Sam pudo entrenar a otros para que se ocuparan de ellos liberando cada vez más tiempo y atención para invertirlos en abrir más tiendas hasta que ya no necesitó más el costoso respaldo de Ben Franklin y poco a poco pudo comenzar a competir con las cadenas minoristas más sofisticadas y mejor financiadas.

Los primeros procesos de Walt para presentar con éxito caricaturas de *Oswald* eran igual de ordinarios, según los estándares de hoy. Pero en ambos casos, esos procesos fueron muy necesarios para que Walt y Sam compitieran en sus respectivas industrias.

Con el contrato de *Oswald*, a la edad de 23 años, Walt Disney comenzó a soñar en grande. De inmediato, aumentó las exigencias y presiones sobre su equipo para que produjera episodios de *Oswald* cada vez más elaborados, más divertidos y más inventivos. Por su parte, para lograr más producción y trabajo de mayor calidad, Walt desarrolló varias técnicas de mejoramiento de productividad durante el siguiente año incluyendo la elaboración de relatos y detalles de tiempo usando toscas animaciones antes de entrar en dibujos finales más detallados y costosos. Con una creciente fijación en la calidad y los detalles, Walt se hizo cada vez más crítico hacia el trabajo de su equipo y le exigía más horas de trabajo haciendo incluso que sus animadores dejaran de sentirse apreciados. Por otra parte, por primera vez, Walt y Roy sintieron que triunfaban y usaron las utilidades que obtuvieron de

Oswald para construir casas idénticas para ellos en terrenos aledaños a su estudio.

A medida que las tensiones aumentaban en el estudio, al distribuidor, Charles Mintz, le preocupaba cada vez más trabajar con Walt[17], pues sentía que Walt estaba perdiendo sus habilidades como animador y que le daba poco valor al productor. Walt pasaba la mayor parte del tiempo mejorando la calidad de *Oswald* en formas que solo representarían más dinero y que las audiencias ni siquiera percibirían. A medida que se aproximaba la renovación del contrato, el distribuidor y la mayoría del desagradado equipo de Walt planearon en secreto apropiarse de la producción de *Oswald*. Walt Disney viajó a Nueva York para la que pensaba que sería una renovación de rutina del contrato de *Oswald*. Las negociaciones del contrato no llegaron a ningún acuerdo y Walt terminó pasando varios meses en Nueva York tratando de convencer al distribuidor o a Universal para que hicieran la renovación. La magnitud de la rebelión se hizo clara cuando Roy, de vuelta en Los Ángeles, recibió una renuncia masiva de casi todo el equipo de animación. Solo Ub Iwerks y unos pocos animadores junior siguieron fieles a Walt.

Derrotado, aturdido y deprimido, Walt volvió a Los Ángeles. En su viaje de regreso, a bordo del tren, en servilletas de coctel y papelería del tren, esbozó ideas para un nuevo personaje de caricatura basado en un ratón. Mientras los animadores traidores continuaron trabajando en el

estudio durante dos meses más para terminar su contrato de *Oswald*, Walt y Ub trabajaron en secreto hasta tarde en la noche para producir su primer episodio de *Mickey Mouse*, pero ningún estudio de cine estuvo interesado en distribuirlo. Sin dinero a la vista, Walt y Roy hipotecaron sus nuevas casas para recaudar lo suficiente y producir un segundo episodio. Pero tampoco hubo quién lo comprara.

Unos meses antes, *The Jazz Singer*, la primera película sonora, había sido estrenada, lanzando la industria del cine hacia un alboroto con respecto hacia dónde se dirigía y cómo podría aplicárseles sonido a las películas (y caricaturas) en el futuro. *Mickey Mouse*, como Walt lo

---

17. Charles Mintz se había casado con la distribuidora original de Walt, Margaret Winkler. Para el momento del contrato de *Oswald*, Mintz se había encargado de todos los tratos con Walt.

visualizó desde un comienzo, era mudo. Después de no lograr la venta del segundo episodio, Walt y Roy decidieron jugarse todo lo que tenían para añadirle sonido a *Mickey Mouse*. Unos pocos caricaturistas habían experimentado con sonido ambiental como trasfondo general a la acción, pero ningún estudio había descifrado cómo sincronizar sonido con animación. Walt y Ub crearon una historia de *Mickey Mouse, Steamboat Willie,* donde todos los chistes, e incluso los movimientos de Mickey, iban vinculados con sonidos. Un animador junior sugirió usar un metrónomo para medir el tiempo del sonido, dándole la idea a Walt de desarrollar novedosos trucos de medición del tiempo para orquestar una banda sonora sincronizada, así que decidieron probar esa técnica con el pequeño equipo que quedaba en el estudio. Mientras se proyectaba la película, cada persona golpeaba, chirriaba y hacía sonidos en los momentos adecuados para sincronizar con precisión los sonidos que querían añadir. Para el equipo, unir la caricatura a sus acciones fue tan divertido, que siguieron repitiendo sus simulaciones una y otra vez hasta que todos colapsaron de cansancio tarde en la noche.

Walt viajó a Nueva York con la marcación de sonido escrita y un carrete de animación en busca de un estudio de sonido que pudiera añadirle audio a su película. A las grandes compañías, propietarias de tecnologías de sonido competidoras, no les emocionó mucho añadirle sonido a una corta película de caricatura cuando su negocio de darles sonido a producciones largas estaba creciendo con rapidez y exigía toda su atención.

Así como ocurre con la última tecnología en la actualidad, en los años 1920, las nuevas tecnologías como la adición de bandas sonoras a películas, dio lugar a récords de nuevas empresas, cada una ofreciendo supuestos productos únicos. Como era de esperar, atraído hacia las personas que mostraban aprecio por su trabajo, Walt se impresionó más con un emprendedor de sonido para películas llamado Pat Powers. Quizá, Walt lo sabía, pero eligió pasar por alto el hecho de que Powers fuera reconocido en la industria del cine por hacer tratos dobles y tener tácticas muy rigurosas. Ignorando por completo a Roy, Walt decidió contratar a Cinephone Sound System, la empresa de Powers, por mucho más dinero que del que tenían. Luego, Walt aceptó la oferta de Powers de encontrar los mejores hombres de efectos de sonido en la ciudad y organizar un estudio de sonido (Powers solo proporcionó los equipos). La sesión de grabación costó $1.000, que era lo último de efectivo que Roy había logrado recaudar de las hipotecas y de vender algunos activos. La sesión fue todo un desastre, porque los músicos ignoraron las instrucciones de Walt respecto a cómo sincronizar la medición con la caricatura.

Para conseguir dinero para una segunda sesión de grabación, Roy no tuvo más opción que hacer lo que habían evitado hasta ese momento —pedirle un préstamo al banco—. Si *Mickey Mouse* no tenía éxito, Walt y Roy tendrían que declararse en bancarrota. Para asegurarse de que la segunda sesión de grabación funcionara, Walt pensó en cómo hacer que sus instrucciones fueran muy fáciles de entender. Durante las siguientes dos semanas, Walt añadió una pelota que rebotaba al ritmo implícito de la acción en cada cuadro de la cinta misma de la película que los músicos miraban mientras tocaban —y la segunda sesión de grabación siguió el ritmo, por así decirlo—. La técnica de Walt, de "seguir la pelota que rebota" todavía se usa hoy en los DVD de karaoke.

Pero Walt todavía no tenía un distribuidor, así que Pat Powers lo convenció de nuevo, sin consultarle a Roy, de que lo hiciera el agente ejecutivo de ventas de Disney por un 10% de todas las ventas futuras. Entonces, Powers hizo los arreglos necesarios para que Walt mostrara *Steamboat Willie* ante algunos altos ejecutivos de estudios y a la mayoría de ellos le gustó la caricatura, pero nadie ofreció distribuirla. Por fortuna, al gerente de un gran y famoso teatro de Nueva York que había sido invitado a una de las presentaciones de *Steamboat Willie* le gustó mucho y le ofreció a Walt $500 dólares para proyectar la caricatura durante una semana en su teatro. Walt, necesitando dinero para poder pagar la nómina en Los Ángeles, le hizo una contraoferta de $1.000 por dos semanas y así se hizo el trato.

Al público le gustó mucho *Steamboat Willie*. Y así también fue con los críticos —incluso con el del *New York Times*—. Muchos cineastas llenaron el teatro para ver la caricatura (más de los que fueron al estreno de *Gang War*). Siendo una sensación entre el público, de inmediato fue reconocida como una caricatura revolucionaria, pues todos quedaban asombrados con la nueva dimensión del sonido añadida al relato. (Los otros estudios de animación tardarían más de un año en determinar cómo mejorar sus historias con la misma eficacia, sonorizándolas). Casi todos los distribuidores le ofrecieron de inmediato la distribución de *Mickey Mouse* y muchos de los grandes estudios se ofrecieron a comprar Disney Brothers. Walt no estaba interesado en vender y, en lugar de eso, insistió en honorarios y derechos sin precedentes, algo que los distribuidores establecidos se rehusaron a aceptar —así que todavía no había trato.

Pat Powers se adelantó con otra oferta. De nuevo, sin consultarle a Roy, Walt aceptó dejando que Powers supervisara la distribución regional de *Mickey Mouse* a cambio del 10% de los ingresos brutos. Mientras que los distribuidores y estudios de cine rechazaban las demandas de Walt, las cadenas regionales y de teatros extranjeros aprovecharon la oportunidad para proyectar *Mickey Mouse* acordando pagar honorarios sin precedentes por la caricatura. Por fin, el dinero comenzó a entrar, y más del que Walt y Roy jamás habían soñado.

Walt y Roy apostaron su futuro financiero personal para permitir que Walt desarrollara nuevas habilidades con la esperanza de poder comercializarlas. En cuestión de siete meses, Walt fue catapultado de ser el propietario intrascendente de un pequeño estudio de animación que producía una sola serie de caricaturas a un estudio mucho más grande y a ser el animador más respetado y exitoso del mundo. Paso de jugar en las grandes ligas de la animación a ser protagonista de la Serie Mundial de las caricaturas hablantes. El avance de Walt llegó cuando inventó nuevas técnicas como sincronizar animación, sincronizar marcadores de sonido y usar sonido para ampliar el impacto de los relatos. Después, entrenó a otros en estas habilidades para poder reproducir las innovaciones con cada nueva caricatura creando productos tan innovadores y de impacto global en sus días como lo fue el iPhone cuando debutó en 2007.

Toda la fama y elogios que recibió Walt alimentaron su deseo de hacer que cada nuevo episodio de *Mickey Mouse* fuera mejor que el anterior. En consecuencia, cada episodio tomaba más tiempo y era más costoso de producir. Aunque Disney Studios recibía más dinero por *Mickey Mouse* que cualquier caricatura en la Historia hasta ese punto, sus utilidades eran cada vez menores en cada episodio, al punto que, pocos años después de iniciar la serie, los episodios de *Mickey Mouse* comenzaron a tener pérdidas[18]. Dos otras series de caricaturas que no llamaban mucho la atención de Walt, *El Pato Donald* y *Silly Synphonies*, fueron las que mantuvieron rentable a Disney Studios lo suficiente como para expandirse.

Walt y Roy hicieron otra apuesta "jugándose todo" cuando Walt decidió hacer el primer largometraje animado, *Blanca Nieves y los siete enanitos*. Walt trabajó intensamente con sus animadores y editores de historias durante cinco años, escribiendo y reescribiendo, dibujando y volviendo a dibujar la historia de Blanca Nieves. El arduo proceso de crear el primer largometraje de caricaturas requirió más dinero del que cualquier estudio de caricaturas pudiera tener en su flujo de caja. Walt insistió en tener control total de sus ideas, con lo cual era claro que no podía haber inversionistas externos a quienes rendirles cuentas. Roy entendía que su posición en la sociedad ahora consistía en prestar el dinero para hacer posible la historia de Blanca Nieves. Durante los siguientes 30 años, Disney Studios sería financiado con deuda.

Roy tuvo que preparar elaboradas proyecciones que cumplieran con los estándares de bancos lo suficientemente grandes como para que les dieran los millones de dólares que necesitaban (el equivalente a muchas decenas de millones de dólares en la actualidad). Se volvió muy astuto en entender los estados financieros y en proyectar el flujo de caja. También llegó a saber muy bien cuándo llevar a Walt a sus conversaciones con los banqueros para que ellos entendieran su creatividad, pero no se preocuparan por su estilo derrochador.

Blanca Nieves fue considerada por muchos la mejor película jamás hecha y, hasta el día de hoy, siempre aparece entre las mejores. Fue un éxito de taquilla en todo el mundo; nunca nadie había visto algo así. Ni siquiera la primera película de *Guerra de las galaxias* puede compararse

---

18. Walt quitó "Brothers" del nombre de los estudios sin consultarle a Roy cuando *Oswald* llegó a ser un éxito.

con su impacto entre el público, ni mucho menos entre los críticos. Una vez más, Walt y Roy pudieron pagar sus préstamos y seguir con bastante efectivo disponible.

Pero las siguientes tres costosas películas animadas, *Pinocho*, *Fantasía* y *Bambi*, fueron bombas financieras, aunque muchos admiraron sus contribuciones artísticas. Las pérdidas de esas películas consumieron todas las utilidades de *Blanca Nieves*, de las caricaturas y todo el dinero que Roy podía tomar prestado. Roy tuvo que vender bonos públicos a comienzos de los años 1940 basándose en la fama de la marca Disney, una oferta pública de facto solo para terminar las películas en producción. Con el estudio en dificultades financieras, miembros de la junta externos, que representaban a los propietarios de bonos públicos, junto con los banqueros, se rehusaban a prestar un centavo más para hacer otro largometraje animado, castigando así a Walt. No fue despedido —nadie tenía el poder para hacerlo—, pero le advirtieron que no podía avanzar como quería. Es posible que los emprendedores bien cimentados nunca cedan la propiedad, pero si no generan utilidades, no pueden hacer lo que desean, no importa quiénes sean, ni en qué liga jueguen.

Walt Disney y Sam Walton eligieron métodos opuestos para lograr su éxito emprendedor de cimientos firmes. Después de *Oswald*, Walt insistió en impulsar la innovación de vanguardia. Su repetido éxito, cada uno con sus encuentros cercanos con la bancarrota, catapultó a Disney a la cima de las ligas mayores de la industria del entretenimiento. Pero las utilidades de cada avance se usaron para financiar nuevos proyectos, así que, cuando las utilidades de avances pasados se terminaron y no fueron remplazadas con utilidades de otra innovación, Walt tuvo que parar. Todavía controlaba todo y podía involucrarse en cualquier proyecto que llamara su interés en el estudio, pero ya no podía hacer películas como quisiera, ni cuando quisiera.

A Disney Studios le tomó 15 años volver a desarrollar la rentabilidad suficiente como para que Walt tuviera otra oportunidad de intentar otro estilo de entretenimiento que fuera innovador. En esos 15 años, Roy y Walt le vendieron parte del estudio al público para aliviar la presión de sus grandes deudas. Durante ese tiempo, la reputación de Walt se hundió pasando de ser un niño prodigio a un antiguo gran innovador. Pasó a ser menos insistente en tomar todas las decisiones creativas del estudio. Roy tuvo más libertad para administrar el presupuesto y las finanzas, lo cual le ayudó a mantener la concentración en el efectivo y las utilidades. Limitado por el enfoque del estudio en producir películas en formatos ya establecidos, la atención de Walt menguó y la aclamación de los críticos y artistas lo eludían.

Walt necesitaba una gran recarga de liberación creativa para volver a sentirse bien consigo mismo. Como ya no podía sentirse pleno a nivel creativo en su estudio, desarrolló nuevos pasatiempos. Quedó fascinado con los dioramas en miniatura, modelos a media escala de ferrocarriles funcionales, y con mover las figuras como si fueran reales; con el tiempo, sus proyectos crecieron más y más en escala y alcance. Cuando las finanzas en el estudio tuvieron la estabilidad suficiente, Roy hizo arreglos para que Walt recibiera un generoso ingreso de regalías por que el estudio usara su nombre. De inmediato, Walt invirtió este ingreso extra en sus pasatiempos, los cuales crecieron más en alcance hasta ser tan costosos que Walt incluso hipotecó su casa para financiarlos.

Los pasatiempos de Walt le permitieron dominar una nueva serie de habilidades. Era dinámico en la contratación de expertos para que lo ayudaran y le dieran apoyo en la creación de dioramas más elaborados con figurines en movimiento que acompañaban sus modelos a escala de trenes, hecho que afinó sus habilidades al punto de poder visualizar toda una nueva experiencia de entretenimiento, la que llamó "Disneyland". Invitaba más y más personas a su estudio/laboratorio y a todas les gustaban sus ideas y lo animaban a hacerlas realidad.

Con la emoción de Walt por hacer que Disneyland creciera, Roy se dispuso a hacer otra apuesta "jugándose el todo por el todo" para que Disney Studios creara y construyera el parque. Y no lo financió vendiendo acciones —un movimiento que los inversionistas externos de Disney habrían considerado muy arriesgado—. Roy, trabajando de nuevo en coordinación con Walt, logró la financiación obteniendo grandes adelantos de la red de televisión ABC para hacer programas para el popular medio de entretenimiento, algo que ningún otro estudio estuvo dispuesto a ofrecer porque creían que la televisión era una competencia directa con las películas.

Disneyland, como con todos los grandes proyectos vanguardistas de Walt, excedió en gran medida el presupuesto poniendo a Disney Studios de nuevo al borde de la bancarrota. Pero la idea de Walt de producir un tipo de entretenimiento familiar completamente nuevo, anunciado de manera muy oportuna por medio de sus programas de televisión popular durante más de un año antes de abrir el parque, generó un éxito instantáneo. El parque fue tan exitoso, que sus utilidades permitieron que Disney pagara sus préstamos por completo y los resultados lo pusieron en control del destino de su compañía una vez más.

El viaje de Disney se asemeja mucho a los desafíos que enfrentan los emprendedores muy técnicos y muy creativos que insisten en hacer realidad sus visiones personales. A medida que la carrera de emprendimiento de Walt progresó, él desarrolló habilidades de producción y técnicas cada vez más sofisticadas con el fin de que sus productos de entretenimiento compitieran a nivel nacional y luego internacional. El ejemplo de Walt es pertinente para emprendedores que aspiran a crear empresas competitivas a nivel local o regional. Muchas requieren que sus líderes y su fuerza laboral dominen habilidades muy sofisticadas, incluso para competir a nivel local. El programa de ciberseguridad sería un ejemplo extremo de un negocio exigente y competitivo para que algún emprendedor entre a formar parte en cualquier nivel. Desarrollar software de ciberseguridad para grandes bancos requiere de un emprendedor que sepa cómo ensamblar un equipo y que conozca tanto o más acerca de la seguridad de los sistemas de bancos que los hackers más sofisticados del mundo. Estar a la vanguardia de competidores y hackers requiere un ritmo de aprendizaje incansable, lo cual, a su vez, exige grandes habilidades para poder preparar y proporcionarles entrenamiento de clase mundial a personas clave en una empresa de rápido crecimiento, usando tecnologías que evolucionan con rapidez. Un emprendedor que sepa cómo crear una empresa como esa logrará que hasta los bancos más sofisticados del mundo le paguen con gusto mucho dinero por prestarles un servicio en un campo sobre el que ellos no saben funcionar por sí solos.

Un amigo mío, Barry, fundó y dirige una exitosa y autofinanciada firma que gestiona la ciberseguridad de empresas pequeñas a medianas de la Costa Oeste. Barry sabe mucho más de ciberseguridad que sus clientes; fue un estudiante estrella en esa área cuando obtuvo su título en una universidad con un gran programa en seguridad cibernética. Él les vende sus productos y servicios a firmas que no tienen expertos dentro de su personal en esa área. Por tal razón, sus clientes no esperan de Barry, ni de su firma tanto como esperaría un gran banco global. Ellos lo aprecian y lo respetan, así como a su firma, porque sienten que él les da una excelente atención y les proporciona los conocimientos con los que ellos no cuentan de manera directa. Desde que Barry lanzó su firma, poco después de terminar la universidad, ha tenido un crecimiento estable. En el proceso, ha aprendido nuevas habilidades para motivar a su creciente equipo, comercializar más sus servicios y mantenerse actualizado con las últimas técnicas y tecnologías en el campo de la ciberseguridad. *Nadie puede hacer crecer su empresa si no tiene la dedicación para aprender nuevas destrezas.*

Hoy en día, para Barry sería irrealista pedirle a un gran banco global que contratara a su firma para que le proveyera consultoría o soporte en ciberseguridad, pues ni él, ni su firma cuentan con la experiencia para entender las vulnerabilidades de los sistemas bancarios, pero lo importante es la motivación de Barry, su "por qué", ya sea que desee que su firma crezca para ser una gran proveedora de servicios de seguridad cibernética en la Costa Oeste para empresas pequeñas y medianas o si desea invertir sus utilidades para contratar a expertos mundiales en sistemas y hackers de sistemas bancarios. Expandirse en la Costa Oeste requerirá de habilidades adicionales, como de ventas y mercadeo. Dado que estas destrezas están más disponibles en el mercado de talentos, esta es una estrategia de crecimiento menos riesgosa. Pero la motivación personal de Barry podría impulsarlo a lograr un mayor estatus que solo se logra captando un cliente bancario de las "grandes ligas". De Barry depende decidir si quiere ser líder proveyéndoles seguridad solo a firmas de tamaño medio en la Costa Oeste. Los riesgos y desafíos de competir contra compañías de mayor experiencia y mejor financiadas para este tipo de negocio aumentan en gran medida las probabilidades de perder dinero e incluso de fracasar por completo. Como Barry es el propietario del 100% de su compañía, la pérdida sería toda suya. Si tuviera grandes accionistas, entonces las probabilidades serían diferentes; y si no consiguiera clientes de banca después de haber invertido dinero y tiempo considerable en el esfuerzo, se arriesgaría a perderlo todo. En esencia, la posición de Barry es similar a cuando Walt logró que el propietario de un teatro local contratara a su estudio para hacer animaciones sencillas para audiencias locales. Ese no era un mercado lo suficientemente grande, ni un desafío para Walt, pero sí podría serlo para Barry —el tiempo lo dirá.

Como en los deportes, el emprendimiento tiene ligas de graduados. La mayoría de los deportes tiene ligas que se adaptan a cada nivel de habilidad, desde aficionados después del trabajo y ligas de verano, hasta ligas menores profesionales o ligas mayores para los mejores competidores del mundo. Para jugar, debes ser mejor que el peor deportista que juegue en tu posición en esa liga. Aprender un deporte es frustrante en un comienzo. Requiere de práctica tanto para tener el nivel suficiente como para competir en una liga. Algunas personas practican deportes con casi total dedicación a fin de demostrarse a sí mismas que pueden ser *las* mejores en algo, mientras que otras juegan solo por pasar un buen rato.

Lo mismo es cierto con el emprendimiento. Ingresar y aprender los rudimentos del emprendimiento es desafiante para todos. Exige dedicación, práctica y, por lo general, algo de entrenamiento. Casi todos los emprendedores aprenden sus habilidades de negocio mediante prueba y error en el trabajo; la gran mayoría aprende a dirigir y administrar negocios prácticos como un puesto de salchichas o una tienda minorista. Además, tienen la opción elegir competir a nivel local, por ejemplo, vendiendo salchichas en Venice Beach o proporcionándoles seguridad a pequeñas empresas en Los Ángeles. Barry, Jordan y Sam comenzaron compitiendo en lo que en el emprendimiento equivaldría a una liga de barrio para las horas después de la escuela y Sam contó con la ayuda del propietario de una franquicia para comenzar. Una vez establecidos a nivel local, los emprendedores pueden practicar y buscar entrenamiento para afinar sus habilidades, lo cual les permitirá una gran compensación por servirles a los clientes más exigentes y sofisticados en su campo. Algunas personas venden cosas que producen por diversión, convirtiendo sus pasatiempos en emprendimientos que les generan algo de dinero. Pero al igual que en los deportes, *los emprendedores solo triunfan si se sienten satisfechos con su éxito y si compiten en una liga apta para su nivel de destreza y ambición (por ejemplo, motivación).*

¿Qué es una liga de emprendimiento? Las ligas de emprendimiento las determinan competidores que desean darles a tus clientes el mismo producto o servicio que tú les provees. Si diriges un café local, entonces en tu liga está el Starbucks local, así como los otros sitios de venta de café en el vecindario. Esto no incluye a la compañía matriz de Starbucks. En esencia, las ligas se hacen más difíciles a medida que la cantidad de clientes potenciales se expande y que la cantidad de compañías que compite por esos clientes aumenta en escala, alcance y sofisticación. Considera que cada una de las 1.200 clasificaciones de industrias que tiene el gobierno, mencionadas al comienzo del Capítulo 3, son deportes diferentes y cada una tiene ligas que comienzan a nivel local y otras llegan a ser ligas nacionales y multinacionales. Esto es cierto para casi todo tipo de negocios. Incluso puedes competir en las ligas locales de fabricación de autos. Para el año 2103, la Oficina de Censos reportó 249 diferentes compañías de "fabricación de vehículos automóviles y motores livianos" en los Estados Unidos, muchas más del número de fabricantes de marcas reconocidas. Esta lista incluye compañías que producen autos personalizados y vehículos de desempeño especializado como autos de carreras o vehículos eléctricos. No debes competir con Toyota y Ford para entrar en la industria de los automóviles. Elon Musk fundó Tesla en un comienzo para que fuera un fabricante especializado de unas pocas docenas de versiones de un Lotus ya existente completamente eléctrico. Él no entró de inmediato a las grandes ligas de fabricación de automóviles.

Lo anterior nos lleva a entender algo importante: casi cualquier persona con habilidades que satisfagan a algún grupo de personas puede tener éxito como emprendedor local, mientras que ningún emprendedor sin habilidades puede triunfar a nivel nacional o local. Esto conduce a varias deducciones que exponen algunos mitos ampliamente aceptados en cuanto al emprendimiento:

Mito: *Debes revolucionar una industria ya existente.*

Varios emprendedores famosos y adinerados, así como capitalistas de riesgo, han escrito *bestsellers* afirmando que todos los emprendedores deberían apuntarle a la luna o de lo contrario sus esfuerzos no valdrían la pena. Ellos explican que es difícil ser emprendedor, así que no tiene sentido hacer algo pequeño. Algunos han llegado a afirmar que, para tener éxito verdadero, los emprendedores deben ser lo suficientemente innovadores como para alterar toda una industria, de lo contrario, los competidores atrincherados los sacarán del negocio. Ellos dicen que el fracaso es bueno, porque no importa si no das en el blanco; si apuntas alto, entre más ambiciosas sean tus metas, más experiencia adquirirás. Todas estas afirmaciones las hacen personas que ya han tenido gran éxito y que desean asociarse con otras que, en su opinión, van a tener gran éxito. Así que son afirmaciones egocéntricas y engañosas.

Como hemos visto, muchos emprendedores exitosos comenzaron siendo pequeños y fueron creciendo hasta llegar a ser grandes, pero solo después de haber comprobado que podían ganar dinero. Tan solo un puñado de emprendedores de alto riesgo, casi todos ellos con experiencia previa y un conjuntos de habilidades relevantes muy bien desarrolladas, puede persuadir a los inversionistas de riesgo a financiar sus ideas de altas apuestas, las cuales presuponen que los ganadores van por todo, invierten lo más que puedan tan rápido como pueden y crean negocios desde ceros. Estamos hablando de menos del 0,1% de todos los emprendedores. Si dices que todos los emprendedores deberían evitar comenzar poco a poco y más bien competir de inmediato con los competidores globales bien establecidos o bien financiados y ex-perimentados, entonces estás conduciendo corderos al degolladero sin ninguna necesidad e ignorando la Historia y los precedentes que siempre han sido igual de relevantes y cruciales. Cada emprendedor perfilado en este libro comenzó en alguna forma de liga menor de emprendimiento. Así lo hicieron Elon Musk, Mark Zuckerberg y Bill Gates.

Mito: *Las ideas frescas respecto a cómo alterar un mercado surgen de la mentalidad de un principiante.*

Todos los emprendedores deben tener un conjunto mínimo de destrezas para tener la credibilidad necesaria para organizar equipos capaces con las habilidades necesarias. Sin credibilidad, no puedes organizar un equipo que sepa qué anda mal con determinada industria, ni mucho menos con las capacidades para darle una solución. La credibilidad es una muestra de que otras personas pueden confiar en ti como líder y esta viene solo con la experiencia. También viene con el dominio de habilidades que otros perciban como aquello que impulsaría el cambio en las mejores prácticas de la industria. A nadie con bastante experiencia le interesa trabajar con alguien que no tenga proyección de éxito.

Eso no significa que debes tener experiencia directa en un mercado (como haber fabricado o prestado un producto o servicio similar) para tener éxito al ingresar a él o cambiarlo. Una mentalidad diferente, sin las suposiciones ocultas que restringen la operación de casi todos los mercados establecidos, es casi un elemento esencial para la creación de innovaciones valiosas. Los clientes y proveedores de alta frecuencia organizan conglomerados de personas con conocimientos y experiencias considerables en cuanto a cómo se crea valor en las compañías con las que ellos hacen negocios. Estée Lauder fue una emprendedora innovadora porque comprendió los cosméticos desde la perspectiva de un usuario permanente y de un gran vendedor, así como de alguien que había sido capacitada en la formulación y producción de cosméticos. Las mejores innovaciones de Estée fueron en cuanto a cómo vender cosméticos —algo que ella entendía mejor que las tiendas por departamentos a las que les vendía sus productos.

De vez en cuando, se crean empresas innovadoras donde todavía no existen ligas, ni hay suposiciones ocultas en cuanto a cómo debería operar el negocio. Esto es similar al surgimiento de nuevos deportes. A medida que un nuevo deporte surge y llega a ser aceptado por los jugadores y los espectadores, también se desarrollan y evolucionan las habilidades necesarias para sobresalir en este. Las nuevas estrellas del deporte casi siempre son aquellas con los rasgos físicos y mentales que se alinean bien con el deporte y las que también tienen la motivación para entrenar con más diligencia y perspicacia que cualquier otro.

Aunque no había ligas en el software de computadoras personales cuando Bill Gates y Paul Allen comenzaron Microsoft, los dos tenían habilidades considerables en el campo de la programación. Además, ellos dedicaron más de su tiempo que cualquier otra persona para ser los expertos mundiales en el desarrollo de programas para computadoras con memorias pequeñas. Industrias así de emergentes constituyen grandes oportunidades para emprendedores diligentes y motivados para desarrollar conjuntos de habilidades de clase mundial —no muy a menudo surgen nuevas industrias.

Muchas más oportunidades de emprendimiento surgen de los constantes cambios que experimentan todos los negocios en su existencia y del hecho de que ninguna empresa pueda reaccionar a cada cambio de tal manera que logre complacer a todos sus clientes. Todo cambio crea al menos dos oportunidades de nicho. Una, encontrar y captar a los clientes que están insatisfechos con la condición de que algo cambió y ya no quieren el producto o servicio existente y desean que sea modificado: "Quiero un empaque más grande y menos costoso". "Quiero porciones más pequeñas". Atender estas molestias suele ser desafiante, pero estas siempre están presentes y siempre son más. Sam Walton captó este tipo de oportunidades con una habilidad única, así como Estée Lauder.

Dos, las oportunidades siempre surgen para ayudar a las empresas ya existentes a adaptarse al entorno que ha cambiado; quizá, proveyendo un nuevo servicio o un nuevo producto (como un nuevo software). El cambio es difícil para las empresas establecidas. Si puedes ayudarlas a adaptarse más, pero a cambiar menos, entonces les alegrarás mucho la vida. Stephanie hizo esto muy bien; Vidal, también.

Por fortuna para los emprendedores, el casi infinito número de nuevas oportunidades comienza con productos o servicios de nicho. Como resultado, un emprendedor puede desarrollar habilidades, organizar un equipo y confirmar rentabilidad a medida que se desarrolla la demanda del nicho, mientras que los jugadores atrincherados del mercado, por lo general, no lo perciben como una amenaza. Esto pone al emprendedor en posición de ingresar a mercados "adyacentes" cuando la compañía ya es rentable y confiable ante los ojos de los clientes. De nuevo, Sam Walton hizo justo eso y también Jordan Monkarsh.

Mito: *Para competir como emprendedor necesitas tener grandes habilidades de programación.*

La experiencia de Walt Disney es muy diciente. Él comenzó en la industria de la animación produciendo él mismo las animaciones, pero no logró mucho avance, ni notoriedad hasta que Ub Iwerks se hizo cargo de los dibujos y Walt concentró sus esfuerzos en producir y administrar las relaciones con los distribuidores. Las habilidades de animación para Walt son similares a lo que las habilidades de programación significarían hoy en día para un emprendedor de software; es probable que te ayuden a comenzar en una empresa de software y a entender cómo trabajar con otros programadores en negocios como ese, pero no son el elemento determinante para que la empresa surja o fracase. Como vimos con Stephanie, incluso en un negocio que crea y vende software sofisticado, el éxito del emprendedor y de la empresa está no solo en los que escriben el código, sino también en los encargados de entender las necesidades del cliente. Incluso las grandes ligas, ya sea en software o en cualquier otro entorno, no requieren que el emprendedor tenga habilidades de codificación de clase mundial. Las habilidades de programación le dan algo de respaldo a cualquier empresa de escala en la actualidad, pero en sí mismas, no satisfacen a nadie diferente al programador. Los emprendedores les dicen a los programadores qué programar.

Como hemos visto con Walt, Vidal, Jordan y Estée, comenzar en las ligas menores del emprendimiento requiere de muy poco en términos de activos, aunque sin duda no imponen límites a lo exitoso que puedes llegar a ser. Por tal razón, sin importar cuál sea la liga, no hay un conjunto mínimo de activos necesarios que todo emprendedor deba tener para lanzar un negocio exitoso. Ese es el tema que abordaremos en el siguiente capítulo.

CAPÍTULO 8

Cuánto

Los aspirantes a emprendedores siempre me preguntan: "¿Cuánto dinero necesitaré para estar seguro de que mis ideas tendrán éxito?" O "¿Cuánto dinero debería recaudar?". El dinero es, prácticamente, lo último que necesita un emprendedor. Es el relleno. Es lo que necesitas después de juntar todo lo que ya tienes a tu disposición a fin de darle inicio a tu empresa.

Como vimos con William Shockley, el ganador del Premio Nobel por el invento del transistor, si careces de algún aspecto crucial, ninguna gran idea, ni todo el dinero del mundo te harán exitoso; ni siquiera teniendo la mejor idea del siglo XX. Shockley tenía de sobra todo lo que necesitaba, salvo dos cualidades esenciales: habilidades de liderazgo y motivación. Sin ellas, ni el dinero, ni todo el equipo de personas inteligentes y dedicadas que contrató pudieron ayudarlo. Shockley no tenía la motivación necesaria para crear una empresa cuyo enfoque fueran los clientes y no él. No contaba con la capacidad de aceptar ideas que fueran diferentes a las suyas, ni invertía el tiempo y la energía emocional que se requieren para adquirir nuevas destrezas. Cualquier emprendedor que no tenga suficiente de todo lo necesario está en peligro de perderlo todo.

El cuánto depende de la prueba

En cierta medida, debes contar con los siguientes activos para lo que sea que quieras demostrarle al mundo como emprendedor, así como para cambiarlo:

- Una motivación implícita con la fuerza necesaria para tener éxito.
- Una idea que le traiga alegría a un gran grupo de personas.
- Habilidades de liderazgo.
- La atención de un extenso número de clientes potenciales.
- Un equipo de trabajo que domine las habilidades necesarias para generar y comercializar de manera confiable un producto o servicio.
- El tiempo suficiente para hacer que la idea crezca y llegue a generar valor.
- La cantidad suficiente de dinero para convertir la idea en un producto o servicio honesto y que haga felices a muchos.

Para calcular específicamente cuánto necesitas de cada una de estas características, primero, debes entender tus motivaciones.

Cuánta motivación necesitas

Como lo mencionamos en el Capítulo 4, nadie te está obligando a iniciar una empresa. Al convertirte en un emprendedor, eres tú quien estás pidiéndole al mundo que cambie y satisfaga tus necesidades. Pero el mundo se las arreglará muy bien sin ti. Dicho de otra forma, el emprendimiento es, en última instancia, una prueba a la que te sometes tú mismo para satisfacer una motivación implícita. La cantidad y la calidad de los recursos necesarios para pasar la prueba dependen de la prueba a la que sientes que debes someterte.

Para ti y para todo el mundo sería mejor si equilibras la gravedad y el riesgo de la prueba que elijes con la cantidad de emoción, esfuerzo, tiempo y dinero que puedes y estás dispuesto a invertir. Esto equivale a decir que para todos es mejor que elijas competir en la liga emprendedora en la que tienes más posibilidades de triunfar que de fracasar. Si logras un equilibrio racional entre todos esos elementos, invierte según las dimensiones del cambio que te atrae para luego crear el mayor beneficio y desperdiciar menos.

Muchos emprendedores llegan a un equilibrio inapropiado porque no entienden qué intentan probar, ni porqué su deseo de estatus los hace correr riesgos innecesarios. Walt Disney fue mucho más lejos de lo que necesitaba gastar en Kansas para ver si era capaz de comercializar sus habilidades de animación. Sam Walton y Estée Lauder se desafiaron a sí mismos a demostrar sus habilidades de comercialización antes de expandirse más allá de su modesta incursión inicial en el mundo de los negocios.

¿Cuánta motivación necesitamos para demostrarnos que valemos la pena? Algunos investigadores han desarrollado algunas escalas para calcular la fuerza de las motivaciones. Hoy en día, la escala más popular es la "Escala de Grit". Esta mide nuestra dedicación para lograr lo que nos comprometemos a hacer. Dado que, por lo general, nos comprometemos a hacer cosas para satisfacer nuestras motivaciones *explícitas*, la Escala de Grit mide qué tanto se alinean nuestras motivaciones *explícitas* con las implícitas.

La Escala de Grit ofrece valiosa información: es posible aumentar nuestras probabilidades de éxito empresarial haciendo que nuestras motivaciones explícitas sean más consistentes con nuestras motivaciones implícitas. Si logramos alinear las unas con las otras, entonces, nuestras acciones se alinearán mucho más con aquello que necesitamos para sentir que valemos la pena. La diferencia en nuestra capacidad para tener éxito una vez alineamos nuestras motivaciones explícitas con las implícitas se asemeja a la diferencia entre la energía producida por una bombilla de 100 vatios y un láser de 100 vatios. Ambos generan la misma cantidad de luz, pero es posible mirar una bombilla de 100 vatios sin correr ningún peligro, mientras que, al mirar un láser de 100 vatios que dirige su luz hacia un solo punto diminuto, este derretiría un ojo en su órbita.

Por desgracia, la Escala de Grit no ha sido puesta a prueba en relación con determinar un valor mínimo absoluto de motivación necesaria para ser un emprendedor de éxito. En lugar de buscar obtener una medición cuya métrica todavía no hemos encontrado, he descubierto que, para un aspirante a ser emprendedor, es más efectivo evaluar con franqueza qué tan bien se alinean sus motivaciones implícitas con las explícitas y esforzarse por mejorar esa alineación. Si alguien que aspira a ser emprendedor durante un tiempo busca mejorar de manera sostenida su alineación motivacional, entonces esa persona tiene la motivación para tener éxito. Sencillo.

Hay dos maneras de mejorar la alineación entre nuestras motivaciones explícitas con las implícitas. Primero, por medio de la consciencia propia, nuestras motivaciones pueden llegar a ser más enfocadas y a tener más impacto. Si comprendemos de manera puntual cuáles son nuestras motivaciones implícitas, sabremos enfocar aquellas acciones a corto plazo que controlan nuestras motivaciones explícitas. Por ejemplo, tengo un fuerte deseo de sentir que soy necesario, pero no me di cuenta de ello sino hasta cuando tenía más de 30 años. Hasta ese momento, había sido un líder mediocre porque mi comportamiento siempre procuraba demostrarles a los demás que debían hacerme partícipe de todas las actividades que me llamaran la atención. Si no me sentía incluido, me volvía crítico despreciando todo lo que hacia la persona o el grupo con el que quería estar alineado. No me había percatado de esto, ni tampoco la gente que me rodeaba. Solo me consideraban alguien malhumorado y difícil. Yo pensaba que había nacido con esos rasgos y no me daba cuenta de que esos eran síntomas de mi motivación, características que mitigaría mediante entrenamiento. Cuando descubrí el origen de estos extraños cambios de humor y de esas acciones contraproducentes, pude encauzar mi motivación para que mis acciones contribuyeran, en lugar de obstaculizar, al trabajo de mis colegas.

Segundo, podemos utilizar técnicas tales como la reevaluación cognitiva para mitigar nuestros miedos irracionales o las fobias que son un obstáculo para lograr nuestra motivación implícita. Muchos de nuestros temores están arraigados en el desarrollo evolutivo por el cual somos demasiado conscientes de las cosas que quizá nos causan daño; es así como tomamos medidas para asegurarnos de evitarlas. Pero ya no necesitamos la mayoría de esos temores para sobrevivir. La ansiedad social y el miedo a hablar en público son comunes, pero hay otros temores que también tienden desalentar los deseos de emprendimiento que, de por sí, son muy egoístas. Programas como Toastmasters suelen ayudar a quienes participan en ellos a controlar su miedo de hablar en público o el temor a la humillación pública. Así mismo, las terapias cognitivas que prescriben los sicólogos también contribuyen a mitigar un temor social a grupos y a extraños. En la actualidad, es posible mitigar muchos temores por medio de rutinas cognitivas con el fin de que estos no impidan que un aspirante a emprendedor haga lo que quiera y deba hacer.

Ser un emprendedor bien motivado tiene mucho en común con ser un maestro Zen. Los monjes budistas y los maestros Zen meditan en una misma posición durante muchas horas, superando lo que para nosotros generaría mucho dolor. Por medio de un tiempo de meditación, ellos demuestran la fuerza de su motivación para conseguir ser los señores de su mente. Nadie nace con la motivación para ser un maestro Zen. Hay que desarrollarla y la mayoría de las personas espera a hacerlo ya muy tarde en la vida. Como emprendedor, tú debes tener una fuerte motivación para alcanzar el éxito y necesitas desarrollarla y moldearla aplicando la autoconsciencia al punto de desarrollar la capacidad de soportar grandes dificultades. El emprendimiento exige una dedicación casi religiosa para renunciar a casi todos los placeres mundanos con el fin de dominar las desafiantes habilidades adicionales necesarias para alcanzar tus verdaderos deseos y ambiciones egoístas.

Las habilidades de autoconsciencia, en particular, la atención, juegan un papel crucial en cuanto a descubrir aquellas motivaciones implícitas ocultas, determinar los deseos o temores y alinear las motivaciones explícitas. Un gran entrenador en atención o un terapeuta experto te guiarán hacia cómo llevar tus habilidades de autoconciencia al nivel necesario para alinear tus acciones con tus motivaciones implícitas.

El bombo mediático actual alienta a muchos aspirantes a emprendedores a que procuren "dispararle a la luna usando el dinero de otros para llegar a ella". De manera errónea, esta amonestación indica que se necesitan disparos a la luna y grandes cantidades de dinero para satisfacer las motivaciones implícitas. Pero no es así. Soñar con tener fama y fortuna es una motivación explícita, no implícita. Y las motivaciones explícitas mal alineadas, en especial las que están relacionadas con fama y fortuna, tienden a llevar a los emprendedores desprevenidos a correr grandes riesgos que no coincidan con las razones por las que ellos sentían la necesidad de ser emprendedores en un comienzo. Como resultado, son más los que fracasan que los que son consistentes con las dimensiones de los desafíos que enfrentan. Por esta razón, debes esforzarte por entender bien tus verdaderas motivaciones implícitas, por controlar las motivaciones explícitas y los miedos irracionales que te distraen y por definir tus metas acorde a ello. Si tienes la determinación para esforzarte en alinear tus motivaciones, entonces, lo más probable es que tendrás suficiente valor para triunfar como emprendedor... si logras juntar todos los demás activos que necesitas.

Cuánto necesitas de una idea

Cuánto necesitas de una idea es en realidad el reflejo de cuánta motivación egocéntrica tienes y de lo que se requiere para saciarla. Lo único que necesitas es una idea que, *con el tiempo,* haga felices a suficientes personas como para que estén dispuestas a pagarte el dinero suficiente como para que te sientas satisfecho con el resultado. En otras palabras, tu idea debe ser lo suficientemente buena como para que logres demostrar lo que quieres demostrarte a ti mismo.

Si tu mente y tu cuerpo vibran ante la intensa necesidad de demostrarle a tu padre multimillonario que tú también tienes lo que se rquiere para ser tan exitoso como él, entonces, vas a tener que contar con una idea que haga felices a grandes cantidades de personas que tengan mucho dinero. Si eres Jordan Monkarsh, necesitas una idea para crear un negocio que, por lo menos, les sirva a tantos clientes como lo hace la carnicería de su padre.

La fuerza y el valor de una idea no deben medirse en términos monetarios. Si eres Josephine Mentzer Lauter, más conocida como Estée Lauder, entonces, tu idea debe ser tan grande, no solo para generar una enorme riqueza, sino también para atraer a prestigiosos amigos y tener los bienes raíces que te darán aceptación entre la alta sociedad. Para Lauder, vender cremas de belleza no habría sido satisfactorio si solo hubiera hecho una fortuna con ello. Lo que ella en verdad necesitaba era que su negocio la llevara a ser aceptada en una clase social más alta, algo que el dinero por sí solo no puede comprar.

En tu caso, medirás la fuerza de tu idea al realizar experimentos rápidos y de bajo costo, los cuales suelen ser denominados productos mínimos viables, PMV (por su sigla en inglés) o prototipos. Un prototipo te permite poner a prueba la receptividad del cliente ante lo que deseas vender —dicho de otro modo, estás probando cuánta felicidad genera lo que ofreces—. Con una inversión casi nula, Estée Lauder se las ingenió para vender las cremas de belleza de su tío en salones de belleza y evaluar qué se necesitaba para que un cliente se las comprara. Tras realizar experimentos durante muchos años con miles de clientes, se hizo evidente el hecho de que Estée estaba motivada para triunfar.

Además, después de más de una década poniéndose a prueba, Estée también llegó a comprender que debía crear su propia marca y venderla ampliamente para que su idea tuviera el tamaño suficiente para satisfacer sus ambiciones.

Cuánta capacidad de liderazgo necesitas

Es esencial contar con habilidades de liderazgo —no lograrás mucho trabajando solo. Sin ellas, no hay éxito. Punto—. El nivel que debes alcanzar al ponerlas en práctica depende de la cantidad de personas que necesitas que te ayuden y de cuánto estrés se espera que ellas soporten.

Cuando Steve Jobs fundó Apple, a la edad de 22 años, era un visionario, pero no un líder. Al igual que muchos otros empresarios de éxito, él también encontró socios que le aportaron a Apple el nivel de habilidades de liderazgo que a él le hacían falta. Jobs contrató a Mark Markkula para que fuera el presidente de la junta directiva y a Mark Scott para que fuera el director ejecutivo de Apple, y a los dos les permitió hacerse cargo de todas las tareas relacionadas con el trato con las personas mientras él se concentraba en el desarrollo de sus productos. Por fortuna, Markkula y Scott tenían las habilidades de liderazgo necesarias para que Apple creciera más rápido que cualquier compañía en la Historia.

Los emprendedores que desean crear una empresa de rápido crecimiento necesitan contar con habilidades de liderazgo magistrales desde el comienzo, ya que no contarán con el tiempo suficiente para desarrollarlas durante la marcha porque sus empresas estarán en un constante estado de flujo a medida que vayan creciendo.

En contraste, Vidal, como muchos emprendedores exitosos de crecimiento lento, adquirió sus habilidades de liderazgo en el trabajo, desarrollándolas a medida que la empresa crecía. Pero incluso los emprendedores que crecen a ritmo lento las necesitan, así sean rudimentarias, solo para contratar a las personas indicadas y asegurarse de que sean productivas. Además, es crucial que comiencen a estudiar sobre ellas tan pronto como formen su empresa.

El liderazgo es una habilidad, no un rasgo —no tiene nada que ver con el carisma—. El liderazgo se mide según la tensión tanto acumulativa como máxima que los seguidores están dispuestos a soportar para respaldar a su líder a fin de hacer realidad su visión. Algunos están dispuestos a soportar el máximo estrés —incluso la muerte— por apoyar a su líder; por fortuna, los líderes emprendedores nunca harán esa exigencia (a menos que lideren un cártel de drogas u otra empresa ilegal).

Algunos líderes usan motivadores extrínsecos —por ejemplo, el dinero— para hacer que sus seguidores hagan lo que ellos necesitan y quieren. Otros, en especial los líderes emprendedores, usan una mezcla de las habilidades que le atribuimos a Sam Walton en el capítulo "Cómo". Según lo dicho en ese capítulo, Sam adquirió muchas de sus destrezas de liderazgo precisamente liderando equipos deportivos bajo la orientación de buenos entrenadores y dirigiendo organizaciones estudiantiles. Durante toda su vida, los empleados de Walmart siempre estuvieron dispuestos a hacer todo lo que "don Sam" pidiera.

Por su parte, Walt tuvo que experimentar con el liderazgo, algo que no había hecho antes mientras estaba en la escuela, ni tampoco cuando trabajó en la Cruz Roja de Francia, ni cuando contrató personal para sus Estudios Laugh-O-Gram. Ese emprendimiento no duró mucho tiempo, ya que nadie estuvo dispuesto a trabajar para él cuando el dinero se acabó, pero esa fue una experiencia muy valiosa. Walt había logrado atraer a personas mayores que él para que trabajaran para él, teniendo tan solo 20 años de edad, y para ello debía, como mínimo, entender las motivaciones explícitas de sus empleados. Sus habilidades fueron suficientes para atraer a Ub Iwerks (cuando Walt le ofreció pagarle el salario que él exigía) y lograr que él quisiera mudarse a California junto con muchos otros animadores y artistas talentosos. Walt se convenció de crear una visión para su compañía en la que, quienes lo acompañaran, sintieran que se les permitiría sobresalir en sus trabajos. Los animadores que trabajaron con Walt en *Blanca Nieves* estaban convencidos de que esa obra fue el punto más alto de sus carreras. Walt estaba abierto a las ideas de todos y, a su vez, ellos sentían que estaban abriendo nuevos caminos casi cada semana. Walt —y Roy— permitieron que todos ellos experimentaran con nuevas ideas acerca de cómo describir emociones en dibujos que se movían en la pantalla sin escatimar gastos.

Pero Walt era considerado tiránico siempre que estaba bajo presión o cuando percibía que las cosas no estaban funcionando como él había visualizado. Casi todos los animadores de *Oswald* se rebelaron cuando tuvieron la oportunidad. Más tarde, incluso Ub Iwerks dejó a Walt cuando vio que Walt ya no les prestaba atención a sus aportes. Incluso, los animadores de Disney se fueron a huelga después de *Blanca Nieves*, porque Walt se rehusó a escuchar sus problemas.

La visión de Walt atrajo a grandes artistas con el deseo de trabajar con él y él era muy bueno haciendo realidad grandes cambios para así implementar sus ideas. Pero la conciencia que Walt tenía de sí mismo nunca se desarrolló al punto de tener una preocupación desinteresada en su equipo de trabajo. Roy mitigó algunos de los problemas de liderazgo de Walt con los empleados que no eran artistas y trabajaban para Disney, pero después de la huelga, Walt nunca volvió a recuperar la relación laboral abierta y productiva que había tenido con sus animadores durante la producción de *Blanca Nieves* —ni tampoco le interesó hacerlo—. Walt no fue un gran líder, pero tenía suficientes habilidades de liderazgo como para atraer a los mejores talentos hacia la visión que él tenía sobre las nuevas formas de entretenimiento. Fue apenas lo suficiente como para hacer sus descubrimientos, pero no tanto como para mantener de manera constante la creatividad que aspiraba a inspirar.

Encontrarás muchas medidas y evaluaciones diferentes de liderazgo, pero la mayoría no es muy buena. La mejor medida y evaluación provendrá de pedirles a aquellos que admiras y en quienes confías que te ayuden a liderar a otros. Muchos de los que se encuentran en posiciones de poder no quieren otros líderes en sus áreas de influencia. Si estuviera vivo, no querrías pedirle a Walt Disney que te ayudara a aprender cómo liderar a artistas creativos, pero es muy probable que Roy sí te echaría una mano. Este paradigma también suele aplicarse a los padres. Algunos no están conscientes de los planes que tienen para sus hijos y, de manera inconsciente, les responden con predisposición, dependiendo de si quieren o no ver cómo ellos echan a andar sus propios planes.

Incluso con ayuda, la habilidad de liderazgo siempre se reducirá a la práctica y al desarrollo de destrezas. Las oportunidades para practicar liderazgo abundan. Es tan simple como organizar un evento de diversión grupal. Si no estás dispuesto a alcanzar a personas que no conoces y ayudarlas a hacer algo que ellas no lograrían sin tu colaboración, entonces debes esperar hacer la mayor parte del trabajo tú mismo o hacerlo con otros de una manera descoordinada y desmotivada. Y, en consecuencia, los resultados de tu negocio serán mediocres y decepcionantes.

Cuánta atención necesitas

No venderás nada si no captas la atención de tus consumidores potenciales. Todos los empresarios de éxito necesitan consumidores potenciales que se fijen en su producto o servicio por tanto tiempo suficiente como para determinar si este los hace felices o no. Si el emprendedor le ofrece al comprador un producto o servicio que haga su vida mucho mejor, entonces, este último tomará las acciones necesarias para pagar el dinero que el primero le solicita a cambio.

Si estás buscando vender deliciosas salchichas, tiene sentido alquilar un puesto en Venice Beach para captar la atención de los transeúntes —solo durante el tiempo suficiente para hacer que fluyan sus jugos gástricos—. Los gritos de Jordan eran el enfoque perfecto para lograr que los hombres pasaran por su puesto de salchichas y decirles: "Oye, guapo, ¿quieres impresionar a tú novia?". En Venice Beach, muchas docenas de lugares compiten por la atención de los clientes —sin sus gritos, Jordan no hubiera construido su negocio tan rápido como lo hizo.

Pero debes hacer más que solo concientizar a la gente de que tu producto existe. Jordan solo tenía que mostrarles una salchicha bien provocativa a sus potenciales consumidores, quienes decidían si probarla o no. Por otro lado, si planeas comercializar un software que automatiza la contabilidad para empresas de gestión de activos, llevar clientes a una decisión de compra te tomará semanas o incluso meses de trabajo. Primero, debes responder directamente a las preguntas y preocupaciones de todos los "influyentes" dentro de cada firma y de quienes van a usar o a tener acceso al software. Luego, necesitas captar toda la atención del director ejecutivo de la firma y de otros empleados clave en múltiples reuniones para hacerlos sentir felices sabiendo que, si invierten el dinero de la compañía en tu software, este les ayudará en sus carreras, enriquecerá su vida o ambas cosas. Es más, esas reuniones deberían darse sin distracciones que pudieran generan sentimientos de infelicidad que, por accidente, pudieran asociarse con el producto (tuve un cliente potencial con quién debía reunirme el 9/11 para que se suscribiera a los servicios de la compañía que yo había fundado. Por supuesto, nuestra reunión fue cancelada, pero la traumática asociación con el hecho de no habernos podido reunir nunca se disipó lo suficiente como para nunca lograr engancharlo). En otras palabras, necesitas captar toda la atención de muchas personas durante el tiempo suficiente como para implantar en ellas la sensación de que tu producto de verdad simplificará un complejo proceso a un precio accesible.

Como lo describe la parte inicial del libro, Sam Walton hizo un excelente trabajo captando la atención de los consumidores potenciales al ofrecerles productos a precios muy bajos desde un comienzo. Estée Lauder fue pionera regalando muestras de productos de belleza muy bien presentados para así atraer la atención sobre ellos. Hoy, es un requisito ofrecer una versión gratuita básica de una aplicación o producto de software en internet para procurar captar la atención de los posibles clientes. Sin duda, esta práctica ahora es tan común que la mayoría de las muestras gratuitas de productos o servicios suele ser ignorada, a menos que estés obsequiando algo con un valor significativo tangible.

Casi siempre, los emprendedores fallan en planear cómo captar la atención del cliente para darse a ellos mismos una posibilidad de éxito. La matemática es sencilla y la investigación que necesitas tener a mano no es tan difícil de conseguir:

A. ¿Cuánto tiempo necesita alguien que no sabe nada sobre tu producto o servicio para enamorarse de él lo suficiente como para estar dispuesto a darte a cambio el dinero que pides por él?

B. ¿Cuántos consumidores dispuestos a enamorarse de tu producto o servicio necesitas para obtener utilidades?

C. ¿Cuántos consumidores potenciales necesitas para captar la atención y encontrar suficientes clientes que de verdad se enamoren de tu producto y te den el dinero que les pides a cambio[19]?

Multiplica A por C (donde C es mucho, mucho más grande que B) y lo más probable es que encontrarás que necesitas miles de horas de la atención de un cliente para tener probabilidad de éxito.

19. Si el cliente es una empresa, entonces debes contar con todos los que hacen parte de ella y que tengan la influencia suficiente para determinar la decisión de compra.

Por lo general, los emprendedores bien financiados contratan ejecutivos de mercadeo con la experiencia suficiente para captar la atención de sus potenciales consumidores. Sin embargo, ni siquiera los más experimentados pueden reducir la cantidad de atención necesaria para que un consumidor potencial interiorice lo que siente respecto a tu producto, pues la cantidad de tiempo necesaria la dicta qué tan complejo y qué

tan visceral e inspirador sea lo que tengas para ofrecer. Por esta razón, los ejecutivos con amplio conocimiento en el campo del mercadeo se asegurarán de que crees la experiencia más positiva posible cuando estés frente a tus posibles clientes. También determinarán cómo hacer para llegarles a los consumidores con mayor potencial al menor costo y se asegurarán de que no desperdicies ni un segundo de tu valioso tiempo frente a un consumidor. Sin embargo, hay un mínimo requerido de atención del consumidor para que interiorice las emociones positivas necesarias para captar tu producto o servicio.

Cuánto de un equipo necesitas

Sam Walton construyó su equipo añadiendo una persona a la vez. Su primera contratación oficial cuando empezó de nuevo en Bentonville fue un chico que abasteciera los estantes. Para cuando abrió su segunda tienda, necesitó encontrar un gerente que administrara la primera. Después, contrató a un experimentado y exitoso gerente de tiendas para que dirigiera Fayetteville mientras él se concentraba en dirigir Bentonville, ordenando productos de Ben Franklin y encontrando buenos precios con otros proveedores para atraer más y más clientes a sus tiendas. Poco a poco, fue construyendo su constelación inicial de tiendas rentables sobre franquicias Ben Franklin usando las mediciones y los procesos más simples implementados por los gerentes de las tiendas más exitosas.

Después de 12 años, cuando Sam abrió su primer Walmart, seguía usando el mismo proceso básico —la única diferencia era que tenía más ayudantes—. Pero cinco años y seis Walmart después, Sam comenzó a sentir que las cosas se le saldrían de control si no instalaba un proceso más sofisticado para administrar sus tiendas. Fue entonces cuando comprendió que necesitaba un equipo mucho más grande y trajo a Ron Mayer, a quien conoció en un taller de IBM, para que se encargara de cómo hacer para usar las computadoras de tal modo que controlaran las operaciones de las tiendas de ventas al por menor. Ron era un joven director financiero de otro distribuidor minorista de la época. También contrató a Bob Thornton, alguien de quien sabía que había sobresalido en la gestión del centro de distribución de una gran cadena minorista nacional. Después, dejó que Ron y Bob lo entrenaran con respecto a cómo controlar a Walmart para que siguiera creciendo.

Sus recomendaciones incluyeron traer personal adicional, iniciar procesos más sofisticados y, en determinado momento, crear un centro de distribución y un sistema de computación centralizado.

Asumir que tú tienes las destrezas de liderazgo para inspirar a un equipo y para que todos sus miembros trabajen juntos de manera productiva o quizá contratar a alguien que trabaje para ti como director ejecutivo y que tenga esa habilidad (como Steve Jobs hizo con Mark Scott) hará que el éxito de la empresa dependa de la *evolución* de un equipo cuyas habilidades sean cada vez más sofisticadas. Evolucionar y mejorar las habilidades de un equipo —en especial, de un equipo de una nueva empresa que siempre está en marcha— es una meta muy desafiante. Esta evolución se desarrolla en cuatro etapas distintas:

Etapa Uno. El equipo debe contar con las habilidades necesarias para desarrollar un producto o servicio que los clientes deseen mucho. Necesitas personas creativas, que hagan de todo y que sepan cómo resolver cualquier situación para determinar cómo desarrollar y configurar un producto que haga a los clientes lo más felices posible para que te paguen tanto dinero como sea posible. En algunas empresas, una persona puede generar toda esta organización, como en el caso de Vidal, Jordan y Sam (con la ayuda de Ben Franklin); sin embargo, otras veces, se requiere de un equipo con habilidades creativas u otras destrezas específicas, como en el emprendimiento de Stephanie y su colega, Steve. Él, siendo un creativo ingeniero en computación, con muchas habilidades y enfocado en resolver cualquier problema, fue el cofundador ideal en esa etapa.

Etapa Dos. Cuando los clientes comienzan a comprar el producto, el equipo debe crecer y alcanzar el tamaño y las habilidades necesarios para 1) entregar el producto de forma confiable, 2) venderles a más y más clientes, 3) asegurarse de que los clientes estén felices, y 4) asegurarse de que la compañía opere como es debido (pagando salarios, llevando la contabilidad de ingresos y egresos, haciendo la documentación regulatoria, manteniendo limpio el espacio, etc.). Realizar estas cuatro tareas, diferentes entre sí, pero todas igual de importantes, requiere de diversas habilidades que aquellas usadas para el desarrollo inicial del producto. Tú y tu equipo deben determinar cómo hacer que esas cuatro tareas sean rutinarias; de lo contrario, no será posible entregar de manera confiable ni el producto, ni gran parte de la experiencia del cliente a un número cada vez mayor de ellos, ni podrás asegurarte de que el efectivo esté en el banco cuando lo necesites. Esto quiere decir que toda nueva empresa en esta segunda etapa necesita colaboradores que tengan habilidades para el diseño de procesos. Incluso Sam, que comenzó apoyándose en unos elementales formularios de pedido de Ben Franklin, tuvo que desarrollar sus propios procesos simples (recuerda sus bloques de papeles clavados en una cartelera y luego los cubículos organizadores en su oficina) para operar con efectividad y cerciorarse de que todo estuviera bien ordenado y que no se le pasara nada por alto. Estas rutinas le permitieron seguir pasando la mayoría de su tiempo frente a los clientes, asegurándose de que ellos estuvieran contentos con sus tiendas y su servicio. A medida que fue abriendo más tiendas y delegando a sus experimentados gerentes de tienda gran parte del manejo del inventario y de los formularios de los pedidos, en cierto modo, esos procesos se fueron volviendo cada vez más sofisticados. Así, Sam pudo dedicar más de su tiempo a visitar las tiendas para conocer clientes y asociados de ventas que supieran lo que sus clientes deseaban.

Los emprendedores, en especial, aquellos que inventan nuevos productos y servicios sofisticados, no pueden mantener todo en un proceso tan simple como Sam, y a menudo, tienen problemas en esta etapa. Stephanie tuvo problemas con su colega Steve en esta etapa porque él no era tan receptivo a las solicitudes de mejoramiento de su software como sus clientes esperaban y esto generaba clientes insatisfechos. Steve no quería delegar ninguna de sus tareas de desarrollo favoritas, incluso cuando los clientes estaban a la espera de una nueva característica. Stephanie pudo haberse conformado con dirigir una pequeña compañía de software, prácticamente, cediéndole el mercado que había desarrollado a cualquiera que supiera cómo establecer un proceso de desarrollo de software más efectivo que el de Steve. Muchos emprendedores en su posición aceptan las limitaciones de sus compañeros. Algunos, también llegan a terminar la relación en este punto, pero no logran obtener el mismo nivel de compromiso y experiencia con su nuevos socios, empeorando así la situación. Como describimos en el capítulo "Cómo", con la ayuda y respaldo de su junta directiva, Stephanie manejó el problema de una manera muy efectiva, haciendo que la solución funcionara para todos.

Etapa Tres. Pero los competidores siempre van tras casi cualquier negocio exitoso y el equipo necesita evolucionar y expandirse de nuevo lo suficiente como para establecer los procesos y sistemas necesarios para que la compañía tenga la capacidad de desarrollarse, ser productiva y flexible para competir con eficacia y crecer. La ambición de Sam por expandirse, junto con su habilidad para competir con Kmart y Target, se vieron limitadas, en última instancia, por su idea de utilizar los cubículos organizadores en su oficina para determinar qué órdenes hacer. Sin embargo, Sam comprendió que necesitaba contar con el tipo de experiencia que le ayudara a desarrollar los procesos que Walmart necesitaba para crecer y competir. Así que trajo a la compañía ejecutivos de tiendas con experiencia en dirigir centros de distribución y sistemas de computadoras y ellos desarrollaron procesos tan buenos o mejores que los de cualquier otra cadena de tiendas de la época logrando así que Walmart se expandiera más rápido que cualquier cadena de tiendas en la Historia.

Sin embargo, el potencial de conflicto entre los miembros del equipo aumenta en esta etapa porque quienes están muy bien capacitados y han sido contratados por la compañía para que dirijan y mejoren las operaciones presentes, las ventas, el servicio al cliente y/o la gestión financiera quieren contratar a su propia gente. Quizá, necesitan crear miniculturas dentro de sus departamentos para asegurarse de que sus procesos se realicen al más alto nivel de desempeño. Esto haría que el actual equipo pudiera no tener las habilidades de sus nuevos compañeros y podría no ser sensible a sus necesidades —y que los nuevos compañeros de equipo pudieran no ser sensibles a las necesidades del equipo en función—. Solo un liderazgo audaz prevendrá las divisiones entre los miembros actuales de equipo y aquellos recién contratados con muy altas calificaciones.

Esta transición a la tercera etapa fue muy desafiante para Sam. Los gerentes de sus tiendas sintieron que estaban siendo degradados de cargo porque varias de las decisiones que antes podían tomar, ahora las tomaría la oficina central. Sam pasó gran parte de su tiempo facilitando el entendimiento entre estos dos grupos y, al final, su franqueza, su clara descripción de la necesidad de nuevos sistemas y procesos, y su incansable enfoque en resolver los problemas planteados por los gerentes de las tiendas —y por los gerentes en la oficina central— permitieron que Walmart se convirtiera en la cadena de tiendas más eficiente del planeta.

Esta es la etapa de transición donde algunos empresarios son despedidos por sus vicedirectores y remplazados por gerentes profesionales que ya han tenido éxito en hacer un trabajo de transición similar. Además, muchos emprendedores bien cimentados tratan de contratar nuevos expertos, pero ellos mismos se sienten incómodos con lo que perciben como una pérdida de control ante personal más conocedor de ciertas áreas que ellos mismos. Así que fallan al no procurar formar equipos capaces de sobrellevar esta transición permitiendo así que sus compañías se estanquen y terminen siendo superadas por sus competidores.

Etapa Cuatro. El equipo debe continuar evolucionando incluso después de que la compañía llegue a ser muy competitiva y escalable, porque las empresas deben innovarse con el fin de volverse verdaderamente autosostenibles. Toda compañía necesita estar en capacidad de hacer más que remplazar a los clientes que pierde por esas fuerzas externas que están fuera de su control. Esta etapa final en la evolución de una empresa requiere de un sofisticado equipo que se sienta cómodo corriendo riesgos al mismo tiempo que mantiene el enfoque en brindar un producto con la más alta calidad y rentabilidad posible. Sin embargo, el equipo que se siente responsable de hacer que la compañía tenga éxito y sea competitiva con sus clientes originales podría sentirse amenazado por miembros del equipo que trabajan para desarrollar productos muy diferentes, haciendo que surja de nuevo la necesidad de recurrir a las habilidades de liderazgo del emprendedor.

Asegurarse de que los jugadores clave del equipo tengan las habilidades correctas y el nivel necesario de esas habilidades, y que todos en el equipo estén motivados a poner en práctica esas habilidades en armonía con los demás es tal vez el desafío más grande de todo emprendedor —sin importar el tamaño de la compañía.

Los desafíos de construir y liderar a un equipo capaz y productivo durante cada una de estas cuatro etapas son los mismos tanto para emprendedores de cimientos firmes como para los de alto riesgo, pero las consecuencias de no tener las habilidades necesarias, así como los colaboradores indicados trabajando productiva y armoniosamente como equipo, son mayores para los emprendedores de alto riesgo. Esto se debe a que ellos invierten tiempo y esfuerzo para acelerar el crecimiento con equipos más grandes y experimentados —donde la experiencia es una medida alternativa para el nivel de dominio de una habilidad específica—. Además, invierten mucho más en sistemas —los equipos y software que usan para automatizar los procesos— que los emprendedores bien cimentados. Por lo tanto, los errores en la formación del equipo son más costosos y desmoralizantes cuando se trata de emprendimientos de alto riesgo y por esto se requiere de mejores habilidades de liderazgo para mitigarlos. Los emprendedores de alto riesgo respaldados por capital de riesgo serán despedidos ante errores como esos. En las empresas de alto riesgo hay demasiado dinero siendo utilizado con tanta rapidez como para que valga la pena entrenar a los fundadores en cómo ser líderes más confiables y habilidosos.

Los emprendedores bien cimentados deben, o vivir con los errores cometidos al formar el equipo, o tratar de resolverlos. Muchos viven con sus errores y aceptan como resultado el estancamiento y la baja productividad. Otros toman la iniciativa de aprender de los errores y deciden buscar e invertir en asesores y entrenadores capacitados para ayudarlos a reconstruir su equipo y revitalizar el crecimiento.

Tiempo versus dinero

La pregunta "¿cuánto tiempo?" en realidad significa dos preguntas: "¿Cuánto tiempo necesito?" y "¿Cuánto tiempo tengo?". Por lo tanto, debemos asegurarnos de entender que estas dos preguntas relacionadas con "¿cuánto tiempo?" no signifiquen "¿cuánto tiempo tomará entrar en el negocio?". El hecho es que todas estas preguntas son sobre "¿cuánto tiempo tomará ser consistentemente rentable?".

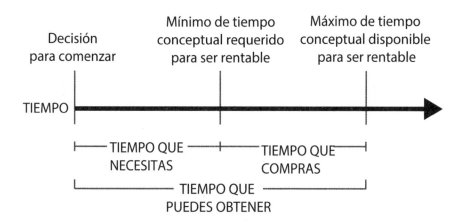

Toda empresa necesita cierta cantidad de tiempo para establecerse y desarrollar su producto o servicio; luego, necesita tiempo suficiente para adquirir un mínimo de clientes lo suficientemente contentos como para que compren el producto de modo que el negocio sea rentable. Algunas empresas logran establecerse y lanzar su producto o servicio y alcanzar rentabilidad en poco tiempo. Dry Bar es una empresa contemporánea que empezó como un servicio de secado a domicilio. Sus gastos eran básicos y tan bajos que fue rentable casi de inmediato, desde mucho antes de que sus fundadores decidieran abrirla. Lo mismo ocurrió con 1-800-Autopsy: fue rentable casi de manera instantánea porque Vidal tuvo un cliente inicial grande y tenía la opción de hacer sus autopsias en las instalaciones de Veteran Administration.

No obstante, la mayoría de las empresas necesita un tiempo considerable para desarrollarse antes de volverse rentable. A las de servicios médicos les toma tiempo obtener aprobaciones regulatorias, mientras que a otras empresas les toma tiempo conseguir una cantidad de usuarios suficiente para atraer publicidad o alcanzar grandes capacidades de manufactura para competir.

Además, es difícil predecir cuánto tiempo tomará completar ciertas tareas, en especial, cuando se está haciendo algo por primera vez. Asimismo, factores externos impredecibles entran en juego; la expansión de mi empresa se vio retrasada por los eventos de 9/11. Así que, por lo general, todos los emprendedores necesitan más tiempo del que creen y les cuesta dinero.

El dinero puede acelerar o refrenar el paso del tiempo del emprendimiento —el tiempo que este tarda en alcanzar rentabilidad—. Ocurre así:

El dinero puede reducir el tiempo estimado para alcanzar los objetivos primordiales de flujo monetario. El dinero acelera el tiempo de emprendimiento eliminando restricciones. Te permite conseguir más personas, más publicidad, más espacio, más ubicaciones y más de todo lo que esté disponible llevándote así a donde necesitas estar en menos tiempo. Por tal razón, tener más dinero es una ventaja competitiva para las empresas que necesitan crecer más rápido que la competencia con tal de sobrevivir.

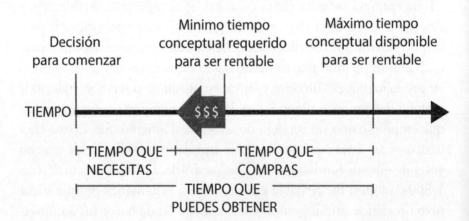

El dinero puede darte tiempo para alcanzar rentabilidad. Tener más dinero significa que una empresa tendrá más posibilidades de sobrevivir durante más tiempo antes de alcanzar rentabilidad. Por tal razón, el dinero es una ventaja competitiva en los negocios que necesitan una cantidad de tiempo significativa para establecerse.

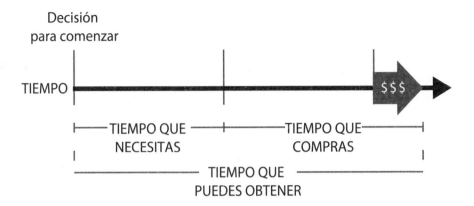

El dinero también puede comprar tiempo de emprendimiento de dos maneras indirectas:

Casi siempre, puede comprar los recursos y las habilidades necesarias. El dinero te ayuda a conseguir gente con habilidades o los contactos que necesitas para competir. En lugar de tomarte el tiempo para desarrollar una nueva habilidad, tienes los recursos para contratar las personas mejor cualificadas que necesitas o involucrarlas bajo la figura de consultores.

No obstante, en ocasiones, la habilidad o el contacto que necesitas son tan especializados que ninguna cantidad de dinero alcanzará para comprarlos. En los primeros días de una nueva tecnología, pocas personas la entenderán a la perfección, ni sabrán cómo trabajar con ella. Si tu equipo carece de una habilidad crucial y nadie que tenga dicha habilidad quiere integrarse al equipo o trabajar contigo, entonces, debes idear un plan para que alguien de tu equipo la adquiera. Este es uno de los pocos casos donde el dinero no puede comprar tiempo.

El dinero también puede mitigar la fatalidad asociada con diferentes tipos de errores en el emprendimiento. Además, incrementa el tiempo disponible para revertir errores.

El tiempo y el dinero están muy entrelazados para todos los emprendedores, pero de diferentes maneras, dependiendo de si tu empresa es de cimientos fuertes o de alto riesgo. Los emprendedores de cimientos fuertes y los de alto riesgo perciben el tiempo y el dinero de forma distinta:

Los emprendedores de cimientos firmes toman decisiones para reducir el riesgo de pérdidas personales —tales como dinero, estatus y relaciones—. Los emprendedores de cimientos firmes opinan que es fácil desperdiciar tanto el dinero como el tiempo. Por tal razón, ellos prefieren tomar acciones que les ayuden a minimizar las probabilidades de perder cualquiera de estos dos recursos.

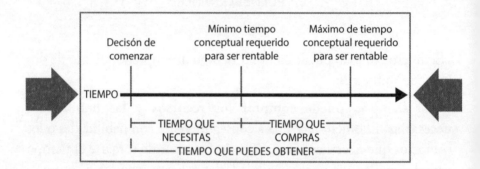

Los emprendedores de alto riesgo basan sus decisiones según la máxima ganancia personal —dinero, estatus y redes—. Los emprendedores de alto riesgo creen que el dinero multiplica los resultados potenciales y que es posible comprar tanto tiempo como sea necesario.

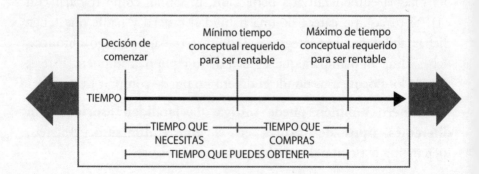

Si estás en una carrera, compitiendo por alcanzar cierto tamaño o desarrollar una red, entonces tu tiempo está determinado por factores externos asociados con qué tan rápido se pueden construir fábricas o redes. Es en estos casos cuando debes usar el dinero para acelerar el tiempo.

Cuánto tiempo suele depender solo de la paciencia del emprendedor. Dado que muchos emprendedores nunca tuvieron una verdadera motivación para hacer felices a muchos y pedir dinero a cambio, con el tiempo, perdieron la motivación de ser emprendedores y desistieron de sus esfuerzos incluso teniendo dinero en el banco para continuar.

Cuánto dinero necesitas

El dinero es el último recurso en la lista de los que necesitas. Estarás listo para decidir cuánto dinero necesitas solo después de entender cuánto del resto de los recursos esperas conseguir, cuánto tiempo se necesita y cuánto tiempo tienes ya. En muchos casos, cuando ya has pensado en cómo organizar de la mejor manera los otros prerrequisitos, no necesitarás mucho dinero.

El dinero sí importa a la hora de emprender, pero no tanto como uno pensaría. Vidal Herrera comenzó casi con nada, al igual que Stephanie DiMarco y Estée Lauder. Sam Walton pidió prestado solo el dinero necesario para comprar un negocio en bancarrota, y como la historia de William Shockley lo ilustra muy bien, ninguna cantidad de dinero, ni de todos los demás recursos serán suficientes si no estás lo suficientemente motivado para tener éxito.

El dinero es rara vez un tema crucial y suele ser más bien una distracción. Cuando eres un líder competente y altamente motivado con un equipo que se esfuerza para entregar un producto o servicio confiable, encontrarás el dinero. De hecho, cuando ya hayas demostrado de qué manera tú y tu equipo harán a mucha gente feliz, el dinero te encontrará con frecuencia —lo cual, también podría causar problemas.

En teoría, solo necesitas suficiente dinero para desarrollar un prototipo funcional del producto o servicio, encontrar tu primer cliente y luego entregar el producto o servicio a cambio del dinero suficiente que te permita entregarle el mismo producto o servicio al próximo cliente. Más allá de lo que necesites gastar para construir el producto físico o entregar el servicio, siempre incurrirás en gastos adicionales, pero estos no tienen que ser muy altos. Para comenzar, no necesitas un lugar de trabajo lujoso. Stephanie DiMarco comenzó en una pequeña oficina rentada (como yo). Michael Dell ensamblaba computadoras en su habitación de la universidad hasta que ahorró suficiente dinero para alquilar un espacio más grande. Vidal Herrera trabajó como contratista para VA y usó sus herramientas para comenzar su negocio. Jordan tuvo que alquilar un puesto de comida en Venice Beach. Organizar superficies de trabajo con puertas sobre caballetes o con muebles usados es económico. En resumen, comenzar negocios que en sí sean rentables se puede hacer de manera frugal.

Sí, necesitas suficiente dinero para establecer tu producto o servicio. Stephanie tuvo que comprar computadoras y software de redes para que su socio Steve tuviera el equipo y los sistemas necesarios para desarrollar su sofisticado programa contable. También tuvo que financiar casi dos años del salario de Steve. Jordan Monkarsh necesitó dinero para comprar equipos para hacer salchichas.

Muchas empresas de la Era Digital siguen usando el mismo modelo de desarrollar y ofrecer un producto que de inmediato haga feliz al consumidor y sea rentable para la empresa en poco tiempo. 37signals y MailChimp son dos reconocidas empresas que usan este modelo[20]. Jason Fried, el fundador de 37signals, desarrolló herramientas de productividad tan buenas para su consultora en internet que sus clientes pedían usarlas. Él cobraba por ese uso y a los clientes les gustó tanto el software que ellos mismos difundieron el producto. En poco tiempo, Jason hizo tanto dinero por la venta de su software que decidió cerrar su consultora. Ben Chestnut y Dan Kurzius tomaron una ruta similar después de ser despedidos de sus trabajos como diseñadores web para empresas. Para seguir ganando dinero, les ofrecieron servicios de diseño web a sus clientes. Las herramientas de correo electrónico que desarrollaron les funcionaban tan bien que se corrió la voz. Siete años después de haber iniciado su empresa, cerraron la consultora web para concentrarse ex-

---

20. 37signals cambió de nombre a Basecamp gracias al producto más exitoso de la compañía.

clusivamente en el negocio de MailChimp, el cual es lucrativo hasta el día de hoy. Muchas otras empresas famosas de la Era Digital han sido lucrativas de inmediato por diseño: GoPro, GitHub, Zoho y la mayoría de las empresas en la lista anual de la revista *Inc.* sobre las 5.000 empresas de crecimiento más rápido.

La mayoría de los empresarios exitosos y casi todos los emprendedores bien cimentados elijen empezar negocios que son inherentemente lucrativos. Piensa en el significado de "lucrar" como "cada venta trae consigo dinero más que suficiente para construir y entregar la siguiente". Cada emprendedor que hemos presentado en este libro eligió un negocio, ya sea de software, computadoras, comercio minorista, alimentos, banca de inversión, entretenimiento u otro, en el que esperaban obtener rentabilidad lo más rápido posible. Todos sentían que podían proveerles tanta satisfacción a sus clientes desde un comienzo que a cambio recibirían más que suficiente dinero para pagarles a sus empleados, alimentar a sus familias y crecer. La mayoría de estos emprendedores invirtió de manera cautelosa y fue conservadora en sus contrataciones (siendo Walt Disney una excepción antes de asociarse con Roy). Ellos planearon sus negocios según el dinero que tenían disponible en lugar de planificar su empresa y luego conseguir el dinero. Todos, incluyendo Walt Disney, eligieron no seguir la ruta de alto riesgo.

Algunos negocios llegarán a ser rentables solo después de muchos años de inversión. Las medicinas, los dispositivos médicos y las empresas que desarrollan redes físicas o digitales requieren de bastante inversión y de años de pérdidas antes de llegar a ser rentables. Están entre las empresas más arriesgadas, pero si lo logran, a menudo terminan con pocos competidores. Son excelentes negocios para emprendedores de alto riesgo.

Cuántos errores podrías resistir

Como casi todos los emprendedores aprenden sus habilidades de liderazgo en el trabajo, los errores son inevitables. Los miembros clave del equipo también suelen cometer errores cuando se les pide realizar bajo presión una tarea mal definida.

Como los errores se reconocen solo después de que aparecen sus inesperadas y desafortunadas consecuencias, repararlos suele requerir grandes sumas de dinero y tiempo y esta pérdida tiende a terminar siendo una gran desventaja competitiva que podría durar mucho tiempo. Algunos errores suelen ser fatales, pero en la mayoría se puede sobrevivir.

Como vimos en el Capítulo 6, el error de Sam Walton al no tener la opción de renovar el alquiler para la tienda en bancarrota fue casi fatal. Por fortuna, había ahorrado las utilidades que había obtenido al administrar su tienda con la intención de algún día abrir otra. Un emprendedor en una situación similar, que no hubiese ahorrado las ganancias para hacer crecer su negocio y cubrir sus errores, habría disfrutado de un mejor nivel de vida por un par de años, pero después, hubiera terminado perdiéndolo todo.

Es por eso que los emprendedores inteligentes guardan sus ganancias para resarcir futuros errores. Así que, piensa en cuál sería el peor escenario posible que podría enfrentar tu empresa una vez esté establecida y guarda suficiente de tus ganancias para tener la capacidad financiera de darle solución a ese error o para comenzar de cero.

Cuán cretino debes ser

Hay un mito común que dice que "para cambiar, algo debes romper algo". Con frecuencia, escucho en el mundo del emprendimiento, en especial, en el de alto riesgo, que para tener éxito debes ser un cretino. No lo creas. Muchos emprendedores son empáticos y amables.

Algunos se comportan como cretinos para compensar su incapacidad de liderar el cambio. Como lo mencionamos, para tener éxito, un emprendedor debe ser apto para liderar a muchos otros con el fin de que cambien y que lo hagan rápido. Esa es una habilidad difícil de dominar. Sin duda, los mamíferos, en especial los machos dominantes, han evolucionado para reaccionar con emociones fuertes e ira a fin de lograr que otros en su clan hagan lo que ellos quieren. En estas circuns-tancias, el miedo suele funcionar. Cuanto menos hábil seas para liderar el cambio, más cretino debes ser para lograr que los demás cambien con rapidez y se acomoden a tus necesidades. Walt Disney se comportaba como un cretino con cierta frecuencia y sus colaboradores se estresaban cuando lo tenían cerca. Lo soportaban porque sentían que él podía ayudarlos a ser artistas de animación o directores exitosos; algunos tenían razón al respecto. Sin embargo, no todos los emprendedores tienen personalidades agresivas y dominantes. Sam y Stephanie no las tenían, tampoco Jordan, ni Vidal; todos ellos se enfocaron en crear y arreglar cosas en vez de romperlas.

En síntesis, los emprendedores necesitan un conjunto de recursos para tener éxito en la liga de emprendedores en la cual pretenden competir. Un emprendedor también puede hacer una diferencia en el sitio donde comienza, pero no de la forma que la mayoría piensa. Exploremos el impacto de la ubicación en el próximo capítulo.

CAPÍTULO 9

Dónde

Silicon Valley no está nada cerca de ser el lugar de mayor emprendimiento en el planeta. Uganda y Perú son mucho más emprendedores, pues allí más del 70% de la población en edades entre los 18 y 65 años dirige su propio negocio, aunque sea pequeño. Debido a la falta de empleos disponibles en empresas ya establecidas, con el fin de sobrevivir, en esos países los habitantes se ven obligados a ingresar al campo del emprendimiento. En general, este surge cuando los empleos son escasos o donde las vacantes disminuyen. Esta relación inversa entre empleos disponibles y emprendimiento se da en todas partes, tanto en países desarrollados como en vía de desarrollo. Y tiene mucho sentido, ya que muchas personas, cualquiera que sea su localización geográfica, prefieren tener un empleo seguro en una empresa ya establecida que enfrentarse al estrés de comenzar una nueva empresa y ser sus propios jefes.

Incluso en Estados Unidos, Silicon Valley tampoco está cerca de ser el lugar de mayor emprendimiento. Es en Miami, Florida, donde encontramos la mayor densidad de emprendedores, con una tasa de emprendimiento del 50% más que en Silicon Valley. Como Miami es un gran centro turístico y la puerta de entrada al Caribe y a América Latina, las oportunidades de emprendimiento, grandes y pequeñas, abundan. Es posible que allí las nuevas empresas no crezcan tan rápido como lo hacen las firmas de Silicon Valley con respaldo de capital de riesgo, pero lo que sí es claro es que los habitantes de Miami son emprendedores. Y en cuanto a cantidad de emprendedores absolutos, la gran área metropolitana de Nueva York ocupa el primer lugar. Eso no es sorpresa —esta ciudad atrae un flujo constante de emigrantes de todos los trasfondos y de todo el mundo que llegan allá en busca de una mejor vida.

Silicon Valley ni siquiera es el principal lugar para crear una compañía de rápido crecimiento. Ese honor lo ostenta Washington D.C. ¿Por qué? Porque los partidos políticos necesitan mucha ayuda para organizar sus mensajes. El gobierno de los Estados Unidos siempre está necesitando nuevos consultores, contratistas e investigaciones que respalden sus iniciativas en salud, educación y defensa. Si estás enterado de lo que sucede en el gobierno y en la política, y estás dispuesto a establecer un taller en esa ciudad, entonces estás en buena posición para crear una empresa que crezca con rapidez y rentabilidad.

Sin embargo, Silicon Valley es el mejor lugar del mundo para iniciar un emprendimiento de alto riesgo respaldado con capitales de riesgo. Pero, como hemos visto, es muy poco probable que triunfes en grande en Silicon Valley.

Aunque estas estadísticas parecen interesantes, en realidad resultan siendo irrelevantes para cualquiera. Después de todo, el emprendimiento consiste en ser diferente. Así que el sitio donde deberías iniciar tu empresa termina siendo un asunto muy íntimo que requiere de un análisis personal y no de estadísticas. De hecho, este tema se resume en una pregunta de dos partes: ¿Dónde es mejor prepararse para ser un emprendedor? ¿Dónde es mejor comenzar tu propia empresa?

Un buen sitio para comenzar a buscar las habilidades, el apoyo y los mentores que necesitas es justo donde vives.

Dónde hay muchos mentores

Estée Lauder, la compañía, fue tanto una reacción como el resultado de la vida y los eventos que Estée Lauder, la persona, experimentó durante su niñez. Como con Jordan y otros millones de emprendedores, la identidad de emprendimiento suele aflorar y moldearse al interior de la familia extendida. Estée encontró lo que quería hacer (y lo que no) trabajando con sus tías y tíos, pues aunque solo tenía educación secundaria, fue de su tía que aprendió a vender y con su tío obtuvo un conocimiento profundo de la química de la piel y de las cremas más aptas para esta. Además, al trabajar en la tienda vio lo que significa hacer parte de una sociedad de estrato más alto. Y, como ya hemos visto, fue un insulto personal lo que la motivó a tomar control de su vida.

En síntesis, podría decirse que la Estella "antes de Estée" tuvo la suerte de tener familiares que le enseñaron habilidades esenciales y le abrieron los ojos a las posibilidades que ella tenía más allá de su vecindario. Pero ese no es el punto, pues Estella veía la oportunidad dondequiera que estaba y con quienquiera que se encontrara. Es más, percibía la oportunidad siempre que se presentaba. Estella se formó a sí misma; el mundo no la formó.

Entonces ¿dónde te preparas para ser un emprendedor? *Te preparas donde trabajes con gente muy bien calificada que sobresalga en algún campo que sea de tu interés y que te deje practicar tus habilidades en un entorno innovador que acepte el cambio.* Esto es cierto, así seas un emprendedor bien cimentado o uno de alto riesgo.

Aprender a ser un emprendedor siempre comienza con las oportunidades que te rodean donde sea que estés. Y si no te gustan las oportunidades que encuentras cerca de ti, existe la opción de hacer lo que hacen millones de soñadores: buscar en otra parte.

Dónde surgen los desafíos

Ken Marlin les dio la noticia a sus padres y quedaron petrificados: dejaría la universidad a menos de un año de haberla comenzado. Había obtenido buenas calificaciones, pero el trabajo no era la respuesta a su pregunta más profunda: "¿Quién soy?". Fue por eso que decidió buscar la respuesta a esa pregunta enlistándose en el Cuerpo de Marines de los Estados Unidos. Ken prefirió enfrentar los desafíos de ser un marino y le encantaron; sobresalió en todo y, como resultado, fue invitado a inscribirse en el entrenamiento de oficiales. Allí, aprendió a liderar a otros bajo condiciones estresantes, a diferenciar una estrategia real de un pensamiento ilusorio y a hacer juicios bien fundados que tuvieran un impacto directo en el éxito de una misión. Siempre que Ken fue promovido, el Cuerpo de Marines le hizo la oferta de expandir su nivel de educación, lo cual le permitió terminar sus estudios universitarios y en la escuela de negocios a lo largo de su carrera militar.

Sintiendo que al fin había llegado a conocerse a sí mismo después de 10 años, dejó las fuerzas militares. Los ex oficiales del Cuerpo de Marines con entrenamiento en combate y títulos en negocios suelen tener muchas ofertas de trabajo en las empresas, en especial, cuando todavía son jóvenes, como en el caso de Ken. Fue así como, entre varias ofertas interesantes, él eligió la que más le atraía a nivel personal: ser miembro de un pequeño grupo encargado de asistir al director financiero de Dun and Bradstreet (D&B) supervisando los proyectos que él consideraba como los más esenciales para el éxito de la compañía.

Cuando Ken ingresó a Dun and Bradstreet, esta era una antigua y venerada firma que estaba enfrentando una gran restructuración —razón de peso por la cual Ken aceptó el trabajo—. Él sabía que todos los días aprendería nuevas habilidades. Una gran parte de la restructuración implicaba que D&B comprara otras compañías que, a los ojos del director ejecutivo, les permitiría extender sus conocimientos en recolección de datos hacia nuevos negocios. Al principio, Ken solo le daba soporte al director financiero haciéndoles seguimiento a los elementos de acción que se requerían para hacer realidad los acuerdos. Poco después, comenzó a anticipar cuáles eran las necesidades del director financiero y del director ejecutivo e iniciaba las acciones pertinentes y a veces hasta terminaba ciertas tareas incluso desde antes que le fueran asignadas. En un lapso de tres años, el director ejecutivo permitió que Ken dirigiera los aspectos más importantes de las transacciones. En ocasiones, trabajaba con los banqueros de inversiones y en otras organizaba acuerdos con ellos. También contribuía a desarrollar estrategias como parte del proceso de decidir qué acuerdos buscar. Y además, muchas de las adquisiciones en las que él trabajó eran de alcance internacional.

Hacer acuerdos, desarrollar estrategias y asegurarse de que se ejecutaran como se esperaba fue lo más emocionante que había hecho hasta el momento. Pero después de 10 años, el enfoque de D&B comenzó a alejarse de las adquisiciones y el director ejecutivo le ofreció la presidencia de una de las divisiones de D&B. Sin embargo, Ken rechazó la oferta, pues sentía que ya estaba listo para ser el director ejecutivo de su propia compañía y en lugar de aceptar el ascenso prefirió aceptar un puesto dirigiendo la división independiente y de rápido crecimiento de una firma suiza de tecnología de información financiera con base en los Estados Unidos.

Después de varios meses en el cargo, tiempo suficiente para habituarse y tener una clara percepción de la gente con la que ahora trabajaba, Ken descubrió que su definición de una división "independiente" difería mucho de la de los propietarios suizos. Siendo un marine entrenado, Kevin no renunció, sino que planeó una estrategia para inducir a los suizos a que le vendieran una parte de la división en los Estados Unidos —una parte que, al parecer, no les interesaba mucho—. Como a Ken le gustaba estructurar y financiar acuerdos, se propuso encontrar socios financieros en Wall Street dispuestos a respaldarlo y fue así como la compañía suiza con gusto le permitió comprar su activo no estratégico.

Aunque Ken tenía gran experiencia trabajando con banqueros de inversión en Wall Street en cuanto a la organización de tratos para comprar y vender compañías, esta era su primera experiencia trabajando con capitalistas de riesgo, firmas de capital privado y otros "patrocinadores financieros". Entonces, para hacer despegar su compañía, gustoso aceptó dinero de un fondo que un amigo cercano le recomendó. Ken estaba feliz y orgulloso de haber logrado un trato que lo hizo el líder indiscutible de su propia compañía, pero al organizar la financiación, había aceptado dinero de extraños sin investigar mucho quiénes eran, ni sus metas financieras, ni la cultura de aquella firma de inversiones. Fue solo tras haber completado la compra que Ken descubrió que sus nuevos socios financieros en realidad no estaban dispuestos a respaldar sus agresivos planes para hacer crecer la empresa —preferían crecer lentamente—. Según Ken, un crecimiento lento conduciría al fracaso y ese resultado no era compatible con su filosofía.

Así las cosas, las relaciones con sus socios financieros no tardaron en volverse tensas. Su entrenamiento de marine entró de nuevo en juego, dado que él elegía de manera consciente cuáles batallas libraría con los inversionistas de su junta directiva y cuáles no. En lugar de ver las circunstancias como una asignación a largo plazo para hacer que su compañía fuera grande, rentable y dominante en su mercado, Ken se concentró en hacer que fuera más valiosa para poder venderla. Tres años después de comprar la empresa, se la vendió a otra firma grande de tecnología financiera por casi tres veces lo que le había costado. Sus socios obtuvieron buenas ganancias con el trato y también Ken, pero él no ganó lo suficiente como para jubilarse de inmediato; fuera de eso, ser su propio jefe no resultó ser la experiencia que él esperaba que fuera.

Ken comprendió que fue ingenuo. No había hecho la tarea respecto a sus socios financieros antes de recibir el dinero. Tampoco entendió lo suficientemente bien las minucias de la forma en la que los patrocinadores financieros estructuran sus inversiones para obtener el control. Así que, después de que su contrato de trabajo con la firma adquiriente terminó, decidió volverse asesor financiero. Con su experiencia haciendo dinero para financistas, y habiendo participado en docenas de acuerdos, Ken no tuvo problemas para encontrar un pequeño banco de inversiones dispuesto a ofrecerle una alianza. Pero Ken recibió su oferta poco antes del colapso de las empresas puntocom en 2001, después de lo cual, todos los tratos se congelaron.

Leemos mucho sobre todo el dinero que se gana en la banca de inversión. En realidad, los banqueros de inversión devengan salarios bajos y ganan mucho dinero con grandes bonificaciones, pero solo si ellos personalmente inician grandes transacciones. Si no hay tratos, los banqueros de inversión se mueren de hambre.

Tras pocos meses de la caída de las empresas puntocom, y sin clientes potenciales a la vista para poder ganar grandes comisiones, Ken tomó el asunto en sus manos y lanzó su propia firma de banca de inversión. La mayoría de sus colegas pensó que estaba loco. En Wall Street, la sabiduría convencional dice que iniciar una firma de banca de inversión requiere de una gran cantidad de dinero, pues se supone que los bancos de inversión necesitan oficinas suntuosas, con mobiliario atractivo, costosas obras de arte y un ejército de analistas entrenados en las mejores universidades para así impresionar a los potenciales clientes. Todo esto sin mencionar los cientos de relaciones personales que se necesitan con los directores ejecutivos de grandes compañías para poder estar "en el juego".

Pero Ken no buscaba crear un banco de inversiones tradicional. Conociendo algunos directores ejecutivos ajenos a la industria de la informática, decidió enfocarse en ellos. Ningún otro banquero de inversiones se concentraba solo en esa industria porque era considerada un mercado demasiado pequeño. Y en contraste con las prácticas estándar de la banca de inversión, Ken rentó una sola oficina de una firma de abogados en Nueva York que acababa de despedir a varios de sus abogados y no necesitaba el espacio, sino el ingreso extra. De allí donde Ken organizó su empresa con tres colegas junior que estaban dispuestos a trabajar solo por comisión (¡sin salario!). Los cuatro dedicaban su tiempo a hacer llamadas para encontrar directores ejecutivos que quisieran reunirse con un banquero de inversiones que les dijera dónde encontrar inversionistas o compradores. Cuando un potencial cliente deseaba una reunión, ellos lo visitaban en su oficina o se reunían en un restaurante.

Ken calculaba que tenía lo que necesitaba para sobrevivir dos años sin hacer ningún trato. También proyectó que, dentro de ese plazo, muchas empresas de informática, para poder sobrevivir, tendrían que encontrar inversionistas o empresas más grandes que las compraran. Entonces, lo que él debía hacer era permanecer en contacto cercano con los directores ejecutivos que conocía, y quizás con otros que pudiera conocer, a fin de fusionar algunos tratos. Sin embargo, no sucedió así. Durante los siguientes tres años, Ken logró hacer solo cuatro tratos pequeños y sus honorarios ni siquiera cubrían la renta, ni los gastos. Pero ser un marine significaba que era disciplinado, así que se ciñó a un presupuesto estricto y era frugal en el uso del dinero. Por fortuna, su esposa, pues se había casado hacía poco tiempo, respaldaba sus esfuerzos y estuvo dispuesta a hacer sacrificios. Para poder pintar su pequeña casa, Jacqui devolvió sus regalos de bodas. Comiendo pasta a la hora de la cena casi todos los días, Ken y Jacqui vieron que lograrían sobrevivir un año más.

Las cenas con pasta terminaron en el año 2005, cuando Ken comenzó a generar un flujo constante de negocios. Los directores ejecutivos que había cultivado durante la recesión se convencieron de que él sabía más sobre los negocios de informática que cualquier otro experto, así que se convirtió en el consultor a quien ellos acudían para que les ayudara a organizar sus ideas. Yo fui uno de ellos.

En 1999, fundé iSuppli para vender información y servicios que les permitirían a las empresas del mercado de electrónicos ser más eficientes en el manejo de sus cadenas de abastecimiento. Durante los primeros nueve años, no tuvimos necesidad de capital externo, ni de banqueros de inversión que nos ayudaran con las pocas y pequeñas adquisiciones que hicimos en ese tiempo. Pero en 2009, sí se hizo necesario contar con ayuda para comprar unas empresas adicionales que tenían información patentada y que complementarían la información que ya habíamos desarrollado respecto al mundo de la tecnología. Así que, a finales del año 2009, recomendé incondicionalmente a Ken ante la junta directiva de iSuppli para que nos ayudara a recaudar fondos, hecho que, en realidad, no resultó ser lo que esperábamos. En lugar de comprar otras compañías, terminamos recibiendo una oferta de compra de la nuestra, la cual era demasiado buena como para rechazarla.

Ken nos ayudó a obtener un trato que terminó siendo una leyenda en nuestro entorno y que también atrajo más clientes y tratos para él.

En la actualidad, Marlin and Associates es uno de los bancos de inversión más influyente y lucrativo en Wall Street y experto en la actividad de fusiones y adquisiciones, especializado en tres áreas.

Aunque el negocio es lucrativo, Ken sigue siendo prudente en su economía, todavía no tiene costosas obras de arte en las paredes de su oficina, ni grandes cuentas ni hace gastos desmedidos de ninguna clase. En el fondo, Ken Marlin sigue siendo un marine.

Contrario a la opinión popular, las grandes organizaciones como el Cuerpo de Marines sí pueden entrenar emprendedores. Las Fuerzas Armadas le enseñaron mucho a Ken Marlin, incluyendo cómo concentrarse en objetivos claros, desarrollar experiencia práctica, liderar y motivar a otros, operar con pocos recursos y administrar con disciplina, así como muchas otras destrezas directamente aplicables a liderar una nueva empresa. De hecho, países tales como China e Israel consideran el fomentar aspiraciones de emprendimiento entre sus reclutas como un objetivo estratégico para sus Fuerzas Armadas.

Muchas organizaciones grandes entrenan emprendedores de forma inadvertida. Complacer a un superior de gran jerarquía, en medio de una cultura donde la iniciativa es reconocida y galardonada, es similar a complacer clientes, en especial, en un negocio de servicio como la banca de inversiones.

Sin embargo, no todas las grandes organizaciones preparan futuros emprendedores. Aprender habilidades de administración en una cultura estrictamente organizada despierta instintos que obstaculizan el éxito emprendedor. Y aunque es innegable que las organizaciones muy estrictas son muy buenas enseñando las habilidades e instintos necesarios para eliminar el riesgo, los emprendedores no pueden darse el lujo de eliminar el riesgo *por completo*, pues, si bien es cierto que lo reducen mediante prototipos y experimentación, intentar algo nuevo y diferente siempre conlleva *algo* de riesgo. Las organizaciones con estrictos regímenes enseñan a su personal a no tolerar el riesgo, impidiendo así el desarrollo de conjuntos de habilidades de liderazgo para el emprendimiento. La lección clara para los aspirantes a ser emprendedores es: *adquiere tus habilidades de liderazgo en medio de una cultura que acepte el cambio y tenga éxito innovando.*

Dónde aprender de tecnología

Al igual que "emprendedor", "tecnología" es otro término muy cargado que necesita ser definido. La mayoría de la gente imagina que la tecnología requiere de la manipulación de electrones y átomos para hacer que los seres humanos sean más y más omnipotentes —lo cual sí suele ser el caso en algunas ocasiones—. Otros ven la tecnología en términos más amplios, como algo producido bajo la supervisión de ingenieros y científicos. Y para otros, la tecnología es una fuerza universal que le inyecta progreso a lo que los seres humanos podemos hacer.

Para los aspirantes a emprendedores, así como para quienes ya lo son, la tecnología se define de manera más útil como un sinónimo de innovación —una nueva acción, un producto o información que sean más útiles u objetivos para determinado grupo de usuarios, puesto que les ofrece una mejor manera de hacer lo que hacen.

Mi abuela y mi padre son muy buenos ejemplos de dónde los emprendedores pueden aprender a apalancar las tecnologías para usarlas a su favor. Mi abuela materna fue una mujer británica que no tomaba a la ligera ni a los tontos, ni a las pequeñas incomodidades. Para ella, muchos de sus maestros en el internado británico para señoritas eran unos tontos; por tal razón, huyó de allí y se abrió camino para llegar a Hollywood, donde esperaba llegar a ser una actriz en el novedoso campo del cine. Mi abuela nunca llegó a ser más que una extra en Hollywood, algo que era irritante para ella, pero no tanto como los atuendos que debía usar. Odiaba tener que llevarlos puestos, en particular, porque casi siempre debía ajustarse los senos —los directores de Hollywood de la época querían hacer que las mujeres jóvenes que actuaban en las películas se vieran atractivas usando trajes de corte bajo—. Las mujeres con los senos ajustados debajo de sus trajes o vestidos de baile eran consideradas demasiado atractivas en la pantalla, entonces, antes de ponerse sus trajes, las actrices debían apretarse con cinta sus pechos. Para mi abuela esa era una práctica bárbara, así que hizo algo para erradicarla —inventó el sujetador sin espalda.

ᴐ que hacer varios intentos para lograr que todas las fuerzas en , se equilibraran en un diseño que fuera cómodo y "confiable". ᴜnque nunca terminó la secundaria, su diseño fue un gran ejemplo de inᵤᴢniería mecánica usando telas suaves. En su siguiente papel como extra atractiva, usó el sujetador sin espalda que acababa de inventar. El atuendo causó sensación y todas las otras aspirantes al estrellato que estaban en el estudio de grabación querían uno. Esa fue una perfecta demostración de tecnología e innovación en funcionamiento. Inundada de solicitudes, mi abuela creó su propia empresa para hacer su "Brasier Maxwell" (Maxwell era su apellido de soltera). Con el tiempo, le vendió su empresa a Maidenform.

En esencia, la historia de mi abuela es la misma de Sara Blakely, la inventora de Spanx, y de otros innumerables emprendedores que se atrevieron a experimentar con materiales, herramientas y técnicas ya existentes para crear productos que fueran útiles para la gente. Es también la historia de Stephanie DiMarco, quien usó una nueva herramienta —las computadoras— para eliminar el tedio y la inconsistencia de la contabilidad de gestión de activos. Jugar con materiales y herramientas existentes para resolver un problema real para un grupo que conoces bien es emprendimiento tecnológico en su esencia más clásica.

Mi padre sirve como el ejemplo más típico de un emprendedor usando nuevas tecnologías. Él creció en la región del Báltico, lo que en ese entonces era Rusia y luego llegó a ser Polonia. Siendo un buen estudiante, fue admitido en Berlín Technical University que, en ese entonces, era la mejor escuela técnica del mundo. Durante una asignación de laboratorio dedicada a un nuevo fenómeno que involucraba la transformación de luz en electricidad, por accidente, mi padre quemó el diminuto dispositivo fotoeléctrico con el que estaba experimentando. En aquellos días, los estudiantes debían pagar todo lo que averiaran, así que mi padre se vio obligado a aportar dos meses de su subsidio mensual para poder seguir tomando las clases. Y en definitiva, el impase le significó tener que sobrevivir el resto del año escolar comiendo avena.

Él siempre dijo que había llegado a la conclusión de que un dispositivo pequeño que fuera así de valioso debía ser un buen negocio, así que decidió aprender lo que más pudo sobre tecnología. Algunos años después, salió de Alemania, poco antes de la *Noche de los cristales rotos,* y se abrió camino para llegar a Nueva York. Llegó por Ellis Island con la típica valija y unos pocos dólares. Como a nadie le interesaba contratar a un ingeniero eléctrico entrenado en Alemania que ni sabía hablar inglés, aceptó un empleo que le dio un familiar lejano, cargando llantas en camiones.

Tras aprender inglés y tener varios trabajos poco satisfactorios, mi padre respondió a un anuncio de periódico donde buscaban a un ingeniero que entendiera el efecto fotoeléctrico — justo lo que él había estudiado—. Se postuló, obtuvo el empleo y, pocos días después, abordó un tren rumbo a Los Ángeles para asumir su nuevo cargo. Al llegar, después de un viaje de cinco días cruzando el país, en la estación del tren le informaron que la compañía había entrado en bancarrota. Incluso en ese entonces, las compañías de alta tecnología tenían una alta tasa de mortalidad. La compañía había desarrollado una máquina para el revelado rápido de películas fotográficas, pero a las compañías de cine, los mayores consumidores de películas fotográficas en ese momento, no les molestaba hacerlo a la antigua y no querían desperdiciar tiempo aprendiendo una nueva tecnología. Hasta la fecha, la apatía de los usuarios con respecto a los beneficios de la tecnología sigue siendo una de las principales razones por las cuales tantas empresas de tecnología fracasan.

Sin embargo, la bancarrota constituyó una oportunidad única. Mi padre hizo equipo con los gerentes de ventas y operaciones de la difunta empresa y valiéndose de sus habilidades técnicas, junto con los pocos ahorros de los gerentes, compraron el equipo de la empresa en quiebra para iniciar su propia empresa. Se concentraron en los clientes potenciales —los fabricantes de cámaras— que, según el gerente de ventas, estarían más interesados que los cineastas en usar las celdas fotoeléctricas. La nueva empresa comenzó a hacer celdas fotoeléctricas que controlaban de manera automática las velocidades de disparo. Las celdas que desarrolló mi padre eran las mejores disponibles en los

Estados Unidos en esa época, así que no tardó en encontrar clientes. Con los desarrollos subsiguientes hechos por él y muchos otros, las celdas se transformaron en semiconductores y en otros dispositivos electrónicos de estado sólido de los que el mundo ha llegado a depender. Con utilidades y dinero de inversionistas, hipotecas y, muchos años después, mi padre creó una de las compañías pioneras en el negocio de los semiconductores.

¿Entonces, dónde deberías prepararte para ser un emprendedor de alta tecnología? En el mismo lugar donde deberías desarrollar cualquier otra habilidad que en su momento haga que otros quieran comprar lo que haces: *prepárate para ser un emprendedor de alta tecnología donde puedes aprender de tecnología con un maestro.*

Es una gran diferencia cuando aprendes las habilidades que te permiten hacer cosas mejores y de manera diferente a todos los demás. Cuando comienzas tu empresa, solo puedes contar con ser tan experto como los jefes y colegas que te enseñaron lo que sabían y supervisaron tu práctica. Jordan Monkarsh aprendió a hacer salchichas con su padre, una habilidad que mejoró con recetas que aprendió al viajar por el mundo. Stephanie DiMarco aprendió sobre contabilidad de gestión de activos con practicantes experimentados y luego se permitió experimentar desarrollando software de gestión de activos directamente con personas que lo usaban. Vidal aprendió a hacer autopsias con el coronel del Condado de Los Ángeles. Sam Walton aprendió a administrar una tienda minorista con supervisores y entrenadores de la franquicia de tiendas Ben Franklin. El tío de Estée Lauder hacía muy buenas cremas para la piel y su tía fue una excelente mentora en ventas. Ken Marlin aprendió a organizar complejas adquisiciones trabajando en representación de Dun & Bradstreet en una docena de tratos con los mejores abogados y banqueros de inversiones. Mi padre, al igual que muchos emprendedores de alta tecnología, desarrolló sus habilidades en una importante universidad. Mi abuela aprendió lo que necesitaba saber sobre telas e ingeniería mecánica con las costureras y los diseñadores de los escenarios de cine con los que trabajaba en el estudio. Cada uno de estos emprendedores aprendió mucho más después de iniciar sus empresas, pero las destrezas que los diferenciaron de sus competidores las aprendieron en un principio con entrenadores muy hábiles y conocedores.

Pero en cada caso, en cada industria, y en particular, cuando se trata de alta tecnología, *las habilidades técnicas del emprendedor maduran y se vuelven prácticas mediante la retroalimentación de las personas a las que él aspira atraer para que usen la tecnología.* Para mi abuela, eso se dio en el escenario de las películas. Para mi padre, sucedió cuando él pudo tener acceso a los equipos correctos y hacer equipo con un gerente de ventas experimentado que lo presentó a fabricantes de cámaras de alta calidad dispuestos a poner a prueba una tecnología de vanguardia. La comercialización de tecnología sucede solo con el contacto directo con un grupo necesitado; no sucede en el laboratorio.

Dónde hay cultura

Cada año, Princeton organiza un viaje de campo a nuevas empresas de Silicon Valley para estudiantes interesados en el emprendimiento. No los enviamos allá para mostrarles dónde aprender nuevas habilidades o mejorar las que ya tienen —sus destrezas ya son impresionantes—. Los llevamos allá para que se empapen de la cultura del lugar. Trabajar en Silicon Valley es muy diferente a trabajar en cualquier otra parte del mundo; este sitio se concentra mucho más intensamente en alcanzar resultados rápidos. El estatus, y por tal razón, la motivación, se basan en las dimensiones de lo que ambicionas para tu empresa. La cultura atrae a un desproporcionado porcentaje de los programadores de software más ambiciosos del mundo, así como a gerentes de producto e inversionistas de capital de riesgo. La gente así de ambiciosa se siente más respetada y motivada en Silicon Valley.

La cultura allí también empuja a los emprendedores a desarrollar alto valor y capacidad de propiedad —su propia salsa secreta—. El alto costo de vida en la zona ejerce presión en todos para que "le disparen a la luna" y lo "hagan rápido". Silicon Valley recibe, estimula y respalda el emprendimiento de alto riesgo a gran escala mientras consume casi a todos los demás.

La cultura de Silicon Valley también erige obstáculos para el éxito. Como los salarios y las rentas son tan altos, las empresas en el área están en desventajas de costos comparadas con negocios similares localizados en otra parte. Las compañías que se constituyen en Silicon Valley sufren de una mayor rotación de su personal clave. Sin embargo, estos mayores costos y estas altas tasas de rotación de empleados pueden no ser importantes para las empresas que controlan información valiosa y las redes. Ellas no necesitan grandes cantidades de personal para operar. En cambio, sí necesitan más bien pocas personas, pero que dominen habilidades muy especializadas.

Las firmas que no tienen éxito mueren más rápido en Silicon Valley que en otra parte. Las compañías que, según los habitantes de Silicon Valley, tienen pocas probabilidades de éxito, no atraen ni a las personas, ni al dinero que necesitan. Los negocios cuya estructura requiere tiempo para madurar y crear valor terminan siendo penalizados si se localizan en Silicon Valley, en comparación con sus competidores en locaciones menos costosas. A menos que Silicon Valley le confiera ventajas especiales a tu empresa, en realidad, al estar allá, estás en desventaja. Así que la respuesta a la pregunta "¿dónde prepararte?" tiende a no ser la misma a la pregunta "¿dónde comenzar?".

Cuando se trata de software, empresas de redes sociales y compañías con modelos de negocio enfocadas en sacar provecho de los efectos en las redes, Silicon Valley es lo que yo llamo un *ecosistema vibrante para el emprendimiento* (VEE, por su sigla en inglés). Atrae personas que desean apalancar sus habilidades en software, dispositivos electrónicos y tecnología de mercadeo para ganar dinero y trabajar en proyectos que consideran interesantes y divertidos.

Pero Silicon Valley no es el único VEE. Si quieres iniciar una empresa que haga películas u otro contenido de entretenimiento, entonces, Los Ángeles es donde debes estar. Allá es donde tendrás más facilidad de encontrar talento, servicios de apoyo, financiamiento y socios. La ciudad de Nueva York es un ecosistema vibrante para el emprendimiento cuando se trata de nuevas empresas financieras. Ken Marlin fue inteligente al iniciar su banco de inversiones en Nueva York y no en Silicon Valley o Los Ángeles, así su empresa concentrara gran parte de su atención en compañías informáticas que no estaban localizadas en Nueva York. Si quieres hacer una diferencia en la moda de alta costura, entonces Milán o París serían los mejores sitios para comenzar. En Shenzhen, China, abunda la fabricación de elementos electrónicos y servicios de soporte.

Muchos ecosistemas vibrantes para el emprendimiento son locales. Las calles con alto flujo de peatones y los centros comerciales les dan a los restaurantes y salas de cine grandes cantidades de clientes potenciales que están buscando diversión. El transporte público es conveniente y lo encuentras mucho alrededor de sitios de entretenimiento y de compras, y esto hace fácil contratar empleados con bajos salarios que no tengan automóvil. Los ecosistemas de emprendimiento local suelen formarse en torno a conglomerados de ventas de automóviles, con muchas empresas cercanas que le brindan respaldo y servicios a la industria y atraen clientes desde grandes distancias. De igual modo, en las áreas marinas es donde mejor encontrarás empresas que les dan apoyo a los propietarios de botes.

Ten cuidado con los VEE

Los ecosistemas vibrantes para el emprendimiento atraen tanto a personas que quieren comenzar nuevas empresas como a las que ya han prosperado allí. Si deseas comenzar una empresa donde un VEE constituye una ventaja competitiva, y tienes la credibilidad de grandes ligas para quitarles a tus competidores el talento que necesitas, entonces sí tiene sentido iniciar una empresa allí. Mudarse de Boston a Silicon Valley funcionó para Mark Zuckerberg y Facebook porque él ya había atraído al experto y bien conocido Sean Parker, quien le daría la credibilidad que necesitaba para competir por dinero y personas. Sin una credibilidad importante, como experiencia previa y un equipo extraordinario, comenzar una empresa en un VEE suele terminar siendo un error. Encontrar el talento y el dinero que necesitas entre las personas localizadas en un VEE es un gran desafío porque ellas estarán buscando a los que ya tienen lo que se necesita para triunfar en esas grandes ligas.

Sam Walton pudo haber comenzado su primera gran tienda en Chicago, que en esa época era un entorno vibrante para el emprendimiento en el mercado minorista. Marshall Fields, Sears Roebuck y muchos otros prósperos grandes comerciantes minoristas estaban localizados en esa ciudad. Pero Sam tenía una mejor idea que tratar de lanzar su empresa en Chicago y, de manera instintiva, su esposa le pidió que se olvidara del plan de lanzar una tienda en Saint Louis. Y aun así, perdió casi todo su dinero en Newport, Arkansas, cuando el arrendador le pidió la tienda para dársela a su hijo. Aunque Sam aprendía con rapidez, le tomó 17 años abrir y dirigir otras 15 tiendas Ben Franklin antes de sentir la seguridad de poder abrir, dirigir, abastecer y comercializar su propia tienda de descuentos.

Los emprendedores de éxito primerizos sí existen en Silicon Valley, pero casi todos ellos han sido ejecutivos con responsabilidades importantes y relevantes en empresas similares. *Ellos comenzaron con credibilidad.* Así mismo, la mayoría de los restaurantes de éxito en centros comerciales con alto flujo peatonal la iniciaron restaurantes que ya tenían una importante experiencia en los servicios de alimentos.

¿Dónde está la familia?

Inicie iSuppli en Los Ángeles, que sin duda no era un ecosistema vibrante para empresas de informática u otros negocios que servían a clientes de alta tecnología. Eran pocos los clientes de la industria informática que vendían en la gran área de Los Ángeles. Pocos inversionistas locales se habrían interesado en invertir en mi nueva empresa. Tampoco había personas con los altos conocimientos específicos que necesitaran de mi compañía. Comencé iSuppli en Los Ángeles porque mi esposa y mis dos hijos estaban cómodos y acostumbrados a esa ciudad y yo no quería desarraigarlos, sobre todo, en un momento en el que mis aspiraciones de emprendimiento estaban generando suficientes altibajos en nuestra vida.

Para la mayoría de los emprendedores, la familia es el factor dominante en sus decisiones respecto a dónde iniciar sus empresas. Iniciar un negocio cerca de familiares y amigos tiene grandes beneficios porque añade apoyo emocional durante tiempos de mucho estrés. Y si inicias una empresa similar a la compañía para la que has estado trabajando, entonces, comenzar en un lugar cercano te dará la ventaja de que ya sabes dónde encontrar mano de obra competente y servicios de apoyo.

¿Fundar iSuppli en Los Ángeles afectó mis posibilidades de éxito? Tenía suficientes competidores, así que no fue fácil triunfar. En iSuppli compensamos el no poder atraer expertos de la industria a Los Ángeles siendo flexibles, dejando que los expertos que contratábamos trabajaran desde casa o en oficinas que organizábamos en o cerca de los grandes centros tecnológicos del mundo. Nuestra flexibilidad y esfuerzos adicionales resultaron en costos más elevados y en más tiempo invertido en viajes, pero la ubicación de nuestras oficinas principales no nos impidió tener éxito porque nuestra ventaja competitiva provenía de la particularidad y el valor de la información que teníamos, lo cual nos permitió vender los conjuntos de datos por grandes sumas de dinero que cubrían de sobra esos costos extra.

En resumen, las lecciones respecto a dónde aprender las destrezas que necesitas son claras:

- **Los amigos y familiares exitosos son la fuente de más fácil acceso que todo emprendedor tiene para contar con apoyo y mentores.** La atención extra que ellos están dispuestos a darte puede permitirte adquirir valiosas destrezas en menos tiempo y de manera más competente que si lo hicieras en una escuela o en un trabajo.

- **Aprenderás valiosas habilidades de emprendimiento perteneciendo a organizaciones grandes.** Complacer a un superior de gran jerarquía en medio de una cultura empresarial donde la iniciativa es reconocida y galardonada es similar a complacer clientes, en especial, en un negocio de servicio como la banca de inversiones.

- **Adquiere tus habilidades de liderazgo en medio de una cultura que acepte el cambio y tenga éxito innovando.** Evita organizaciones, bien sean grandes o pequeñas, que tengan culturas con fuertes regímenes. Si aprendes habilidades gerenciales en una cultura como esa, desarrollarás instintos equivocados que luego podría tomarte años en desaprender.

• **Desarrolla y practica tus habilidades de liderazgo en cualquier parte.** Así nunca hayas liderado un equipo u organización, siempre encontrarás maneras de liderar de la misma forma que lo hacen los emprendedores. Algunos de estos ejercicios están descritos en el capítulo "Qué tan bueno".

No existe necesariamente una respuesta directa a la pregunta de dónde localizar tu empresa, pero sí existen varios factores esenciales que deberías sopesar:

• **Por todas partes hay ecosistemas vibrantes para el emprendimiento (VEE), pero no son para todo el mundo.** Cada VEE les ofrece ventajas a ciertos tipos de empresas mediante la combinación de acceso preferencial a clientes, talento, tecnología y/o a cadenas de abastecimiento, así como expectativas culturales que ayudan a forjar provechosos comportamientos empresariales, pero casi siempre, a un costo significativamente mayor. Por tal razón, los VEE son un freno de emprendimiento sobre las empresas que no alcanzan o no apalancan el acceso preferencial o los estándares culturales.

• **Para la mayoría de las industrias no existe un ecosistema vibrante.** De las casi 1.200 diferentes industrias rastreadas por el gobierno de los Estados Unidos, casi a todas se puede entrar desde cualquier parte del país sin tener una ventaja o desventaja competitiva. En mi caso, comencé una empresa de informática donde la locación en realidad no influyó.

• **La mayoría de los emprendedores bien cimentados prefiere localizarse cerca de su casa, familia y amigos.** El apoyo emocional resulta invaluable durante un tiempo tan estresante.

Cuando hayas sopesado todos esos factores, la pregunta pasa a ser *cuándo* iniciar tu empresa, el tema del siguiente capítulo.

CAPÍTULO 10

Cuándo

"Acabo de tener una idea maravillosa y necesito empezar una empresa que me permita capitalizarla. ¿Qué debo hacer ahora?". Esa es una pregunta que me hacen con frecuencia. La mayoría de los aspirantes a emprendedores asume que una idea genial es el "desencadenante" para fundar una empresa. Pero como hemos visto, creer que las grandes ideas dan lugar a emprendedores de éxito es un mito. Por tanto, es incorrecto y peligroso asumir que la respuesta a "cuándo" sea: "En el momento en el que tengas una buena idea".

También suelo escuchar preguntas sobre cuándo es el momento correcto para fundar una nueva empresa: "¿Debería dejar mis estudios?", "¿Será más conveniente comenzar hasta que mis hijos empiecen la escuela o hasta aprender más de negocios?", "¿Me convendrá más iniciar mi negocio hasta cuando sea un experto en la industria o hasta que encuentre un socio?". Este tipo de preguntas se aleja de lo que en realidad es importante. En esencia, si estás haciendo cualquier forma de la pregunta "¿cuándo debería ser un emprendedor?", lo que ella significa es que ya has empezado a serlo. Al hacer la pregunta, ya tienes tu respuesta: el mejor momento es *ahora*.

Ray Kroc nunca se preguntó "¿cuándo?". Él ya tenía 52 años cuando decidió cambiar su vida. Ya era un emprendedor —él y su secretaria eran empleados de una empresa que vendía batidoras—. Cuando ya casi iba a cumplir los 40, Ray se sentía subvalorado por sus jefes, pues no apreciaban su habilidad para vender vasos de papel Dixie, así que decidió dejar la empresa para convertirse en su propio jefe. Siendo un gran vendedor, Ray conocía a mucha gente en la industria de los alimentos, sobre todo, hacia el Norte del Medio Oeste de los Estados Unidos. Entonces, empezó a tomar nota de cosas que hacían algunos de sus clientes y que, en su opinión, otros estarían interesados en comprarlas. Por ejemplo, tomó el caso de White Castle, una de las cadenas originales de restaurantes de carretera. Uno de sus fundadores había inventado el helado cremoso y su popularidad aumentó con rapidez una enorme demanda de batidoras, lo cual llevó al inventor a desarrollar una batidora especializada en manejar grandes volúmenes. Ante esta novedad, Ray vio la oportunidad de vender dispensadores de helados cremosos por todo el país, pero los propietarios de White Castle querían conservar la innovación solo para ellos. Por tal razón, le sugirieron a Ray que mejor vendiera la batidora patentada. Deseoso de ser su propio jefe, Ray accedió, pues estaba seguro de que se las vendería a todos los restaurantes y heladerías del país. Así que inició una empresa dedicada exclusivamente a la venta de la batidora. Durante los siguientes 15 años, se la vendió casi a todos los que pudieran necesitarla. Sin embargo, las batidoras son un nicho limitado de mercado y, después de 15 años, el negocio había superado su pico y estaba en decadencia.

A la edad de 52 años, Ray sabía que debía encontrar algo diferente para vender o poco a poco llegaría a la bancarrota. Años antes, había vendido los derechos del diseño de una mesa plegable y creyó que haría negocio fabricándola y vendiéndola, pero su producción resultó muy costosa y las mesas eran demasiado pesadas para su trasporte, así que Ray terminó descartando esa idea.

Aunque en aquella época Ray siempre estaba de mal humor, seguía viajando de un lado a otro para reunirse con posibles clientes y con sus clientes antiguos, pero sus ventas eran cada vez menores. Sin embargo, para Ray era norma terminar en San Bernardino, California, visitando a sus mayores clientes, los hermanos McDonald. Ellos habían desarrollado lo que entonces ya era un método famoso para producir hamburguesas a gran escala. Durante su visita, Ray se quedó asombrado por lo que vio: los hermanos McDonald servían hamburguesas y batidos 10 veces más rápido de lo que jamás había visto en cualquier otro restaurante que él hubiera visitado.

De inmediato, supo que había encontrado la forma de cambiar su vida. Su experiencia vendiendo batidoras y vasos de papel lo había llevado a tener la certeza de ser bueno juzgando los restaurantes que harían dinero y los que no. Así que decidió hacer todo lo posible con tal de convencer a los hermanos McDonald para que le dejaran abrir un gran número de restaurantes McDonald por todo el país. Al día siguiente, Ray volvió para venderles la idea de que lo hicieran su agente exclusivo autorizado para comercializar su método de comida rápida —en esencia, el mismo trato que tenía con los inventores de las batidoras—. Los hermanos quedaron impresionados por las décadas de experiencia de Ray en ese campo. Además, la persona encargada de manejar la gran cantidad de solicitudes de la franquicia acababa de sufrir un ataque al corazón. Sin embargo, se vio obligado a aceptar las condiciones de "tómalo o déjalo" que los hermanos le pusieron para hacer un acuerdo de exclusividad. Una vez cerrado el trato, Ray estaba listo para ingresar al equivalente de las grandes ligas en la industria alimenticia.

Ray Kroc es un excelente ejemplo de cómo la experiencia de toda una vida puede prepararnos para ser empresarios de éxito. Todos los emprendedores descritos en este libro se pusieron a prueba a sí mismos para ver qué se sentían seguros de alcanzar. Ken Marlin se puso a prueba cuando se unió a los Marines, cuando se unió a D&B y de nuevo cuando compró Swiss. Stephanie DiMarco se puso a prueba al buscar un socio en ciencias de la computación y luego crear un programa que le gustara a su jefe.

Estée Lauder comenzó aprendiendo cómo vender; luego, cómo hacer cremas; y luego, cómo y dónde venderlas antes de pedirles a sus amigos y familiares dinero prestado para fundar la marca Estée Lauder. Walt Disney se puso a prueba para ver si era capaz de conseguir un cliente antes de fundar Laugh-O-Gram y una vez más antes de fundar Disney Brothers Studios.

En el mundo del emprendimiento, *cuándo* equivale a *siempre* y *cuándo* y siempre significa *experimenta ahora mismo*. Recuerda la definición de emprendimiento de la Escuela de Austria al comienzo del Capítulo 2: todos somos emprendedores porque todo aquel que se sostiene a sí mismo siempre está calculando los riesgos y tomando decisiones acordes sobre qué hacer a continuación. Incluso si decides no usar esta definición, la afirmación es válida —siempre estamos calculando nuestras oportunidades empresariales, seamos conscientes o no de ello.

Sam Walton no sabía que quería entrar al mercado minorista cuando estudiaba en la universidad. No llegó a esa conclusión sino hasta después de trabajar en J.C. Penney y cuando encontró en su esposa Helen una compañera que lo apoyaba. Sin embargo, durante la universidad, Sam se esforzó por liderar todas las organizaciones a las que perteneció, siempre manteniendo su negocio de reparto de periódicos que había iniciado en la niñez buscando a otros jóvenes que quisieran ayudarle. Sam siempre se probó a sí mismo para ver cuánto impacto causaba en quienes lo rodeaban. Fuera consciente de ello o no, se había estado preparando para ser empresario desde la adolescencia, ¡cómo todos hacemos! Solo que él se preparó de un manera mucho más efectiva que cualquier otro.

Las oportunidades de emprendimiento siempre están abriéndose y cerrándose. La oportunidad de encontrar potenciales socios, clientes, proveedores o gente dispuesta a prestarte dinero puede darse en cualquier momento. Lo mismo hay que decir de las oportunidades en el mercado. Todas las empresas se ven asediadas constantemente por el cambio y las grandes organizaciones cambian de manera más lenta que sus mercados y que las tecnologías que podrían usar en estos mercados. Las empresas establecidas suelen hacer recortes a sus servicios creando así descontento entre sus clientes y abriendo oportunidades para que nuevos empresarios ganen clientes si proporcionan un mejor servicio. El *statu quo* siempre se ve desafiado bien sea por alguna nueva tecnología, por los gustos que cambian, por los nuevos mercados, por la evolución en la cadena de suministro y por los cambios demográficos. Cuando se trata de un cambio que abre oportunidades, nuestra Era Digital es un magnífico campo de acción.

Trazando un punto de inicio

El simple hecho de preguntar cuándo deberías considerar ser un emprendedor significa que quieres serlo. Dicho de otra forma: tu viaje ya comenzó. Esto no significa que debes dejar tu trabajo de inmediato para iniciar una empresa. Sin embargo, tan pronto te planteas esta pregunta, tienes la responsabilidad contigo mismo de ser intencional en diseñar tu viaje de emprendimiento, así aun no sepas hacia dónde te diriges. *Si no tienes la motivación para ser intencional en cuanto a diseñar tu viaje de emprendimiento, entonces quizá no tienes la motivación necesaria para tener éxito.*

Comienza escribiendo tus ideas sobre cómo adquirir las destrezas que crees que vas a necesitar, cómo te vas a asegurar de ser bueno en ellas y cómo recopilarás los activos necesarios sobre los que hablamos en el Capítulo 8. *Mira esta lista como una lista de experimentos.* Ahora, los experimentos no tienen éxito, ni fracasan. Son tan solo pasos deliberados y meditados que das para adquirir información que no tienes. A su vez, esta nueva información que obtengas de estos experimentos es tan valiosa como para que estés dispuesto a invertir tiempo y quizás algo de dinero para realizarlos. Cualquier cosa que descubras te dará más conocimiento sobre las oportunidades que tienes a tu disposición y, por lo tanto, aumentará tus probabilidades de aprovecharlas. Estos experimentos reducen tu riesgo, aunque también pueden llevarte a concluir que necesitas realizar un experimento más.

No te recomiendo que hagas este viaje solo, aunque muchos lo hacen y tienen éxito. Tampoco te estoy recomendando que busques un socio o un extraño para que te dé dinero. La realidad constante es que nadie sabe a la perfección lo que es capaz de hacer. Como todos estamos programados para crear historias que nos hagan sentir lo que queremos sentir acerca de nosotros mismos, estaremos mejor preparados si encontramos un grupo de consulta objetivo en cuanto a nuestras ideas.

Te sugiero que hagas un grupo de consulta conformado por modelos a seguir —personas a las que respetes por los logros que han alcanzado en su vida—. Invítalas a cenar o busca otra forma similar y respetuosa de pasar tiempo con ellas. Aprovecha el tiempo para preguntarles por qué han hecho lo que han hecho. Pídeles consejo sobre cómo alcanzar lo que deseas. Toma nota de lo que te digan, pues te ayudará a esbozar gran parte del mapa que necesitas trazar. Lo ideal es que tu grupo de consulta te aporte información que ignorabas y te dé consejos que no sabías que necesitabas.

Los consultores de Sam Walton fueron su esposa y su suegro. Helen tenía ambiciones y era inteligente, veía el mundo desde perspectivas más prácticas que las de su esposo, que siempre era optimista. El padre de Helen provenía de un pueblo pequeño y era un ranchero y abogado experto en finanzas. El consejo de ambos fue crucial para el éxito empresarial de Sam.

Helen, como ya sabemos, disuadió a Sam de tener un socio y de abrir una tienda con él en St. Louis. Su padre ayudó a Sam a entender sus opciones financieras, incluyendo crear de inmediato una corporación familiar que sería dueña de las acciones de las tiendas que abriera. En vez de que Sam o Helen fueran los dueños directos de las tiendas o de algunas acciones de Walmart, la familia sería la propietaria de las acciones, proporcionando así mucha más flexibilidad respecto a cuándo y cómo recibir ingresos grabables. Esta estructura hizo posible que sus herederos retuvieran el 50% de las acciones de Walmart a pesar de ser la corporación más grande del mundo. Gracias a que Sam buscó y escuchó los consejos de Helen y su padre, pudo conservar su riqueza de la manera más sofisticada posible, garantizando la libertad financiera de la familia Walton durante muchas generaciones futuras.

Tú no estás obligado a seguir todos los consejos de tu grupo de consulta, pero aun así, puedes beneficiarte de sus puntos de vista. Tras la bancarrota de su empresa Laugh-O-Gram, y de su mudanza a Los Ángeles, Walt Disney buscó el consejo de Roy, su hermano mayor, y de su tío Robert. Los escuchó porque necesitaba de su apoyo para sobrevivir. Ellos le recomendaron conseguir un trabajo y empezar a pagar su alquiler, pero Walt quería seguir intentando vender las animaciones que había producido en Kansas. Fueron sus perspectivas contrarias las que hicieron que Walt fuera aún más diligente en probar todas las posibilidades que tenía.

Cuando esa agencia de Nueva York se ofreció a pagarle un avance para distribuir *Alice's Wonderland,* Walt le pidió a Roy que se convirtiera en su socio a tiempo completo y su tío Robert estuvo de acuerdo en ayudar, a lo cual se había negado cuando Walt se lo propuso. Con la ayuda de Roy en la contabilidad y las finanzas, Walt fundó Disney Brothers Studios de manera más prudente y con muchas más probabilidades de éxito que cuando fundó los estudios Laugh-O-Gram por su cuenta. Aunque su personalidad y perfeccionismo siempre lo hicieron querer gastar más dinero del que tenía, la influencia de Roy sobre Walt actuó como un control consciente e inconsciente para regular el gasto, así él reconociera los beneficios con renuencia. Walt Disney no lo habría logrado sin el consejo y el apoyo de Roy y del tío Robert desde un comienzo.

Hay empresarios que han triunfado sin tener mentores, consejeros u opiniones sabias externas —no es que estos sean una necesidad imperativa—. Pedirle consejo a alguien que no respetas es una pérdida de tiempo. Lo importante es tener un amplio abanico de perspectivas e informarte lo mejor que puedas y así reducir la cantidad de experimentos necesarios para adquirir los conocimientos, la experiencia y las habilidades para convertirte en un emprendedor creíble.

En la práctica, he visto que los emprendedores que adoptan un método sistemático e intencional para sopesar sus oportunidades de emprendimiento tienen más éxito que quienes se saltan esa parte. Deliberar no consiste en escribir un plan de negocios, sino en imaginarte con detalles cómo hacer para llegar a donde quieres llegar. Elaborar un "mapa" y revisarlo según las opiniones de la gente que respetas es la manera más efectiva y exitosa de determinar y minimizar riesgos. Así es como debes hacerlo:

- Toma nota de lo que te gustaría hacer y por qué quieres hacerlo.

- Haz una lista de lo que necesitas hacer para obtener lo que deseas.

- Escribe una explicación de cómo conseguirás lo que quieres, dónde lo buscarás y cuánto capital crees que necesitarás.

- Márcate un objetivo de cuándo crees que lo conseguirás.

- Haz una lista de lo que no sabes y vas a necesitar.

- Define prioridades en esa lista y determina cuáles serán las acciones o experimentos que realizarás para adquirir esos conocimientos que necesitas de la forma más rápida y económica posible.

Luego, revisa esta lista con tus consejeros. Escúchalos. Hazles preguntas. Rectifica tu lista según lo que ellos te digan. Después, estarás preparado para realizar tus experimentos. Tómalos como simulacros de las experiencias que les proporcionarás a tus clientes para que estén satisfechos. Cocina la salchicha que quieres vender, así no tenga el aspecto exacto, ni la consistencia final de la que planeas servir. Si tu salchicha produce *oohs!!* y *aahs!!* entre extraños, entonces tendrá sentido refinar tu receta, la preparación y el aspecto final para ver si llega a ser una salchicha irresistible. Si tus talentos son digitales, diseña qué aspecto tendrían las pantallas de tu aplicación y simula con usuarios potenciales lo que sucederá con la información en la pantalla cuando ellos toquen un botón u otro. No te preocupes por escribir todo el código del programa si no estás completamente seguro de que la gente está interesada en él y quiere usarlo. En mi mundo de pensamiento de diseño, estos experimentos se llamarían prototipos rápidos y son menos reales y mucho más económicos que los productos mínimamente viables (MVPs, por su sigla en inglés).

Si los haces de forma razonable e intencional, tus experimentos te proporcionarán conocimientos que podrían ser únicos en el mundo (así se trate de llegar a entender que tu idea no es exactamente lo que tus clientes potenciales desean). Toma nota de lo que vas aprendiendo y revisa estas lecciones al menos una vez al mes. Evalúa tu progreso en la comprensión de tu *qué, por qué, cómo, dónde y cuánto.* Después de unos pocos meses, o cuando logres un avance, muéstrales a tus consejeros cuán cerca o lejos estás de invertir dinero y esfuerzos de tiempo completo para hacer realidad tus aspiraciones empresariales. Luego, escúchalos, hazles preguntas y rectifica de nuevo tu plan.

La familia importa

Fundar una empresa siempre afecta profundamente a tu familia. Puedes tener éxito como emprendedor, como esposo y como padre, pero debes integrar tus horarios familiares con los laborales. Los emprendedores hábiles planean sus objetivos y proyectos familiares con la misma intensidad con que planifican las necesidades de su empresa. Hay muchas posibilidades y obstáculos por el camino y, para los emprendedores bien cimentados, una familia feliz, que respeta sus acciones, es la diferencia entre plenitud y decepción.

De hecho, las familias son la clave a la pregunta "¿Debería?", tal y como veremos en el siguiente capítulo.

Cuándo retirarse

A menudo, me preguntan: "¿Debería continuar?", "¿Debería vender?". Para contestar estas preguntas, debes entender la diferencia entre sentirse contento y sentirse pleno. He conocido muchos emprendedores que me han pedido dinero prestado para mantener vivas sus empresas y sus esperanzas de emprendedores con el típico dicho de que "solo necesito un poco más de tiempo para hacer...". Algunos de ellos me han pedido dinero en varias ocasiones y han llevado vidas en las que el emprendimiento se ha convertido en sinónimo de adicción. Han sacrificado amistades, familias y otras cosas para mantener vivas sus esperanzas en la empresa. A estos adictos no les importa lo que las personas con más experiencia piensen, porque *necesitan* tener el prestigio y el control que provienen del hecho de dirigir su propia empresa. En realidad, no les importa si su negocio es viable o si puede mantenerlos —para ellos, mostrarle al mundo que son empresarios es más importante que tener la despensa llena—. Walt Disney empezó de esta manera en Kansas, y, literalmente, estaba muriéndose de hambre cuando tiró la toalla, se declaró en bancarrota y se mudó a Los Ángeles para recibir el apoyo de su hermano y su tío.

Yo necesité hacer dos intentos para tener éxito como fundador y emprendedor. Cerré mi primera empresa, Table of Contents, después de intentar que funcionara durante dos años. Ese fue un experimento para determinar si sabía dirigir una empresa diferente a la compañía de semiconductores International Rectifier, fundada por mi padre y mi abuelo. Yo fantaseaba creando una cadena de tiendas minoristas que vendieran platos, vasos y otros objetos de mesa. El experimento fracasó, costándome unos $2 millones de dólares más otros $250.000 de otros comerciantes que invirtieron en mí. Invertí el segundo millón después de haber perdido el primero tratando de hacer que mi tienda fuera rentable.

En ese momento, yo era un ejecutivo de la industria de los semiconductores, no un minorista. Yo no renuncié a mi cargo en la compañía de semiconductores para crear Table of Contents, ni tampoco administré la tienda, pero estaba involucrado como inversionista principal y propietario. Lo que sí hice fue reclutar a una junta de directores y asesores, quienes creían que nuestro negocio podía ser rentable (aunque quizá no tuvieron el valor de decirme lo contrario). No obstante, decidí cerrar Table of Contents después de haber invertido el segundo millón de dólares y el cambio en la gerencia de la tienda solo produjo un pequeño crecimiento en las ventas. En ese momento pensé: "Si llego a caer en bancarrota por invertir dinero en un negocio que fracasa, pareceré un estúpido". En resumen, fundé Table of Contents para sentirme contento, no pleno.

Los emprendedores que tienen la visión suficiente para establecer un panel de asesores y consejeros experimentados suelen tomar decisiones racionales sobre si invertir más dinero hará que una empresa sea rentable o no. Pero nadie es totalmente racional cuando tiene que decidir si vale la pena arriesgarse a sufrir una ruina financiera para aumentar las probabilidades de tener éxito —no importa cuán racional se sienta—. Necesitas asesoría objetiva para determinar el riesgo real versus la recompensa potencial de proseguir o retirarte.

Para contestar la pregunta con respecto a si "¿es este el momento de retirarse?", debes dejar de lado las emociones y contestar una pregunta más pertinente: "*¿Cómo quiero sentirme sobre mi vida cuando sea* *demasiado viejo para trabajar?"*. Permíteme explicarlo poniéndome a mí mismo y a mi segunda empresa como ejemplo.

Para fundar iSuppli, renuncié a mi cargo como director en International Rectifier (IR), una multinacional en el sector de los semiconductores listada en la Bolsa de Nueva York. En ese momento, tenía más de 4.000 empleados trabajando para mí en nueve países del mundo. Éramos un líder global rentable en nuestro nicho tecnológico, tenía un buen sueldo y era bien respetado. Pero yo quería más, y no era dinero. Quería demostrar que podía crear mucho valor por mi propia cuenta y a mi manera.

El hecho de que IR fuera una empresa creada por mi padre y mi abuelo unos 50 años atrás era tanto una bendición como una maldición para mí. No me interesaba trabajar para IR después de obtener mi Doctorado en Física Aplicada en la Universidad de Stanford. Me interesaban los láseres, no los semiconductores, y quería hacer lo que a mí me interesaba. Pero después de estar un año trabajando para la compañía líder en láseres del momento, desarrollando fantásticos nuevos tipos de láseres, mi padre dijo que necesitaba mi ayuda en IR. Fue difícil decirle que no.

Mi ingreso a IR no fue bien recibido por casi nadie en la empresa. Muchos me consideraban un intruso, aunque el porcentaje de acciones que mi familia tenía en la empresa se había diluido a unos pocos dígitos para cuando yo ingresé. Para seguir adelante, tuve que evitar muchos obstáculos, a menudo, puestos en mi camino de forma intencionada. Pero eso corresponde a otro relato. El hecho es que, 18 años después, llegué a ser el director general con el voto unánime de la junta directiva, tras haber liderado la transformación de múltiples partes de la compañía, que habían pasado de producir unos resultados decepcionantes a ser las mejores del mundo en lo que hacían. Cinco años después de asumir las riendas de la empresa, IR estaba funcionando mejor que nunca y yo sentía que había cumplido con lo que me pidieron. Era el momento de empezar mi propia empresa, a mi manera. Así que, a los 45 años de edad, hice algo que pocos directores generales de empresas exitosas hacen: salí de una empresa rentable y exitosa para empezar desde ceros una nueva compañía.

Cuando fundé iSuppli, tenía las mismas desventajas injustas que cualquier otro fundador. En primer lugar, conocía de primera mano el problema que quería solucionar: ayudar a todas las empresas de electrónica, incluyendo IR, a controlar mejor su producción e inventario, proporcionándoles herramientas óptimas y visibilidad de la demanda del cliente final y el estado de todas las cadenas de producción de la industria.

Como director de IR, constantemente me había preguntado por qué las cosas no podían ser más eficientes y por qué no teníamos toda la información necesaria para tomar decisiones sobre nuestras inversiones. Lo que quería hacer era complicado, incluso comparado con el altamente técnico mundo de la industria de la electrónica. Pero esta compleja industria necesitaba soluciones igual de complejas para gestionar los billones de piezas electrónicas que se mueven en el mundo a diario y yo tenía algunas ideas claras sobre cómo ahorrar billones de dólares en costos de inventario y distribución. Mis ideas se basaban en mi experiencia directa y en las mejores prácticas y habían tenido eco entre los jugadores más sofisticados de la industria. Esta era mi primera ventaja injusta: el problema era real y yo contaba con una solución factible basada en experiencia directa, de alta calidad y de primera mano.

En segundo lugar, contaba con una amplia experiencia —había dirigido operaciones comerciales, ventas, mercadeo, proyectos de investigación y también diseño y cadenas de suministro—. Tras haber obtenido mi doctorado, había dirigido una gran compañía y había fundado departamentos desde ceros, tanto en lugares cercanos como en lugares lejanos diseminados por todo el mundo. Habiendo recaudado más de $100 millones de dólares en Wall Street, tenía buen olfato para las finanzas. Y con todo lo que aprendí de mi intento fallido de lanzar Table of Contents, era todo lo opuesto a un emprendedor ingenuo[21].

En tercer lugar, conocía a personas importantes, ellas me conocían a mí y tenía la reputación de ser ético, práctico e inteligente. Gente

---

21. Mi experimento de fundar Table of Contents había ocurrido unos cinco años antes de llegar a ser el director ejecutivo de IR. Fue un primer reflejo de mi deseo interior de hacer las cosas a mi manera —así fuera solo como pasatiempo y con una empresa dirigida por otros.

importante en la industria —clientes potenciales y competentes, así como empleados con experiencia— estaba dispuesta a recibir mis llamadas y a escuchar lo que tenía que decirles—. Esto no quiere decir que todo el mundo estuviera listo para recibir los servicios de iSuppli con solo oírme. Además, lo que yo proponía era costoso y complejo. Requería una evaluación meticulosa antes de ser adoptado e implementado. Pero aun así, lograr que me escucharan seguía siendo una ventaja enorme y me ayudó a conformar la junta directiva y la junta de asesores. Tras pocas semanas, había reclutado un equipo de miembros increíblemente competentes y muy respetados en sus áreas de conocimiento. (Muchos de mis antiguos empleados estaban dispuestos a trabajar para mí sin dudarlo, pero yo no quería reclutar personal de IR, porque era una empresa que apreciaba y no quería dañar).

Por último, tenía la ventaja de tener mucho dinero. Mis 23 años en la industria de los semiconductores habían dado como resultado una riqueza sustancial. Cuando fundé iSuppli, contaba con los medios financieros suficientes para no tener que trabajar ni un día más en mi vida si elegía esa opción. Tenía los medios para enviar a mis hijos a la universidad y ayudar a mis familiares; mi esposa y yo hacíamos planes y llevábamos a cabo todo lo que queríamos y, personalmente, usé parte de mi dinero para lanzar iSuppli.

Sin embargo, les pedí a inversionistas de riesgo, algunos de ellos desconocidos para mí, que invirtieran en iSuppli y fueran mis socios. ¿Por qué? Porque creía que mantendría el control de la empresa, pues tendría los fondos necesarios para conservar la propiedad de la mayor parte de la misma. Sin embargo, decidí que utilizaría "el dinero de otros" para crecer más rápido que cualquier otro competidor potencial que pudiera copiar mis ideas.

¡ Mi empresa no tenía competencia. Estábamos ofreciendo soluciones a un gran y costoso problema y nos encontrábamos en medio de la burbuja del puntocom, así que había mucho dinero disponible para financiar a otros que intentaran ofrecer soluciones similares. En la industria de los semiconductores había muchas personas inteligentes y con credibilidad y la lista de competidores potenciales era extensa. Mi solución se articulaba en que iSuppli creara una cadena de suministro global mucho más rápido que los demás en la industria y esto me convenció de la necesidad de tomar la ruta del alto riesgo y tener un fuerte apoyo financiero desde el principio.

No obstante, y esto les sucede a todos los emprendedores, las cosas no funcionaron justo como las había planeado. A pesar de todas las ventajas con las que empecé, en cuatro ocasiones los asesores clave y los inversionistas me sugirieron que cerrara iSuppli. No obstante, y esto les sucede a la mayoría de los emprendedores de *éxito*, yo sentía que no soportaría un fracaso.

La primera vez que me recomendaron tirar la toalla tipifica la crisis existencial a la que se enfrentan muchos emprendedores en las fases iniciales de prueba de su idea de negocio. Para explicar cómo hacer más eficiente la cadena de suministros electrónicos, dibujé un interesante diagrama que mostraba cómo los dos flujos entrelazados de dinero y piezas producidas se sincronizaban con mayor eficacia. El diagrama me ahorró tener que explicar el complejo concepto e hizo que todos me prestaran toda su atención. Pero como suele suceder cuando vendes un concepto de una empresa a otra, los jefes en la empresa que es un cliente potencial entienden tu idea, mientras que los responsables de implementarla se sienten amenazados, así que hacen todo lo posible porque la implementación parezca imposible. Tras haber llegado a un acuerdo con el vicepresidente ejecutivo de nuestro primer cliente potencial para implementar nuestras ideas en el lapso de un año en fase experimental, duramos estancados varias semanas. En cada reunión en torno a la implementación nos acribillaban con objeciones, interpretaciones o hechos alternativos, lo que nos llevaba a arrebatos de ira. También recuerdo una desalentadora llamada telefónica a medianoche de uno de nuestros experimentados líderes del equipo de implementación desde una fábrica de nuestro cliente potencial en Filipinas: "Hemos fallado; esto no funciona", dijo. "Dejemos de desperdiciar más dinero intentando que nuestras clavijas redondas encajen en los agujeros cuadrados de todo el mundo". Había problemas técnicos reales; no todo era el temor y la reticencia por parte de los equipos de implementación del cliente. Temíamos no poder tratar con todos los problemas que se nos habían echado encima. Incluso el vicepresidente ejecutivo al que le habían gustado mis ideas estaba perdiendo la paciencia con nosotros. Lo que pensé fue: "Si fracaso con iSuppli, todos creerán que soy un mal hombre de negocios y no volverán a escuchar mis ideas. Eso no puede suceder". Así que me pregunté: "Si tuviera todo el dinero del mundo, ¿cómo solucionaría los problemas que han surgido?". Pasé a la acción dedicando a varias personas a tiempo completo para que actuaran como mediadores con el cliente. Mis inversionistas y ejecutivos principales me decían: "¡Estamos yendo en retroceso! No nos lo podemos permitir. Saldremos del negocio muy rápido si este es nuestro nuevo modelo". Pensé que era mejor salir del negocio rápido que de inmediato y también pensé que si las cosas se desarrollaban sin problemas una vez superado el año de prueba, podríamos prescindir de toda la gente extra que necesitábamos. La solución que propusimos aplacó al cliente (quien entendió que nuestra oferta era un buen negocio, puesto que, para realizar nuestro experimento, estábamos subsidiando a su empresa), le dimos continuidad al negocio aunque no ganamos dinero con ese cliente hasta un par de años después.

El siguiente momento en el que me recomendaron desistir vino un año después. Estábamos a punto de firmar un contrato para instalar nuestros sistemas en el mayor departamento de una de las compañías electrónicas más grandes y respetadas del mundo. Ellos mismos habían estado considerando algo similar y, cuando les presentamos lo que teníamos en marcha, se dieron cuenta de que nosotros teníamos la delantera. Conocían a muchos miembros del equipo que yo había conformado y creían que podíamos proporcionarles mayores ahorros de forma rápida. Solo necesitábamos la firma de la directora ejecutiva en el contrato. Había estado a favor del trato hasta ese punto y esperábamos que nos diera luz verde en cualquier momento. Pero en lugar de ello, recibimos la impactante noticia con una llamada de parte de los representantes de la compañía.

En síntesis, la directora ejecutiva había decidido que ese sería un excelente negocio en el que podían participar y había optado por crear un departamento en su propia empresa para copiar lo que estábamos haciendo y competir con nosotros. Para empeorarlo todo, poco después, nos enteramos de que ella había llamado personalmente a varios de nuestros clientes potenciales y les había ofrecido ser socios de su empresa, dándole a la compañía una gran oportunidad para crear una cadena de suministro global más eficiente.

Fue como si sobre iSuppli hubiera caído una bomba. Nos sentíamos aturdidos, heridos y asustados. Muchos de mis inversionistas dijeron: "Fin de la partida". Lo lógico en ese momento habría sido reevaluar nuestro negocio, pero mi experiencia en IR al haber tenido que enfrentar a grandes compañías me decía que ellos no podrían analizar las situaciones tan rápido como un especialista ágil de iSuppli lo hacía, ni podrían implementar soluciones tan rápido. En realidad, debo admitir que estaba asustado, pero las acciones de la directora general hicieron que me sintiera más comprometido a demostrarle al mundo que nadie podía gestionar las cadenas de suministro más complejas del mundo mejor que iSuppli. Nada de retiradas, nada de rendirse. Lo que logró ese golpe fue aumentar nuestra determinación para realizar un gran trabajo contando con nuestras habilidades.

Adelantándome un año en el relato, iSuppli empezaba a encontrar su lugar en el mercado, aunque la burbuja de las puntocom había estallado y gran parte de la industria de la electrónica se encontraba en modo de supervivencia. En ese momento, contábamos con 175 empleados y un par de acuerdos experimentales "de demostración" en marcha con unos cuantos clientes en varios puntos alrededor del mundo. Estábamos moviendo millones de piezas cada semana. Operábamos las 24 horas los 7 días de la semana a nivel global. Y nuestra sofisticada gestión en la cadena de suministros y nuestros procesos de recolección de información desarrollados por nosotros mismos estaban reduciendo la inestabilidad de las cadenas de suministro que controlábamos.

Nuestro mayor cliente, que era el más sofisticado y el de más alto perfil, declaró que estaba listo para comprometerse con nuestra plataforma a nivel mundial si nosotros nos comprometíamos en invertir en una estructura global. Necesitábamos unos $15 millones de dólares para implementar una infraestructura a nivel mundial. Pero a finales de 2002, tras la debacle de las puntocom, nadie estaba invirtiendo en compañías de tecnología. Nuestros inversionistas decían que buscarían la manera de conseguir el dinero que necesitábamos, pero exigían que nuestro cliente firmara un contrato de varios años por nuestros servicios, con un pago mínimo que garantizara, al menos, nuestros costos adicionales, pues ellos no podían arriesgarse a recaudar dinero para que nosotros lo perdiéramos. No obstante, nuestro cliente, cuya empresa se encontraba bajo mucha presión, como la de todos los demás en el mundo de la tecnología, se rehusó a analizar inclusive las garantías. Fui de aquí para allá hablando con inversionistas y con el cliente, así como con el resto de nuestros clientes, buscando una solución que pudiera asegurar el dinero que necesitábamos. Tres meses más tarde, mi cliente dijo: "Ya es suficiente; no tienes la seguridad financiera". Iba a irse con nuestros competidores, no tan sofisticados, pero mejor financiados. Incapaz de conseguir el dinero para hacer crecer la empresa a nivel mundial, y con la retirada de nuestro mejor cliente, otros clientes nos abandonaron.

Los tres meses que pasé intentando negociar una solución al problema de la garantía también me dieron tiempo para pensar en alternativas. Como el plan A no suele funcionar como se espera, los empresarios deben tener preparados sus planes B, C y D. Mi plan B se concentraba en todas las formas en las que podíamos ayudarles a nuestros clientes a mejorar sus cadenas de suministro que no requerían el desarrollo de una infraestructura mundial. iSuppli había creado equipos de alto nivel para la recolección y el análisis de información, que a su vez habían creado servicios únicos y valiosos de subscripción de datos que nuestros clientes no querían perder. Esta era justo la información que me habría gustado tener en IR, información que nadie más podía proporcionar en cuanto a inventarios, capacidad y número de productos de cada tipo que utilizaba cada cliente. Esa información, combinada con los procesos y software de gestión de cadenas de suministro de iSuppli, nos ayudaba a controlar las cadenas de suministro mejor que cualquier otro cliente. Esos datos eran algo deseable para cualquiera que estuviera en la cadena de suministro. Nos habíamos esforzado por descifrar cómo conseguir esa información de forma legal, sin usar información patentada o confidencial de nadie. Ya habíamos empezado a vender nuestros datos e información de forma independiente de nuestros servicios en cadenas de suministro mientras probábamos los otros aspectos de nuestro modelo de negocio. Esos servicios sobre datos e información representaban una tercera parte de los ingresos que obteníamos en esos momentos de calamidad.

Así que, cuando no pude encontrar financiación, ya tenía un plan de respaldo listo para reconvertir a iSuppli en un "proveedor de inteligencia de mercado" en el mundo de la electrónica. Pero esto requería prescindir de las tres cuartas partes de los empleados de iSuppli. Yo había sido honesto con todos mis empleados durante la crisis, dándoles actualizaciones semanales sobre la búsqueda de financiación y hablando con ellos cuando venían a mi oficina para preguntarme si había novedades. Tras todos los esfuerzos hechos, nadie se sorprendió de los despidos. Lo que es más importante, ni una sola de las personas esenciales para mantener nuestro negocio de recolección de información y datos perdió la confianza en iSuppli, ni dejó la compañía —mantuve la cuarta parte del equipo que era fundamental para la supervivencia de la empresa.

En ese punto, los inversionistas veían a iSuppli como un fracaso. Nos dejaron seguir con el negocio porque aún disponíamos de dinero en el banco, pero demandaban mi cabeza. Una parte considerable de mi riqueza estaba comprometida en iSuppli, así que no tenía problema con que los inversionistas de riesgo buscaran a un director ejecutivo que pudiera hacer más valiosa a la compañía. Pero mientras eso sucedía, no iba a dejar que la búsqueda del nuevo director ejecutivo me distrajera de hacer que nuestro negocio de inteligencia de mercado fuera lo más rentable y valioso posible. Podría haberme plantado y haber decidido mostrarle a la junta quién era el jefe, pero elegir a alguien que hiciera de iSuppli una empresa más rentable era el interés de todos. Unos seis meses después de los despidos, los inversionistas de capital de riesgo cancelaron oficialmente la búsqueda de un nuevo director general. Dijeron que mi visión de aumentar el valor de iSuppli como empresa de inteligencia de mercados era más atractiva que la visión de cualquier otro candidato a director. Incluso, aunque mis socios en iSuppli no se dieran cuenta en ese momento, la tercera crisis en la vida de iSuppli se había evitado gracias a que tenía un sólido plan de contingencia.

Sufrimos una cuarta crisis existencial porque nuestros clientes siguieron decreciendo y reduciendo su presupuesto durante varios años tras el estallido de la burbuja de las puntocom. A pesar de los recortes, los clientes querían que les proporcionáramos cada vez más datos e información. Pensaba que satisfacerlos mientras hacíamos crecer nuestro negocio era una gran oportunidad que no podíamos dejar pasar o nuestros clientes buscarían a nuestros competidores para que les proporcionaran lo que nosotros no les estábamos ofreciendo. El desafío exigía desarrollar un nuevo servicio de datos o información en el lapso de un año y que en otros 6 a 12 meses varios clientes comprobaran que la calidad de los datos era lo que buscaban, y así incluir la información en sus propios sistemas. Solo en ese momento, nuestros datos serían valiosos para ellos. Aunque nuestras inversiones en nuevos servicios comenzaron a dar rendimientos entre 18 a 24 meses —tiempo relativamente corto para conseguir rentabilidad—, nuestros inversionistas de capital de riesgo no quisieron recibirlo en ese momento. Habían cerrado sus inversiones en iSuppli después de dejar nuestro negocio de gestión de cadenas de suministro y no estaban dispuestos a darnos más dinero para expansión así ofreciera beneficios rápidos.

En aquel entonces, yo mantuve el crecimiento de iSuppli prestando dinero de mis propios ahorros y renunciando a mi sueldo para dejarle claro a todo el mundo que las inversiones eran todas por el bien de iSuppli y no para mi propio beneficio. Todos estaban contentos, al menos durante unos meses, por todos los nuevos datos que habíamos recopilado y por los servicios que los clientes estaban dispuestos a evaluar. Pero entonces, mis fondos sufrieron una caída repentina. Mi antigua empresa, IR, luchaba por mantener su rentabilidad y el precio de sus acciones cayó en picada dejando las acciones que aun poseía sin valor alguno. Sin ninguna manera de financiar la compañía, me encontré en una posición que me había prometido evitar a cualquier precio —tener que buscar nueva financiación en 90 días para poder pagar la nómina—. Si no lograba pagarles a mis empleados, todo se echaría a perder, los mejores se irían de inmediato y esto haría fracasar a la empresa. Si iSuppli colapsaba porque me había quedado sin dinero para pagarles a mis trabajadores, sería considerado un empresario incompetente y nadie volvería a escucharme. Incluso las personas ajenas a IR llegarían a cuestionar mis logros pasados. Yo no podía soportar esa idea. Para mantener a iSuppli en marcha estaba dispuesto a hacer lo que estuviera a mi alcanza, siempre que fuera legal y no arruinara a mi familia.

Pedí un segundo préstamo hipotecario sobre mi casa, lo que me dio algo más de dinero, pero al final, no tuve otra alternativa que convencer a los inversionistas para que pusieran más dinero. Buscar nuevos inversionistas no habría funcionado porque cualquier nuevo inversor querría estar a la cabeza a la hora de recuperar su dinero. Los inversionistas profesionales que ya tenía nunca estarían de acuerdo en que otros tuvieran condiciones más favorables que las que ellos tenían. Por suerte, iSuppli siguió creciendo durante la explosión de la burbuja de las empresas puntocom y el subsiguiente caos tecnológico, así que la compañía seguía teniendo valor. No tenía ningún sentido dejarla colapsar, aunque la lógica no siempre rige las decisiones relacionadas con el dinero, el poder y el estatus. La negociación con los inversionistas de riesgo fue penosa y humillante. Tuve que acceder a cancelar los préstamos e inversiones anteriores para conseguir tres préstamos nuevos para iSuppli con unas tasas de interés mucho mayores y a más tiempo. Podríamos pagar los préstamos en su totalidad solo si seguíamos creciendo tan rápido como hasta ese momento y sin necesidad de más inversiones. Pagar los préstamos a tiempo parecía imposible, pero la única alternativa viable que tenía era aceptar estos términos —y los inversores lo sabían.

La empresa continuó continuó creciendo con rapidez y utilizamos gran parte de los préstamos para culminar el desarrollo de varios servicios de nuevos datos que aceleraron nuestra expansión. Los préstamos no solo salvaron la empresa y los trabajos de todos sus empleados, también me beneficiaron personalmente. Tal y como se había decidido antes, siendo el mayor inversionista, tenía derecho a hacer parte del sindicato de préstamos. Al principio, no tenía suficiente dinero para participar, pero las acciones de IR recuperaron pronto su valor, así que logré participar en los dos últimos préstamos. Estos tenían las tasas de interés más elevadas y me rindieron unos ingresos decentes cuando se vendió iSuppli unos años más tarde por $100 millones de dólares.

No dejé que iSuppli fracasara porque no podía hacerles frente a las consecuencias de la derrota, como me pasó con Table of Contents. Nadie comprende que la respuesta a "cuándo tirar la toalla" en realidad ya está lista cuando decides comprometerte a fundar tu propia empresa. Fundé Table of Contents para validarme como hombre de negocios que sabía cómo crear sus propias oportunidades de negocio. Así que no podía dejar que mi empresa acabara con mi riqueza si quería seguir considerándome un buen hombre de negocios. Cuando fundé iSuppli, una década después de empezar Table of Contents, mis motivaciones habían cambiado. Para mi propia satisfacción, ya había demostrado que era muy bueno liderando grandes y complejas empresas a nivel mundial y en tiempos difíciles, logrando capturar las grandes oportunidades que se cruzaran en el camino. IR iba mejor que nunca en su historia a pesar de la intensa competencia mundial y de los turbulentos mercados. Cuando fundé iSuppli, quería demostrarme que era capaz de crear un valor significativo por mi cuenta, sin depender del legado de mi familia. Así que no renunciaría, fuera cual fuera el impacto económico, hasta que la pregunta de si tenía lo que se necesita para crear algo valioso por mí mismo se resolviera de una forma u otra. Era claro que no iba a dejar que las crisis existenciales que he descrito me vencieran —estas eran meros desafíos que tenía que descubrir cómo superar.

Por eso, cuando los emprendedores me preguntan acerca de "cuándo es bueno retirarse", en realidad lo que quieren es la reafirmación por parte de una autoridad superior de que su búsqueda personal sigue siendo válida. El desafío que muchos emprendedores deben enfrentar es que no entienden las motivaciones reales que los han embarcado en sus propias aventuras —de lo contrario, ya sabrían qué más hacer.

La pregunta real no es cuándo retirarse, sino si hay que hacerlo o no.

CAPÍTULO 11

¿Debería?

L a pregunta de si deberías convertirte en emprendedor o invertir en la empresa emergente de tu sobrino termina siendo una pregunta de tipo existencial: ¿quieres emprender un viaje para el que nunca vas a estar listo por completo? Ya hemos hablado de cómo estar mejor preparado. Asegurándote de:

- Sentirte feliz de hacer felices a otros y pedirles dinero a cambio.

- Haber acumulado "suficiente" de los activos esenciales para iniciar.

- Ser "tan bueno" como para competir en una liga de emprendimiento en la que te sentirás participando a gusto.

Desde luego, la mayoría de los emprendedores nunca ha considerado estos prerrequisitos y ha fracasado. Sin embargo, este libro no ofrece una fórmula mágica; solo elementos esenciales y buenos ejemplos. Por desgracia, cumplir con los criterios aquí delineados tampoco te garantiza el éxito. Tan solo aumenta tus probabilidades, o, dicho en otros términos, reduce tu riesgo de fracasar. Marcar como verificadas todas las casillas de motivaciones (una idea que traiga felicidad, habilidades y activos adecuados) no siempre significa que deberías tratar de iniciar tu propia empresa. De igual manera, el hecho de no tener todo alineado tampoco quiere decir que el emprendimiento no sea tu mejor movida. Ni siquiera una bola de cristal te responderá bien a la pregunta *¿debería?* La pregunta más pertinente es cómo te hará sentir (a ti y a tus seres queridos) el viaje de emprendimiento, independiente de cómo termine. Y como los viajes de los emprendedores de alto riesgo y de cimientos firmes son tan diferentes, la pregunta de si "deberías" también busca determinar qué tipo de emprendimiento es el mejor para ti.

La primera década de la carrera emprendedora de Jordan fueron fue gloriosa para él. En ese corto tiempo, Sausage Kingdom creció hasta distribuir salchichas en una docena de aeropuertos, en todos los estadios deportivos del sur de California, en dos de los destinos turísticos más populares del mundo y en muchas cadenas minoristas de comidas rápidas y de rápido crecimiento como Trader Joe's y Costco. Por el camino, Jordan enfrentó bastantes desafíos y crisis (muchos de los cuales se pudieron haber evitado, como hemos visto), pero estaba ganando más dinero del que jamás había imaginado. En este punto, algunos emprendedores piensan en vender mientras todavía tienen éxito, pero para Jordan, su Sausage Kingdom ahora era su vida y nada lo haría renunciar. Lo que él no divisaba en ese momento era que la magnitud de sus errores crecería con el tiempo, pues sus habilidades y las de su equipo no estaban a la altura de las oportunidades que se le estaban presentando.

A los 11 años de la fundación de su empresa, Jordan recibió una llamada del presidente de los Trailblazers de Portland. Tanto él como Paul Allen, el propietario del equipo de baloncesto y cofundador ya jubilado de Microsoft, eran tan fanáticos de las salchichas Jody Maroni, que le ofrecieron un espacio prominente en el centro comercial que Allen estaba construyendo al lado del estadio de baloncesto de esa ciudad. El local de Jordan iba a ser un vistoso restaurante que serviría inigualables salchichas en todas sus variedades. La idea lo emocionó, pues podría crecer y convertirse en una gran cadena de restaurantes y esta oportunidad le abriría más puertas para agradarle a más gente.

Jordan gastó más de $1 millón de dólares de su propio dinero abriendo un bello restaurante a gran escala de cerveza y salchichas, pero la gente visitaba el centro comercial solo en la temporada de juegos y durante más de la mitad del año este permanecía vacío. Todo el centro comercial fue un desastre financiero. Paul Allen pudo permitirse esas pérdidas, pero casi todos los ahorros de Jordan se agotaron. Aun así, él seguía obteniendo utilidades con sus otros negocios y estaba teniendo éxito equipando una fábrica y un almacén más grandes para suplir todas las ventas que Costco estaba generando. Con un flujo de caja positivo, Jordan pensó que hacer crecer Sausage Kingdom lo más rápido posible era su mayor prioridad, así que, por su propia cuenta, abrió más puestos de salchichas en algunos aeropuertos más pequeños y comenzó a franquiciarles el Sausage Kingdom de Jody Maroni a varias docenas de personas que habían estado buscando esa oportunidad. Sin embargo, cuando se presentaron los ataques de 9/11 y los aeropuertos y los lugares turísticos donde se encontraban localizadas muchas de sus tiendas se desocuparon, gran parte de sus franquicias quedaron fuera del negocio dejándolo con grandes cuentas por pagar y sin flujo de efectivo.

Para empeorar el panorama, la situación familiar también entró en crisis, pues el hermanastro de su esposa —molesto porque Jordan nunca le había dado empleo, ni le prestó atención a ninguna de sus ideas— comenzó una empresa de salchichas para hacerle competencia, así que Jordan demandó a su cuñado, lo cual sumió a la familia en un caos peor. Fue entonces cuando, pocos meses después, su esposa lo dejó. Siendo siempre sensible a las personas que amaba, Jordan rentó una casa cerca de ella y de sus hijos, de tal forma que tuvo que asumir gastos adicionales con tal de sentir que la familia todavía funcionaba.

Luego Costco, su mayor cliente, comenzó a presionarlo para que redujera más los precios. Por su parte, Jordan había comprado y acondicionado su nueva fábrica para lograr abastecer las ventas de Costco y todavía tenía grandes cuentas por pagar. Se sentía insultado.

Después de un año de regateo, Costco canceló todas sus órdenes y se fue con un nuevo proveedor que había copiado los sabores de Jody Maroni, pero usaba ingredientes más económicos. Sin Costco, la nueva fábrica era un desastre financiero.

Además de todo esto, algunas de las franquicias de Jordan estaban generando pésimo rendimiento y sin la supervisión o el apoyo adecuados comenzaron a variar las fórmulas de preparación originales y a bajar la calidad. Por primera vez, Jordan comenzó a recibir cartas de clientes que se sentían molestos ante la experiencia de comer en Jody Maroni's Sausage Kingdom.

Así las cosas, durante los siguientes cuatro años, Jordan se vio obligado a despedir empleados, a cerrar la nueva fábrica que acondicionó para atender a Costco junto con los nuevos puestos que abrió y que le estaban generando pérdidas. Como Jordan temía que la gente dejara de apreciarlo por hacer esos recortes, dilató su decisión de hacer recortes en los costos, por lo cual tuvo que tomar dinero prestado para mantenerse a flote.

Al final de esos cuatro años de recortes de costos, por fin Sausage Kingdom volvió a generar utilidades y Jordan sintió que podía reconstruir todo, pero entendió que debía conseguir ayuda profesional para llevar a cabo su segundo intento de hacer crecer la empresa. Ya no se sentía seguro respecto a sus habilidades para hacer los contratos de las franquicias, ni para tomarlas, así que contrató a una firma consultora para encontrar a alguien que supiera cómo revigorizar el crecimiento de la empresa mediante franquicias. El reclutamiento resultó ser más difícil de lo que Jordan esperaba, pues a la mayoría de los ejecutivos de franquicias no le interesaba trabajar con él. Un ejecutivo que sí mostró interés tenía experiencia en la industria de alimentos, pero era muy limitada en cuanto a franquicias. Aun así, Jordan accedió a nombrarlo presidente de la compañía y este nuevo presidente procedió a solicitar créditos para crear una infraestructura de logística y les vendió franquicias a propietarios de bares que conocía y que creían que salchichas de buen sabor mejorarían sus ventas de licores. Sin embargo, la inexperiencia del nuevo presidente en cuanto a la supervisión de la infraestructura de la logística resultó en sistemas y software que no operaban como era debido, generando así pérdidas adicionales. Algunas de las nuevas franquicias comenzaron a incumplir sus pagos porque sus negocios de bar no habían crecido como sus dueños esperaban que crecieran. Viendo que las pérdidas aumentaban con rapidez, Jordan vio que su presidente no tenía idea de cómo resolver los problemas que sus decisiones habían provocado. Entonces, lo despidió, pero el daño ya estaba hecho. Con muchas deudas por pagar, Jordan tuvo que cerrar la operación de las franquicias por segunda vez. Hoy, todavía está pagando esas deudas, dirige su punto de venta original en Venice Beach y vive en el segundo piso del local. Otros comerciantes de Venice lo veneran y lo llaman "el héroe del muelle".

Jordan Monkarsh piensa mucho en si debió o no haber comenzado su Sausage Kingdom. Medita acerca de lo que habría podido hacer de otra manera: vender su negocio cuando estaba en su mejor momento, contratar personas con mayor experiencia para que lo ayudaran o solo pedir consejo. Pero aunque los más cercanos a Jordan ya no lo ven como un emprendedor de éxito (no pudo mantener en pie su imperio de salchichas, ni su familia), él se siente muy bien con respecto a la mayoría de lo que ha hecho: hizo felices a millones de personas con las mejores salchichas que hayan probado, empleó a miles de personas y muchos lo apreciaron por lo que hizo. Él sigue siendo un héroe para el pequeño equipo que sigue trabajando para él y esto se ve reflejado en la atención y respeto que recibe de sus leales seguidores que todavía van al paseo del muelle de Venice Beach solo para satisfacer su gusto por las salchichas.

Claro que sí, pedir consejo y dominar habilidades de negocios y liderazgo desde el comienzo en lugar de hacerlo después habría sido de gran ayuda para Jordan. Pero aun así, él hizo un excelente trabajo al tomar una idea y desarrollarla sin parar hasta convertirla en un negocio grande y rentable, aunque ahora no lo sienta así.

Todo emprendedor se enfrenta al desafío de cuestionar sus motivos y métodos en algún punto de su viaje. Desarrollar una empresa, ya sea enorme como Walmart, o pequeña como 1-800-AUTOPSY, siempre, siempre será estresante. Y siempre exige esfuerzo crear una empresa que haga felices a muchos clientes. Todos los emprendedores, no importa cuán exitosos lleguen a ser, en algún momento, se vuelven irritables y se deprimen. Muchos llegan al punto en el que se preguntan si han tomado las decisiones correctas para llegar a donde están. Es ahí cuando deben recordar lo que hacen para hacer felices a otros y preguntarse a sí mismos cómo hacer para brindarles todavía más felicidad. Jordan se hizo esa pregunta varias veces y eso le ayudó a seguir adelante. Si la respuesta a esta pregunta pierde su interés y emoción, si parece que no hay más felicidad para dar, entonces es hora de detener la marcha y vender o cerrar la empresa.

Hoy, Jordan pasa la mayor parte de su tiempo libre leyendo libros sobre antropología. Para él, leer sobre otras culturas es tan cautivante como lo es para el resto de nosotros leer una historia de suspenso. Además, Jordan espera con ansias las horas que pasa con sus hijos y nietos. Es un hombre feliz que ha hecho felices a muchos, y las salchichas son mucho más interesantes de comer solo por Jordan. Nadie justifica el hecho de pensar en que Jordan debió haber renunciado mientras mantenía el liderazgo.

Una historia común entre los emprendedores es la que va de la pobreza a la riqueza y vuelve a la pobreza. Como Jordan, la mayoría de los emprendedores a quienes les va muy bien en algún punto no puede mantener su pico de generación de valor. La competencia, las condiciones del negocio y los deseos de los clientes siempre están en constante cambio. Mantener la concentración por largos periodos es muy difícil. Cerca de dos tercios de las empresas en la lista anual de *Inc. Magazine* sobre las 5.000 empresas privadas de más rápido crecimiento en los Estados Unidos o se reducen de tamaño o terminan siendo vendidas en condiciones desfavorables después de haber estado en la lista. Esto significa que el éxito se debe alcanzar una y otra vez, de manera constante.

La historia de Jordan constituye un relato de advertencia acerca de los errores esenciales que los emprendedores de éxito tienden a cometer en un comienzo. También es una ilustración respecto a si vale la pena o no correr los riesgos del emprendimiento, así como una reflexión en cuanto a qué es lo que en realidad constituye el éxito en un emprendimiento. ¿Es iniciar una empresa innovadora? ¿Es crear una empresa rentable que sostenga al emprendedor y a muchos empleados a la vez que hace muy felices a los clientes? ¿Es crear una empresa que dure para siempre o al menos más que una generación? ¿Es demostrarle a tu padre que al fin de cuentas sí eres bueno en algo? ¿Es hacer algo que te haga feliz sin importar lo que piensen tu padre, ni los demás? Las respuestas, como lo demuestran los relatos de Sam, Walt, Estée, Ray, Jordan, Stephanie, Vidal y Ken, dependen de por qué iniciaste la empresa en primer lugar y qué necesitabas demostrarte a ti mismo al embarcarte en tal aventura.

Como el viaje es impredecible, la clave está en la preparación. Este es el ingrediente que reduce los errores en el emprendimiento. Te preparas tú mismo para el viaje al:

- Concentrarte en tus motivaciones (por qué).

- Acumular los activos necesarios (cuánto)

- Dominar habilidades básicas (cómo)

- Elegir dónde y contra quién vas a competir (qué tan bueno)

Todos los emprendedores perfilados en este libro se prepararon en alguna medida y en cada caso su preparación determinó cómo terminaría su empresa. Así que la pregunta de si "deberías" comienza con una pregunta directa a cada emprendedor con respecto a si ellos debieron haberse preparado. ¿No? ¡Entonces, no lo hagas!

Asumiendo que te has preparado, entonces la pregunta de si *deberías* pasa a ser si deberías seguir el camino de alto riesgo o de cimientos firmes. Considera el claro contraste entre las características de los emprendedores bien cimentados y los de alto riesgo.

Bien cimentados	De alto riesgo
• Quiero reducir el riesgo de pérdida personal (dinero, estatus, relaciones).	• Quiero maximizar la ganancia personal (dinero, estatus, redes).
• La carrera se gana lento y a paso firme.	• Dispárale a la luna y fracasa rápido.
• No puedo permitirme el fracaso ni tampoco puedo justificarlo con los que se ven afectados.	• El fracaso es una experiencia de aprendizaje.
• Construiré mi negocio con utilidades.	• Usaré tanto dinero de otros como me sea posible.
• Mido mi éxito basándome en alcanzar mis metas personales.	• Construiré una empresa valiosa haciendo crecer el valor de mis acciones.
• Asociarme con extraños es arriesgado y debería evitarlo	• Asociarme con extraños es menos arriesgado que no tener suficiente dinero para invertir.

Estas son maneras de pensar contrastantes y que conducen a dos caminos de emprendimiento muy distintos. Los emprendedores bien cimentados llegan a entender que tuvieron éxito gracias a su habilidad personal de hacer muy felices a sus clientes (y de pedir dinero a cambio) y de animar a otros para que les ayudaran a lograrlo. Como su viaje es personal, el fracaso es personal. Por tal razón, los emprendedores bien cimentados evitan riesgos innecesarios e invierten tiempo y esfuerzo minimizando los riesgos asociados con los pasos que deben dar.

Muchos emprendedores de alto riesgo se sienten igual y solo eligen ese camino porque creen que de otra manera no pueden competir en el negocio que han elegido. Ciertos tipos de negocios, por su propia naturaleza, son de alto riesgo —y los emprendedores que se sienten cómodos con los riesgos tienen una ventaja al iniciar esas compañías—. Las empresas cuyas ventajas competitivas surgen de crear efectos de red o de ser las primeras en desarrollar las economías de escala para reducir costos a niveles masivamente rentables requieren de emprendedores de alto riesgo e inversionistas de capital muy astutos. Las empresas que son muy reguladas y que requieren años de pruebas, tales como los dispositivos farmacéuticos y médicos, necesitan grandes cantidades de capital como apoyo y quizás hasta necesitan un método de alto riesgo para ser viables.

Pero algunos emprendedores de alto riesgo eligen su camino no por necesidad, sino por mentalidad. Para algunos de ellos, el alto riesgo connota alto retorno porque creen que el riesgo está relacionado con el retorno. Pero las teorías económicas de los riesgos frente a los retornos solo se aplican en mercados perfectos con grandes cantidades de compradores y vendedores de unidades de riesgo bien definidas, como con acciones o bonos específicos. Alto riesgo no significa alto retorno para un emprendedor individual. El vínculo ni siquiera se aplica al portafolio de la mayoría de las empresas de capital de riesgo, porque la mayoría de ellas les devuelve a sus inversionistas mucho menos dinero del que se habría esperado por el riesgo adicional. Es más, como hemos visto con Sam Walton y Estée Lauder, *se pueden obtener grandes retornos al tomar pequeños riesgos, en particular cuando estos proporcionan información directamente relacionada con cómo mejorar los retornos casi sin correr ningún riesgo.*

Para alinear sus objetivos con los de sus socios de capital de riesgo, los emprendedores de alto riesgo deben fijar como su principal objetivo hacer crecer el valor de las acciones de su compañía sin importar si este se alinea con sus motivaciones esenciales. Los emprendedores con esa mentalidad han cambiado su objetivo final que es hacer felices a los clientes, por complacer a los inversionistas. Estos emprendedores de alto riesgo aumentan en gran medida sus riesgos personales, al punto que, en algún momento, los clientes o los inversionistas terminan rebelándose contra ellos. Crecer rápido y tener el potencial de fracasar rápido tiene mucho sentido si todo se trata de generar cantidades masivas de dinero en poco tiempo.

Muchos inversionistas de capital de riesgo aseguran que ofrecen experiencia y contactos valiosos, lo cual reduce el riesgo. Sin embargo, son pocos los emprendedores que reconocen que la experiencia de los capitalistas de riesgo y sus contactos fueron determinantes para su éxito.

Usar la experiencia y los contactos de los inversionistas de capital de riesgo es como un callejón sin salida: un emprendedor que para tener éxito necesita la ayuda de un capitalista de riesgo no es alguien en quien el inversionista de riesgo sentirá confianza para permitirle liderar una compañía.

El punto de este libro es que todos los emprendedores tienen la responsabilidad de prepararse para sus viajes de emprendimiento y deben realizarlos con responsabilidad. *No* lo intentes solo porque parece divertido o para demostrarte algo a ti mismo o a tus padres. Hay demasiado en juego desde la perspectiva humana, así no tengas mucho en juego en términos financieros. Vidal Herrera tenía poco dinero en juego cuando comenzó 1-800-AUTOPSY, pero él y su familia sí tenían mucho en juego a nivel personal. Pero Vidal estuvo preparado para la oportunidad cuando la identificó. Si no hubiese pensado en cómo disminuir el dolor que sentía mientras hacía las autopsias, y si no hubiese estado preparado siendo un muy hábil y eficiente asistente del coronel, habría fracasado haciendo felices a los de la Administración de Veteranos y el fracaso lo habría matado y destruido a su familia.

Procurar convertirte en un emprendedor no tiene nada que ver con un rasgo en particular, ni con carisma, ni con el hecho de si te gusta o no correr riesgos, ni si eres muy bueno programando computadoras. Esos son mitos. Ignóralos.

La cuestión es si te has tomado el tiempo necesario y has invertido la energía y las ideas necesarias preparándote y si entiendes qué camino de emprendimiento es el mejor para ti. Todo lo que no sea una preparación responsable es una clara muestra de que no estás tomando en serio tu compromiso de hacer felices a tus clientes.

CAPÍTULO 12

Y qué...

Salvo en casos de emergencia, el presidente de Estados Unidos no viaja sin haberlo programado. Hay miles de personas involucradas en la planificación de los viajes del presidente fuera del área de Washington D.C. No obstante, encontramos una excepción en marzo de 1992. Sam Walton había sido elegido para recibir el mayor honor civil de los Estados Unidos —la Medalla Presidencial de la Libertad— y George H. W. le ordenó a su equipo que, en pocos días, organizara un vuelo a Bentonville, Arkansas, para él concederle personalmente ese galardón. Aunque por aquella época Sam estaba confinado a una silla de ruedas, no pudo evitar estar radiante en la ceremonia, delante de una multitud de más de 1.000 amigos, familiares y socios. El presidente pasó casi 15 minutos hablando con Sam y con Helen. Cuando llegó el momento de recibir la medalla, Sam, siempre determinado a hacer lo correcto, se levantó de su silla de ruedas y permaneció en pie mientras el presidente le colocaba la medalla en el cuello.

Sam siempre quiso hacer lo correcto, lo que para él significaba hacer las cosas cada vez mejor. No solo con los clientes de Walmart y sus empleados, también con su familia y con la comunidad. A diferencia de otros muchos empresarios, Sam nunca dejó que su éxito fuera a expensas de los que le rodeaban, ni nunca se atribuyó todo el mérito de lo que hizo; siempre reconocía el papel de Helen como su socia y solía reconocer rápidamente el mérito de otros. Lo que hacía feliz a Sam era hacer felices a los demás y por eso es un ejemplo a seguir tan duradero e integral; él representa en qué consiste el emprendimiento.

Puede que Sam nunca hubiera usado una computadora personal, pero se aseguró de que Walmart usara computadoras desde el comienzo para mantenerse a la vanguardia de los minoristas. Tampoco usó nunca un teléfono móvil, pero se aseguró de que Walmart tuviera acceso a su propia conexión de comunicación satelital desde el momento en el que la tecnología estuvo disponible para que su equipo pudiera hacer un seguimiento del rendimiento de sus tiendas en tiempo real. Si Sam todavía estuviera vivo, seguro que estaría empleando la tecnología más moderna para supervisar sus tiendas y servirles mejor a sus clientes. Las herramientas y tecnologías cada vez más sofisticadas de la actualidad han cambiado las técnicas que los emprendedores usan para satisfacer a los clientes y pedirles dinero a cambio, pero nada ha cambiado el quién, el qué, el cuándo, el dónde, el cómo y el porqué del emprendimiento, ni lo que debes hacer y pensar *antes* de decidir qué herramientas y técnicas específicas pueden ayudarte.

El ritmo del mundo del emprendimiento tampoco ha variado, aunque hoy en día tenemos mucha información disponible al instante. Puede que el director ejecutivo de una empresa de rápido crecimiento tenga cada vez más datos que revisar, pero el ritmo de la empresa está limitado por la capacidad del personal involucrado encargado de aceptar e implementar este cambio, no por lo rápido que un software pueda realizar una prueba A/B en una página web. Ningún emprendedor ha logrado jamás un ritmo más rápido de mejora continua a tan gran escala y durante tantos años como lo hizo Sam con su equipo. Todo el equipo de administración debatía y describía las mejoras propuestas todos los sábados por la mañana y Sam contaba con que las mejoras aprobadas se implementaran durante la semana siguiente. Sam inspiraba a su equipo directivo para que buscara el cambio y dedicaba tiempo para asegurarse de que no hubiese impedimentos. Sam Walton siempre será un empresario ejemplar.

Stephanie DiMarco y Ken Marlin también son ejemplos contemporáneos a seguir que también muestran aspectos duraderos del mundo del emprendimiento. Los dos son expertos en cuanto a las más recientes maneras de obtener dinero de sus clientes satisfechos (esto es, modelos de negocio) y en cuanto a qué herramientas están disponibles para conseguirlo de la forma más efectiva posible (esto es, la tecnología). Pero, como hemos visto, Jordan Monkarsh, Vidal Hererra, Estée Lauder, Walt Disney, Ray Kroc, y Sam Walton compartían una fuerte motivación implícita para tener éxito como emprendedores y todos desarrollaron las habilidades necesarias y reunieron de forma intencional los activos necesarios para que sus negocios crecieran y prosperaran. Las lecciones del mundo del emprendimiento son atemporales.

Siendo pioneros para el futuro

Estas lecciones son más necesarias hoy que nunca porque nuestro futuro lo define el concepto que tengamos de cómo funciona el emprendimiento. El principio fundamental hace que sea un componente clave del bienestar de nuestra sociedad. Los emprendedores deben desafiar al *statu quo* para conseguir atención y lograr hacer negocios. Al mejorar la experiencia del consumidor, establecen nuevos estándares y expectativas ya sea en términos macro o micro en casi todos los campos. Y las grandes corporaciones copian las técnicas y los métodos que los emprendedores han demostrado que funcionan —muchos siguen el rumbo que toman los emprendedores—. *Los emprendedores de éxito cambian lo que hacemos y lo que deseamos.* Debido a que ellos crean cambios y nos llevan a aceptarlos ofreciéndonos productos que cumplen con nuestros deseos, asumen una gran responsabilidad en cuanto al rumbo de nuestra sociedad.

Los emprendedores nos hacen cambiar dándonos una opción y convenciéndonos de que es la mejor. La diversidad de opciones a nuestro alcance, hoy y en el futuro, es el resultado de los diferentes antecedentes y ambiciones de un gran número de emprendedores —cada uno de ellos iniciando un viaje diferente para conseguir lo que desea y proporcionarnos lo que nosotros queremos—. Necesitamos una gran cantidad de emprendedores, pero está disminuyendo.

Los emprendedores de éxito también tienen que convencernos de que la opción que nos ofrecen sí implica una mejora sustancial respecto a las que ya estaban disponibles. Lo lograrán con hechos y demostraciones o manipulando nuestros deseos. "Mmmm, eso se ve bien", me hizo pensar Jordan Monkarsh cuando me mostró sus productos Jody Maroni hace 30 años. No puede resistirme a probarlos. Fue simple manipulación de alguien con un enorme instinto de mercadeo. Por suerte para mí, Jordan es un tipo muy ético y no había nada desagradable en sus sabrosas salchichas.

Responsabilidades empresariales

De todas formas, debemos comprender que *el principio fundamental del emprendimiento pone a nuestra sociedad en una trayectoria hacia un hedonismo cada vez mayor,* centrándose cada vez más en satisfacer deseos pasajeros a corto plazo, muchos de ellos procedentes de una manipulación. ¿Por qué? Porque es mucho más fácil, barato y rápido manipularnos para que tengamos un deseo fugaz que ofrecer productos y servicios que creen el tipo de felicidad proveniente de una sensación de bienestar. Forzar los límites del deseo es un negocio muy rentable.

Tanto los emprendedores como las corporaciones han llegado a ser tan buenos comprendiendo la ciencia de la manipulación, la ciencia de crear deseos, la ciencia de la confianza y la ciencia de crear hábitos, que logran que muchos sientan una felicidad pasajera con productos y servicios temporales, y aun así siguen queriendo dinero a cambio. Y con la influencia de la gente experta en mercadeo y los grandes lobistas, los emprendedores y las corporaciones que ganan dinero con este hedonismo pueden asegurarse de que la sociedad no se va a preocupar demasiado por los residuos y los productos intermedios que genera toda esta felicidad pasajera.

Siempre habrá algunos emprendedores dispuestos a sacars provecho de nuestras inclinaciones hedonistas, así como muchos de nosotros estamos dispuestos a entregar nuestro dinero a cambio de gozar de esa felicidad efímera, superficial y manipulada. Y cuando las leyes se mantienen en silencio ante estas acciones, las grandes corporaciones, cuya prioridad es aplacar a sus accionistas sin importar el impacto global de sus productos en la sociedad, seguirán ese mismo camino.

Algunos emprendedores tienen éxito apelando a nuestros instintos básicos. En muchos lugares la prostitución, las apuestas y las drogas están fuera de la ley, pero los emprendedores inmorales siguen ofreciendo estos servicios y empleando su ingenio para evadir la ley. Aunque los conceptos que hemos explicado también podrían servir como guía para alguien que quiere iniciar una empresa de distribución de drogas ilícitas, todos esperamos que este libro no se use para tal fin. Aunque no es ilegal, en los últimos tiempos, muchos emprendedores han aprendido a satisfacer a una gran mayoría de hombres, poniendo pornografía gratis en internet, de modo que un pequeño porcentaje de usuarios esté dispuesto a pagar para ver más. A muchos padres les preocupa el efecto que esto tenga en sus hijos y en la sociedad. Ahora, las familias con hijos tienen que invertir dinero y recursos para controlar lo que sus hijos ven en internet en casa e incluso en las casas de sus amigos. Los empresarios han demostrado en repetidas ocasiones que es un buen negocio volver los alimentos más atractivos haciéndolos cada vez más dulces; observa el irresistible aroma de los muffins y el problema de la obesidad en nuestra sociedad. No importa qué cosas nos puedan hacer desear, siempre habrá un emprendedor dispuesto a dárnoslas. Por esta razón, y debido al impacto que tiene el emprendimiento en nuestra sociedad, tenemos la obligación de ayudarles a nuestros emprendedores a tener éxito, pero también a ser la brújula moral de nuestra sociedad.

El alboroto mediático que rodea a los emprendedores arriesgados que de repente se ganan un billón de dólares distorsiona la perspectiva de muchos aspirantes a serlo. El concepto de que hacerse rico y rápido es la motivación de todos los "verdaderos" emprendedores ha llevado a algunos aspirantes a hacer todo lo posible por tener éxito —lo cual a veces incluye eludir o quebrantar la ley—. ¿Por qué no tomar atajos, emplear proveedores no éticos, falsificar informes o lanzar productos al mercado antes de probarlos por completo? ¿Por qué no explotar la inocencia de los usuarios a la hora de buscar satisfacción? ¿Por qué no capturar información personal y perfiles de niños y venderlos a otras compañías? La publicidad engañosa respecto al mundo del emprendimiento hace que los empresarios justifiquen comportamientos socialmente cuestionables en nombre de la innovación y el cambio.

Los emprendedores pueden ayudarnos a encontrar nuestro mejor yo y a ayudar a otros. Ellos nos han proporcionado mejores medicamentos, tratamientos médicos e impresionantes prótesis. Han hecho que la educación sea más accesible para aquellos que carecían de ella. Han aumentado nuestra seguridad al volante. Nos han proporcionado buenos alimentos para la salud que saben bien. Pero estos no son emprendedores que salen en las noticias de los medios de comunicación, porque ellos no se han hecho ricos de un día para otro.

Las utilidades no deben impulsar a los emprendedores cuando piden dinero a cambio de sus servicios. Pueden pedirles dinero a donantes o fundaciones a cambio de proporcionar felicidad en forma de alimentos, educación o servicios médicos a aquellos que los necesitan.

Debemos entender que siempre que hablamos de emprendimiento, también estamos hablando de valores morales —aquello que nos hace felices de mejorar nuestra vida y nuestra sociedad.

Asegurando empresarios éticos

Casi todos nuestros educadores, asesores políticos, expertos en comunicación e incluso políticos dicen que debemos ser más como emprendedores en nuestra vida y en nuestros empleos. El problema es que todos usamos la palabra "emprendimiento" con un significado diferente, donde cada uno tiene alguna motivación, quizás inconsciente, de que el emprendimiento sea lo que cada uno quiere que sea. Nadie puede forzar a los emprendedores a aceptar las expectativas que otros han fijado sobre ellos. Pero al glorificar o despreciar el emprendimiento, estamos intentando manipular a los emprendedores para que ellos hagan lo que nosotros queremos. Esto es cierto así seas un padre discutiendo a favor o en contra de que su hijo adulto sea un emprendedor o un billonario esperando tener buena aceptación entre un montón de aspirantes a emprendedores para poder ser el primero en elegir si invierte en futuros billonarios.

Pero nuestras fantasías empresariales darán lugar a menos beneficios y a más consecuencias adversas para todos nosotros. El bienestar de nuestra sociedad depende de que inspiremos a muchos para que se conviertan en emprendedores morales que creen servicios a largo plazo sin producir residuos innecesarios.

Las leyes no van a hacer que esto sea una realidad. Siempre habrá un buen número de empresarios con la astucia necesaria para evadir cualquier ley. Debemos entender y aceptar la magnitud del impacto que tiene el emprendimiento en nuestra sociedad y hacer una prioridad el educar a nuestros hijos para que sepan cómo funciona realmente y lo necesario que es ser emprendedores morales. Esta educación debería hacer parte de los planes de estudio en escuelas secundarias, quizá con las ya existentes asignaturas de Educación cívica e Historia Moderna. Enseñar los fundamentos de emprendimiento en la secundaria no solo ayudará a asegurarnos de educar a los estudiantes con destrezas necesarias, sino también para que adquieran ética del mundo empresarial. La moral de nuestra sociedad solo se asegura si le transmitimos nuestras creencias a la siguiente generación. Si enseñamos los principios básicos de emprendimiento en la secundaria, lograremos hacer que esta actividad sea percibida como un acto moral poderoso de ayuda a los demás para que sean felices.

En enfoque de nuestra educación de emprendimiento debería centrarse en tres ejes:

1. Los emprendedores hacen felices a otras personas y ganan dinero a cambio. Al hacer esto, tienen un papel esencial para darle forma al futuro de nuestra sociedad.

2. El emprendimiento puede ser o no ser la opción correcta para todos, pero es una elección fundamental que todos debemos hacer. Si quieres ser un emprendedor, elige bien entre las dos posibles opciones: bien cimentado o de alto riesgo.

3. Las posibilidades de llegar a ser un emprendedor de éxito aumentan en gran medida si entiendes el quién, el qué, el cuándo, el dónde, el cómo y porqué del emprendimiento.

Estos principios resumen la causa y el efecto del emprendimiento. Enseñarles a los adolescentes mayores a medida que comienzan a visualizar y experimentar su lugar en el mundo será muy relevante y memorable para ellos. Al estudiar la causa y el efecto del emprendimiento, junto con Historia, Estudios Sociales y Literatura, los estudiantes apreciarán cómo esta actividad ha ayudado a crear un mundo "mejor". Las dimensiones éticas de la Historia, la Literatura y los Estudios Sociales incluyen los valores morales que queremos transmitirles a nuestros hijos; enseñar los fundamentos del emprendimiento al mismo tiempo significará enseñarles a conformar un futuro más moral.

Socavando nuestros cimientos

Existe otro problema muy preocupante respecto al rumbo del emprendimiento. Todo el alboroto mediático en torno a esto está haciendo que nuestra sociedad sea menos emprendedora, no más. El mundo de la creación de empresas, medido según la cantidad de compañías que se crean cada año, y el número de personas considerando fundar una empresa, es cada vez menor. Esta actividad sigue siendo grande: cada año se crean más de 600.000 nuevas empresas solo en Estados Unidos, y más de 10 millones de personas consideran iniciar una compañía. Pero hace 20 años, se fundaban 800.000 empresas al año. Y en aquella época, había 30 millones de personas aspirando a lanzar su propio negocio.

El emprendimiento bien cimentado está en decadencia, así como la tasa de éxito entre los aspirantes a emprendedores de riesgo. El exacerbado interés en nuestra actual búsqueda de unicornios de $1 billón de dólares desaparecerá con el tiempo, así como sucedió con los súperexitosos empresarios de ferrovías o de automóviles o de entretenimiento o incluso de ahorros y préstamos. Pero esta vez, la exageración, apoyada por una activa y adinerada industria de capital de riesgo centrada en emprendedores de alto riesgo que aspiran a hacerlo todo en grande y de forma rápida, ha seducido a los aspirantes a empresarios a ir tras emprendimientos aún más arriesgados en los pocos campos de negocios donde se pueden acumular grandes cifras en poco tiempo.

Y cientos de miles de ambiciosos y enérgicos jóvenes intentan demostrar que son especiales y que merecen ser multimillonarios después de un par de años de mostrar sus ideas. Llenan cientos de nuevas incubadoras y aceleradoras con miles de equipos y conforman las decenas de miles de equipos de nuevas empresas haciendo solicitudes. Pero como vimos en el capítulo "Qué tal si...", el capital de riesgo no está financiando más empresarios de alto riesgo nuevos que antes, así que, prácticamente, los cada vez más numerosos aspirantes a emprendedores de alto riesgo fracasan o van a fracasar.

¿Por qué se está dirigiendo a estos aspirantes a empresarios? Porque el mayor interés de los inversionistas de riesgo es lograr que el mayor flujo de ideas y el mayor número de personas ambiciosas posible se acerquen a ellos para que las firmas de capital de riesgo puedan elegir a los mejores. Y si el aspirante a empresario no comprende el "cómo" de desarrollar una idea, los inversionistas siempre podrán remplazarlo por alguien que sí lo haga.

Al atraer a más y más aspirantes a emprendedores para que tomen la ruta de alto riesgo estamos minando doblemente los cimientos básicos de nuestra sociedad. En primer lugar, muchos de los emprendedores de alto riesgo a los que estamos conduciendo al fracaso podrían haber sido exitosos emprendedores bien cimentados y haber contribuido al bienestar de nuestra sociedad de una manera más deseable que desperdiciando su tiempo y el dinero de otros. En segundo lugar, la gran emoción actual se basa en definiciones muy limitadas de lo que es el emprendimiento y en una glorificación del fracaso que disuade a muchos empresarios con potencial, incluso de intentarlo: "No soy un experto en codificación, necesito ocho horas de sueño y no quiero perder el dinero que mi familia pueda necesitar". Ninguno de los ejemplos de emprendimiento perfilados en este libro, que transformaron la sociedad para bien, fue experto en codificación, ni sufrió de privación de sueño por largos periodos (aunque todos trabajaron duro) o corrió el riesgo de perder el dinero que su familia necesitaba.

Mitos peligrosos

Como hemos visto, muchos mitos sobre el emprendimiento nos afectan como individuos y como sociedad. Para recapitular:

- Mito: *Una buena idea es suficiente.* Hemos aprendido de William Shockley que las ideas por sí solas no son suficientes. El éxito en un emprendimiento requiere no solo de una idea, sino también de todo lo abordado en los capítulos Cómo, Qué tan bueno y Cuánto.

- Mito: *Todos los emprendedores innovan.* Sam Walton se sentía orgulloso de haber tomado ideas prestadas de dónde y de quién pudiera.

- Mito: *Los emprendedores comparten ciertos rasgos esenciales.* Los emprendedores difieren más de lo que se parecen entre sí, ya que el éxito de un emprendimiento requiere aprovechar tus diferencias para diferenciar tu producto o servicio de los de los demás.

- Mito: *Los emprendedores son tolerantes al riesgo.* Los emprendedores bien cimentados trabajan para minimizar pérdidas potenciales.

- Mito: *Alterar los mercados es la mejor estrategia de emprendimiento.* Se puede crear una felicidad significativa haciendo que las cosas ya existentes funcionen mejor.

- Mito: *Las fuerzas del mercado siempre llevan a los emprendedores a mejorar nuestra sociedad.* Los emprendedores buscan ofrecer felicidad; a menudo, donde todavía no existe un mercado y a veces proporcionan una felicidad fugaz que tiende a causarle un daño a largo plazo a la sociedad.

- Mito: *Solo uno de cada 10 emprendedores tiene éxito.* Este mito implica que medimos el éxito de cada emprendedor utilizando la misma métrica independientemente de lo que el empresario quiere o le importa.

- Mito: *El fracaso siempre es bueno porque siempre te hace mejor.* Fracasar por tomar riesgos innecesarios es simplemente estúpido. Los emprendedores experimentados nunca arriesgan más de lo que pueden pagar, ni experimentan con lo que no saben.

- Mito: *Una mentalidad de principiante es esencial para innovar como emprendedor.* Para tener éxito como emprendedor, primero debes dominar las habilidades específicas necesarias para entregar tu producto o servicio de manera más confiable y rentable que otros que ya están en el negocio.

- Mito: *Los emprendedores de éxito son expertos en tecnología.* Los emprendedores de éxito son los que proporcionan felicidad. La tecnología nunca será más que una herramienta para ayudar a un emprendedor a ser más eficaz a la hora de ofrecer felicidad o de cobrar el dinero recibido a cambio.

En cambio, necesitamos entender estas verdades sobre el mundo de emprendimiento:

- Los emprendedores aprovechan sus diferencias para hacer que sus productos y servicios sean más valiosos.

- Los emprendedores hacen felices a las personas y ganan dinero a cambio.

- El liderazgo y los equipos fuertes convierten las ideas comunes en éxitos de emprendimiento.

- Casi todos nosotros podemos aprender las habilidades esenciales de la iniciativa empresarial.

- Tomar riesgos es una opción.

- Los experimentos evitan fracasos.

- La mayoría de los emprendedores exitosos comienzan siendo pequeños y crecen a medida que ganan habilidades y confianza.

- Los emprendedores bien cimentados fracasan con mucha menos frecuencia que los emprendedores de alto riesgo, pero tienen el mismo potencial de impacto y creación de riqueza en la mayoría de los mercados.

- Hacer feliz a un gran número de personas es agotador y cuesta dinero; por lo tanto, a menos que de verdad quieras dinero a cambio de hacer feliz a alguien o a algún negocio, el emprendimiento no es para ti.

Los dividendos del emprendimiento ético

Es hora de contar la verdad acerca del emprendimiento. El emprendimiento es algo grande; involucra grandes números y quizá nos involucra a cada uno de nosotros de forma directa o indirecta. Cerca de la mitad de nosotros ha intentado ser emprendedor en algún momento de nuestra carrera laboral. La mayoría de las personas conoce a un empresario y a muchos de nosotros se nos ha pedido que invirtamos en el negocio de alguien que conocemos. Pero las fantasías que tenemos sobre el emprendimiento han desanimado a muchas personas capaces, con grandes cosas que ofrecer para convertirse en empresarias y han alentado a muchos de nuestros aspirantes a emprendedores a elegir caminos que conducen innecesariamente al fracaso.

Se estima que $530 mil millones, así es, miles de millones, se gastan en lanzamientos de nuevas compañías. La mayoría de ese dinero proviene directamente de los bolsillos de los emprendedores o del capital invertido en sus casas o de créditos. Mucho de este dinero también proviene de regalos, préstamos o inversiones de amigos y familiares. Solo un 10% o 20% de ese dinero, dependiendo del año y el auge de las inversiones en nuevas empresas, viene de extraños e inversionistas profesionales. El gasto en empresas emergentes es una parte cada vez más considerable de nuestra economía. Es dinero que se usa para adquirir equipos, pagar contratistas, contratar ayuda y pagar alquileres. Y gran parte de este lo desperdician emprendedores mal preparados y con casi ninguna posibilidad de éxito. Pero muchas de estas nuevas empresas habrían tenido éxito si sus fundadores hubiesen tenido claros los sencillos pasos que tendrían que haber dado para cambiar los resultados. Decir la verdad acerca del emprendimiento les ayudará a muchos más emprendedores a triunfar, a desperdiciar menos dinero, tiempo y esfuerzo, a destruir menos familias y a aumentar el emprendimiento en general.

Además, decirles a todos la verdad acerca de emprender mientras consideran su elección profesional, ayuda a poner el enfoque del emprendimiento en aumentar el bienestar general y reduce la tentación que los aspirantes a emprendedores sienten con respecto a ganar mucho dinero manipulando personas solitarias, débiles, fáciles de impresionar, así como a la mayoría del resto de nosotros haciéndonos creer que van a satisfacer nuestros placeres fugaces.

Se puede ganar mucho al reconcentrar nuestra conversación en torno al emprendimiento, aprendiendo de grandes emprendedores referentes y poniendo a la luz los mitos que llevan a los emprendedores a asumir riesgos innecesarios, gastar grandes cantidades de dinero y recursos, y fallar cuando podrían haber triunfado. Seremos más competitivos en muchos más negocios. Nuestros productos y servicios mejoraran a un ritmo más rápido. Se crearán más empleos. Y sobre todo, vivir la realidad en cuanto al emprendimiento nos hará más felices a todos en formas más significativas.

Notas

Como este no es un tratado académico, solo enumero las fuentes más relevantes en lugar de las listas completas de referencias pertinentes a un punto en particular.

Capítulo 1: La verdad importa

En el día de apertura... Mi versión de la inauguración añade detalles y difiere en tono y perspectiva al compararla con la versión citada en la autobiografía de Sam Walton (página 58) *Made in America*. En su libro, Sam cita el relato de David Glass en cuanto a su presencia el día de la apertura. Mi descripción de la segunda inauguración de Walmart en Harrison, Arkansas se derivó de mi entrevista con Clarence.

Leído en diciembre 16, 2016. Clarence fue el gerente del Walmart # 1 en su momento y personalmente ayudó con la planificación y ejecución de la apertura de la segunda tienda. También agregué detalles basándome en el archivo fotográfico del evento en los registros de Walmart. Además, surgieron detalles adicionales en una entrevista con Grace McCutcheon, quien participó en el equipo de preparación de la segunda tienda. Ella hace la cita de Vance Trimble en su libro *Sam Walton: The Inside Story of America's Richest Man*. (Página 105).

Más del 60% de los hombres y mujeres trabajadores... Este dato proviene de una encuesta Gallup realizada en marzo 18 al 20 de 2005. Los resultados de la encuesta se pueden encontrar en: http://www.gallup.com/poll/15832/majority-americans-want-start-own-business.aspx

... si eres hombre, las probabilidades son de aproximadamente 50/50. Ver página 13 del libro de Paul D. Reynold, *Entrepreneurship in the United States: The Future is Now.* Las mujeres intentan ser emprendedoras a una tasa cerca de la mitad que los hombres; la razón de esta disparidad genera acalorados debates y sigue siendo una pregunta abierta.

Más del 30% de la población en cualquier momento dado está involucrada en emprendimiento o tiene relación directa con alguien que lo está... Este cálculo proviene de una extrapolación de datos del programa en curso, Global Entrepeneur Monitor (GEM). En su próximo libro, *Business Creation: Ten Factors for Entrepreneurial Success* de la editorial Edward Elgar (Gloucestershire, UK) Paul Reynolds extrapola datos del GEM indicando que desde el año 2016, en Estados Unidos ha habido 17.8 millones de nuevos emprendedores, es decir personas activamente intentando crear un negocio rentable. Luego, uso información del estudio paralelo de GEM, el PSED (Panel de Estudio de Dinámica Emprendedora, por sus siglas en inglés) II, como se encuentra en Reynolds, Paul D., y Richrd T. Curtin. "Creación de empresas en los Estados Unidos: Estudio de dinámica emprendedora II, evaluación inicial". *Foundations and Trends® in Entrepreneurship* 4.3 (2008): 155–307. Usando información en la página 206, tabla 5.3, encontramos que cerca del 21% de estos emprendedores emergentes está asociado con sus cónyuges y otro 7% con un familiar directo. Con estos números podemos estimar que 74,9 millones de adultos tienen relación directa con emprendedores emergentes. Eso representa un 30,5% de la población mayor de 18 en 2016.

. . . Debido a que el financiamiento de amigos y familiares constituye una fuente importante de fondos para muchas nuevas empresas, hay una alta probabilidad de que te pidan invertir en un emprendimiento en algún momento... Para revisión general, visita http://www.kauffman.org/what-we-do/resources/entrepreneurship-policy-digest/how-entrepreneurs-access-capital-and-get-funded. Esta información sobre financiamiento proviene de la lista de *Inc. Magazine* sobre las 5.000 compañías con más rápido crecimiento en los Estados Unidos. Se puede encontrar un análisis más completo de dónde recaudan su dinero los emprendedores en: Robb, Alicia M., y David T. Robinson. "Las decisiones sobre estructura de capital en nuevas firmas". *The Review of Financial Studies* 27.1 (2014): 153–179.

... emprendedores bien cimentados. **Ese término describe al 99,5% de todos los emprendedores que crea más del 90% de la nueva riqueza generada por emprendedores...** Para estimar este número, equiparo los emprendedores de alto riesgo con los emprendedores que buscan financiamiento de etapa inicial con una empresa de capital de riesgo. Solo el 0,31% de las compañías fundadas en 2012 recibió respaldo de capital de riesgo en la etapa inicial según Gornall, Will, e Ilya A. Strebulaev. "El impacto económico del capital de riesgo: Evidencia de compañías públicas". (2015), el cual se puede descargar aquí: https://papers. ssrn.com/sol3/papers.cfm?abstract_id=2681841. Mi estimado del 0,5% toma en cuenta el hecho de que los emprendedores con aspiraciones muy altas empiezan negocios con equipos que en promedio son más grandes, en comparación con los emprendedores con menores aspiraciones, teniendo esta información proveniente de Reynolds, Paul D., y Richard T. Curtin. "Creación de empresas en los Estados Unidos: Estudio de dinámica emprendedora II, evaluación inicial". *Foundations and Trends® in Entrepreneurship* 4.3 (2008): páginas 204 y 248. Esta diferencia indica que un elevado estimado del 0,44% de todos los emprendedores es de alto riesgo y añade cualquier riqueza (este no incluye a los aspirantes a ser emprendedores de alto riesgo que no recibieron respaldo de capital de riesgo). El porcentaje de creación de riqueza depende en gran medida de la definición de creación de riqueza y de cómo se estima para el gran número de compañías privadas que existen. Mientras el mercado de acciones y las tasaciones de capital de riesgo se llevan toda la publicidad, las tasaciones de acciones solo representan la riqueza creada por inversionistas y no por empleados. La generación de empleo es una mejor aproximación de la creación de riqueza para la sociedad en general. Puri, Manju y Rebecca Zarutskie calculan en su artículo "Sobre las dinámicas de ciclo de vida de capital de riesgo y firmas no financiadas con capital de riesgo". *The Journal of Finance* 67.6 (2012): 2247-2293, que las compañías respaldadas por capital de riesgo fueron responsables de crear entre 5,3% y 7,3% de todos los empleos en los Estados Unidos entre 2001 y 2005. Los expertos suelen concentrase solo en tasaciones de acciones públicas de las compañías y por tal razón pueden calcular números mucho más grandes para el impacto que tienen compañías respaldadas por capital de riesgo sobre la generación de riqueza. Gornall y Strebulaev estiman que las compañías respaldadas por capital de riesgo, son responsables del 18% de la capitalización del mercado de acciones, al 2015, de todas las compañías que han salido al mercado de acciones. Las compañías públicas representan solo 4.300 de los 5,8 millones de compañías en los Estados Unidos.

Capítulo 2: ¿Quién?

Conocido colectivamente como la escuela. Esta es la definición más integral de un emprendedor que he encontrado: "En cualquier economía real y viva todo participante siempre es un emprendedor", de Lugwig Von Mises, *Human Action,* Yale University Press (New Haven), 1949, p. 253. Para un artículo de revisión general de por qué la Escuela Austriaca piensa de esa manera puedes leer Kirzner, Israel M. "Descubrimiento emprendedor y el proceso de mercado competitivo: Un método austriaco". *Journal of Economic Literature* 35.1 (1997): 60–85.

Conoce a Jordan Monkarsh... La información acerca de Jordan Monkarsh viene de una serie de entrevistas e intercambios de correos electrónicos que se llevó a cabo desde julio de 2015 hasta agosto de 2017.

...15 millones de emprendedores de tiempo completo en los Estados Unidos hoy... Mira este resumen de la información más reciente de la Oficina de Estadísticas Laborales: https://www.bls.gov/spotlight/2016/self-employ-ment-inthe-united-states/pdf/self-employment-in-the-united-states.pdf

...casi seis millones de negocios que ellos empezaron... Mira las tablas publicadas en https://www.census.gov/data/tables/2014/econ/sus-b/2014-susb-annual.html. Cabe anotar que el conteo de empresas más reciente es de 2014, mientras que el último conteo de personas independientes mencionado arriba es de 2016. Cualquiera interesado en desarrollar teorías o calcular relaciones estadísticas basadas en la información disponible respecto a emprendedores debe prestarles mucha atención a las definiciones usadas y a los rangos de tiempos asociados con las fechas en las que se recopiló la información. Para nuestros propósitos, los números de empresas establecidas en los Estados Unidos cambian lentamente con el tiempo, así que estas comparaciones son legítimas para los propósitos de los argumentos presentados en este libro.

. . . En este momento, cerca de 18 millones de personas están tratando activamente de empezar cerca de 9,5 millones de empresas... Esta información es tomada del libro de Reynolds, Paul. *Business Creation: Ten Factors for Entrepreneurial Success,* de la editorial Edward Elgar (Gloucestershire, UK), pendiente por publicar, basado en la información de Reynolds y Hechavarria, [2016] Monitor de Emprendimiento Global: Conjunto de datos de la encuesta de población adulta, 1998–2012. ICPSR20320-v4. Ann Arbor, MI: Consorcio Interuniversitario para la Investigacion Política y Social [distribuidor], 2016-1214. http://doi.org/10.3886/ICPSR20320.v4.

...y millones más lo están pensando... Ver Reynolds, Paul. "¿Cuándo nace una firma? Criterios y consecuencias alternativos", *Business Economics,* pendiente por publicar, 2017. En este artículo, él discute que las encuestas del GEM y del

PSDE definen a los "emprendedores emergentes" como personas involucradas *activamente* en empezar una compañía, y excluyen de sus estadísticas a las personas que no han alcanzado una serie de tareas mínimas dentro de marcos de tiempo prescritos. Este criterio arrojó como resultado que el 9,8% de los encuestados afirmó estar involucrado en el inicio de una compañía no se tuvo en cuenta, lo que implica que cerca de dos millones de personas lo consideran, pero quizá no estén haciendo lo suficiente para ser contadas oficialmente usando los criterios del PSED o del GEM, al igual que muchas otras que solo lo están pensando y no están tomando acciones todavía.

En promedio, un emprendedor no es más inteligente, más fuerte, más extrovertido o insomne que el resto de nosotros... Hay una serie de abundante y extensa información que describe a los emprendedores. El mejor lugar para conseguir un resumen de esta investigación es el Capítulo 3: Quién se convierte en emprendedor, del libro de Scott Shane, "*Las ilusiones del emprendimiento: Los costosos mitos por los que emprendedores, inversionistas y creadores de políticas se rigen*" Yale (New Haven), 2007. Quiero hacer énfasis en que este informe aplica a todos los emprendedores como grupo y no aplica a algún grupo específico de emprendedores. No sabemos, ni podemos decir si lanzar una nueva empresa exitosa en ciberseguridad pueda requerir un nivel mínimo de coeficiente intelectual o si empezar una exitosa empresa de diseño gráfico pueda excluir a alguien daltónico. Esta amplia declaración tiene como fin afirmar con fuerza que los rasgos (sean características sicológicas o fisiológicas con las que nacemos o que desarrollamos en los primeros años de vida) no impiden que alguien sea algún tipo de emprendedor. Como discutiremos después, las motivaciones son un determinante mucho más importante en el éxito emprendedor.

... menos del 10% de todos los emprendedores, que son mucho más ricos que el resto de la población trabajadora... ibid. Ver figura 6.4 en la página 108. La figura de Scott Shane se deriva de Quadrini, Vincenzo. "La importancia del emprendimiento para la concentración de riqueza y la movilidad". *Review of income and Wealth* 45.1 (1999): 1–19. Para una revisión general de la macroeconomía de cómo se concentra la riqueza del emprendimiento ver: Quadrini, Vincenzo. "El emprendimiento en las macroeconomías". *Annals of Finance* 5.3 (2009): 295–311.

La riqueza representada en la lista de los 400 americanos más ricos de la revista *Forbes* ha sido creada casi en su totalidad mediante iniciativas de emprendimiento... Esto se deriva del reporte de un investigador que fue mi compañero de pregrado, Yash Huilgol: "Rastreando la riqueza del emprendimiento usando el listado *Forbes 400* de los estadounidenses más ricos", con fecha 19 de junio de 2015, sin publicar. El reporte mostró que de 396 personas en la lista *Forbes 400*, 124 heredaron su riqueza de un emprendedor, 263 hicieron su riqueza directamente del emprendimiento y solamente 9 no tuvieron conexión directa con el emprendimiento, aunque esas 9 incluyen a Steve Balmer, Meg Whitman, Eric Schmidt y a otros que ayudaron en el crecimiento de emprendimientos.

... el número de emprendedores ricos está en los millones... Esta afirmación se deriva del hecho de que aquí hay 15 millones de personas que declaran que su actividad principal es como trabajador independiente y, como se citó anteriormente, cerca del 10% de ellos es mucho más ricos que el resto de la población. Emprendedores ricos jubilados aumentarían estas cifras.

El 90% de los emprendedores... gana menos de lo que podría ganar ofreciendo el mismo conjunto de habilidades y experiencias a un empleador establecido... Ver figura 6.3 en página 107 el previamente citado "Las ilusiones del emprendimiento: Los costosos mitos por los que emprendedores, inversionistas y creadores de políticas se rigen". La figura de Shane se deriva de Quadrini, Vincenzo. "La importancia del emprendimiento para la concentración de riqueza y la movilidad". *Review of income and Wealth* 45.1 (1999): 1–19.

Stephanie DiMarco es un ejemplo clásico... La información sobre de Stephanie DiMarco viene de una serie de entrevistas e intercambios de correos electrónicos que tuvo lugar desde julio de 2015 hasta mayo de 2017.

... las investigaciones hasta la fecha muestran que la correlación entre el éxito y cualquier característica, o incluso cualquier grupo de características, es tan pequeña que es irrelevante para la decisión que cualquiera tome de volverse emprendedor... Ver Zhao, Hao, Scott E. Seibert, and G. Thomas Lumpkin. "La relación de personalidad con intenciones de emprendimiento y desempeño: Una revisión de metaanálisis". *Journal of Management* 36.2 (2010): 381–404. Mientras que los autores encuentran algunas correlaciones relativamente pequeñas entre ciertas características y a grandes rasgos define el desempeño de emprendimiento, "también es apropiado que los educadores les sugieran a los estudiantes que la personalidad explica 'solo' cerca del 10% de la variación en el desempeño de una firma y no deberían dar una importancia indebida solo a en este conjunto de factores". En Frank, Hermann, Manfred Lueger, y Christian Korunka, "La importancia de la personalidad en intenciones de creación de empresas, realización de empresas y éxito en los negocios". *Entrepreneurship & Regional Development* 19.3 (2007): 227-251 los autores concluyen que la correlación personalidad-éxito empresarial "prácticamente cae a cero". Por último, Paul Reynolds en su libro "Acciones y resultados de emprendimiento: Qué hacen los emprendedores para obtener rentabilidad". *Foundations and Trends® in Entrepreneurship* 12.6 (2016): es enfático en la página 528 al decir: "Lo que haces es más importante de lo que eres"

Más de la mitad de los emprendedores en los Estados Unidos trabaja para sí misma... Ver Reynolds, Paul D., y Richard T. Curtin. "Creación de empresas en los Estados Unidos: Estudio de dinámica emprendedora II, evaluación inicial". *Foundations and Trends® in Entrepreneurship* 4.3 (2008): página 204.

Fundar una compañía con un cónyuge o un familiar directo como socio es también común, ocurre en más de un cuarto de los casos... ibid. Página 206.

Sin embargo, entre los emprendedores de alto riesgo es común fundar compañías con personas relativamente extrañas... ibid. página 248 encuentra que el 53% de los emprendedores que aspira a crear una compañía "grande" se asocia con extraños. Noam Wasserman, en su libro clásico de emprendimiento, *Dilemas del Fundador,* Princeton (Princeton), 2012, encuentra que solo el 16,1% del gran número de emprendedores respaldados por capital de riesgo que él rastreó, fundó sus compañías solos (ver páginas 73-74).

... muchos emprendimientos de alto riesgo fracasan, al menos en parte, debido a un distanciamiento entre los miembros fundadores claves... Los aspectos complejos de elegir y trabajar con miembros de equipos financiadores es un foco más grande de *Dilemas del fundador,* de Noam Wasserman.

... sí incrementa el estrés familiar... Ver Parasuraman, Saroj, y Claire A. Simmers. "Tipo de conflicto entre empleo, trabajo, familia y bienestar: un estudio comparativo". *Journal of Organizational Behavior* 22.5 (2001): 551–568.

Capítulo 3: Qué

Por todas partes hay oportunidades de emprendimiento... No pretendo decir que "todo" es una oportunidad de emprendimiento ni que "toda" oportunidad de emprendimiento es fácil de reconocer y fácil de explotar. Además, este informe no tiene como fin afirmar que cualquiera puede aprovechar cualquier oportunidad (qué oportunidades puede procurar aprovechar una persona determinada es el tema del capítulo 7: Qué tan bueno). Una declaración más específica seria: "Todo campo tiene oportunidades de emprendimiento para quienes se toman el tiempo y hacen el esfuerzo de entender dónde están fallando los participantes del mercado en hacer felices a sus clientes con sus productos y servicios".

Los Estados Unidos reúne una gran cantidad de datos sobre sus empresas y también un sistema bien establecido para organizarlas en más de 1.000 industrias diferentes. Visita https://www.census.gov/ eos/www/naics/ para una descripción del Sistema de Clasificación de la industria de Norteamérica (NAICS). El número exacto de los códigos NAICS (1,057) es citado en el manual 2017 (https://www.

census.gov/eos/ www/naics/2017NAICS/2017_NAICS_Manual.pdf) en la página 14).

En la actualidad, una actividad emprendedora de alto riego está concentrada en negocios relacionados al software... La Asociación Nacional de Capitales de Riesgo, anuario 2016, da un desglose de las inversiones de capital de riesgo en dólares para el año 2015 en la página 13, Figura 7.0, de la siguiente manera: Software 40%, biotecnología 13%, productos y servicios de consume 8%, medios de comunicación y entretenimiento 8%, servicios informáticos 7%, servicios financieros 5%, industria/energía 5%, dispositivos y equipos médicos 5%, y otros 9%.

El viaje emprendedor de Vidal Herrera... La información sobre Vidal Herrera viene de una serie de entrevistas e intercambio de correos electrónicos realizados desde julio de 2015 hasta mayo de 2017.

Sam Walton creció con lo justo... La información sobre Sam Walton viene de diversas fuentes. Su autobiografía, *Made in América,* ha sido la principal fuente, así como muchos de los relatos hablados recopilados por Walmart Museum, de importancia particular fueron:

Entrevista con Loretta Boss Parker, conducida por Kenneth Durr, 4 de octubre de 2011 en Bentonville, Arkansas.

Entrevista con Gary Reinboth, conducida por Fritz Steiger, mayo de 2012 en WMTV Studio, Bentonville, Arkansas.

Entrevista con Jim Dismore, conducida por Fritz Steiger, 1 de julio de 2012 en Denver, Colorado.

Entrevista con Claude Harris, Conducida por Fritz Steiger, 8 de octubre de 2013 en WMTV Studio, Bentonville, Arkansas.

Entrevista con Clarence Leis, conducida por Fritz Steiger y Derek Lidow, 16 de diciembre de 2016 en WMTV Studio, Bentonville, Arkansas.

También tengo acceso a documentos históricos archivados en el Walmart Museum. Cuando cito un documento archivado o un relato hablado, lo citare específicamente en las Notas. El libro de Vance Trimble, *Sam Walton: La historia personal del hombre más rico de los Estados Unidos* ha proporcionado ocasionalmente perspectivas adicionales.

... ella [Helen Robson] había sido una estudiante brillante y atleta en la universidad... En un relato hablado sobre Helen, su hermano, Frank, recuerda que ella tuvo las más altas calificaciones en su clase. La evidencia de las participaciones de Helen en esgrima viene de artefactos en poder del Walmart Museum.

... respaldado por un préstamo de $20.000 del padre de Helen... Cito aquí los recuerdos de Sam de su libro *Made in América* (Página 28) Vance Trimble y otros citan una cifra de $25.000, pero no toman en cuenta que $5.000 de ese monto venían de los ahorros personales de Sam y Helen.

El transistor fue coinventado por William Shockley... La biografía que Joel Shurkin hace de William Shockley, *Broken Genius: The Rise and Fall of William Shockley* es la descripción más comprensiva del hombre, basada en sus escritos personales y también en entrevistas extensas con familiares y personas que trabajaron con él. El punto de vista de Robert Noyce, un empleado esencial de Shockley Semiconductor y luego fundador de Fairchild Semiconductor e Intel, dicho en el libro de Leslie Berlin, *The man Behind the Microchip: Robert Noyce and the Invention of Silicon Valley.* La mejor descripción de los lapsos de liderazgo de William Shockley está contenida en el libro *Crystal Fire: The Invention of the Transistor and the Birth of the Information Age,* por Michael Riordan y Lillian Hoddeson (ver páginas 247–248).

Steve Jobs y Steve Wozoniak inicialmente trataron de vender tableros de PC a aficionados... ver página 66 del libro de Isaacson *Steve Jobs,* Simon y Schuster (New york), 2011.

Hacen que sus clientes estén tan contentos de que con gusto les dan dinero a cambio... Este es mi resumen de emprendimiento. Junto con mi asociado de investigación, Yash Huilgol, pasamos gran parte del verano de 2015 buscando en vano precedentes y/o investigaciones relacionadas con la felicidad del cliente, el bienestar y el emprendimiento, (encontramos muchas investigaciones que relacionan el emprendimiento con la felicidad del emprendedor).

... muchos aspirantes a ser emprendedores, consciente e inconscientemente, vinculan un estatus social a las oportunidades de emprendimiento que persiguen o rechazan... Ver por ejemplo, Anderson, Cameron, y otros. "El efecto de la escalera local: Estatus social y bienestar subjetivo". *Psychological Science* 23.7 (2012): 764–771.

Capítulo 4: Por qué

Más de un millón de personas aspirantes a ser emprendedoras en los Estados Unidos cada año sí tienen éxito iniciando empresas rentables... Esto deriva de una estimación de la cantidad anual de nuevos emprendedores, derivado de la "tasa de nuevos emprendedores" encontrada en el *Índice Kauffman de actividad emprendedora,* que se puede encontrar en http://www.kauffman.org/ kauffman-index/reporting/startup-activity. Estimo que 30% de estos 4 millones anuales alcanzan rentabilidad. Ese 30% viene de la página 463 de Reynolds, Paul

D. "Acciones y resultados de emprendimiento: Qué hacen los emprendedores para obtener rentabilidad". *Foundations and Trends® in Entrepreneurship* 12.6 (2016): 443–559. Los datos resumidos en la Tabla 5.1 para los Estados Unidos en los estudios de PSED I y PSED II indican que menos de tres de cada 10 nuevos emprendedores, aquellos emprendedores que han comenzado diligentemente a encontrar un negocio han alcanzado "rentabilidad" después de seis años. Estos estudios definen la rentabilidad como hacer dinero suficiente para cubrir gastos y pagar salarios.

Cerca de un 70% de las personas que sí llegan a ser emprendedores a tiempo completo, en un año típico abandona sus esfuerzos o no hace ninguna devolución de dinero... ibid. Estos datos también muestran que después de 72 meses, casi la mitad ha abandonado sus esfuerzos y que menos del 25% todavía sigue tratando de hacer un intento.

...miles de estudios, dirigidos por muchos brillantes investigadores, han arrojado valiosas ideas sobre por qué hacemos lo que hacemos y también por qué hacemos algunas cosas con más determinación, pasión e intensidad que otras. Para una visión general de esta investigación, ver: Elliot, Andrew J., and Carol S. Dweck, eds. *Manual de competencia y motivación* Guilford Publications, 2013.

...hacemos intercambios entre el placer inmediato y los sentimientos a largo plazo de bienestar y propósito... Ver por ejemplo: Ryan, Richard M., and Edward L. Deci. "Sobre felicidad y potenciales humanos: Una revisión de la investigación sobre el bienestar hedónico y eudaimónico". *Annual Review of Psychology* 52.1 (2001): 141–166.

... la diferencia entre las motivaciones implícitas y las explícitas... Esto se refiere a una gran obra del famoso sicólogo David McClelland. Puedes leer el libro, McClelland, D.C., *Evaluando la motivación humana*, Aprendizaje general de prensa (New York), 1971, pero puedes tener una idea clara del trabajo en el artículo de revisión: McClelland, David C., Richard Koestner, y Joel Weinberger. "¿En qué se diferencian los motivos auto atribuidos de los e implícitos?" *Psychological Review* 96.4 (1989): 690–702.

Las motivaciones implícitas y explícitas son diferentes que las motivaciones intrínsecas y extrínsecas, y a menudo son confundidas... No suelen estar relacionadas como motivaciones intrínsecas, en especial durante la niñez, en línea con motivaciones implícitas. Cómo se pueden interiorizar como motivaciones implícitas las motivaciones extrínsecas, esta descrito en Ryan, Richard M., y Edward L. Deci. "Teoría de auto determinación y la facilitación de motivación intrínseca, desarrollo social y bienestar". *American Psychologist* 55.1 (2000): 68.

La mayoría de nosotros no somos muy buenos cumpliendo nuestras motivaciones explícitas si no podemos alcanzarlas con prontitud... Ver el artículo citado previamente, "¿En qué se diferencian los motivos autoatribuidos de los implícitos?"

... nuestro cerebro nos protege de sentirnos muy mal por no haber alcanzado todas nuestras motivaciones explícitas... Ver por ejemplo, Bénabou, Roland, y Jean Tirole. "Economía consciente: La producción, consumo y valor de las creencias". *The Journal of Economic Perspectives* 30.3 (2016): 141–164.

Los académicos han dedicado mucho tiempo a estudiar las razones explícitas que los aspirantes y los emprendedores exitosos mencionan por haber asumido la carga de comenzar una empresa... Para entender el estado de la investigación sobre motivación emprendedora ver: Collins, Christopher J., Paul J. Hanges, and Edwin A. Locke. "La relación entre la motivación al logro con el comportamiento de emprendimiento: Un metaanálisis". *Human Performance* 17.1 (2004): 95–117 y Shane, Scott, Edwin A. Locke, y Christopher J. Collins. "Motivación emprendedora". *Human Resource Management Review* 13.2 (2003): 257– 279 y Carsrud, Alan, y Malin Brännback. "Motivaciones emprendedoras: ¿qué seguimos necesitando?" *Journal of Small Business Management* 49.1 (2011): 9–26.

A menudo, los emprendedores mencionan el "hacer dinero" como su motivación... Ver página 246 de lo citado previamente con Reynolds, Paul D., y Richard T. Curtin. "Creación de empresas en los Estados Unidos: Estudio de dinámica emprendedora II, evaluación inicial". Riqueza y seguridad financiera es en general la segunda dimensión motivacional más importante de los emprendedores en Estados Unidos, después de la independencia y la autonomía. Ver también, Wasserman, Noam. "RICO VERSUS REY: EL DILEMA DE LOS EMPRENDEDORES". *Academy of Management Proceedings*. Vol. 2006. Nº. 1 Academia de Gestión, 2006.

La vida de Josephine Esther Mentzer [Estée Lauder] cambió por un insulto... Esta viñeta de la autobiografía de Estée Lauder, *A Success Story,* Random House (New York), 1985. La biografía más completa y objetiva es la de Lee Israel, *Estée Lauder: Behind the Magic,* Macmillan (Nueva York), 1985.

Capítulo 5: Qué tal si...

Jeff Bezos y Elon Musk, gastan cientos de millones de dólares para construir los cohetes y respaldar las organizaciones que les permitan viajar a Marte... Ver por ejemplo el artículo de Nick Stockon, "Wired", "El nuevo cohete de Jeff

Bezos podría enviar las primeras personas a Marte", 9.13.16; https://www.wired.
com/2016/09/ blue-orgins-new-glenn-rocket/

**Los emprendedores de alto riesgo juegan un papel desproporcionada-
mente importante en la generación de empleo y riqueza...** ver mis notas del
Capítulo 1 sobre como 99,5% de todos los emprendedores crea más del 90% de
toda la riqueza generada por empresas emergentes.

... menos de una fracción de un porcentaje de todas las empresas emergentes,
generan alrededor del 10% de todas las riquezas generadas por este tipo de
empresas... ibid.

**Todo el campo del capital de riesgo funciona casi en una perfecta
sincronía...** las discusiones del autor con una multitud de capitalistas de riego.
Sé de un capitalista riesgoso que se rehúsa a tener su reunión de socios los lunes.

**... la mayoría de las firmas de capital de riego en realidad no invierte en
empresas emergentes. Alrededor de un tercio lo hace, pero la mayoría no...**
Ver el Anuario 2016 de la Asociación Nacional de Capital de Riesgo, figura 1.05
en la página 20.

**Dos tercios de todos los dólares de inversión de riesgo se destinan a
empresas más maduras...** ibid., figura 3.10 en la página 33.

**Diversas Investigaciones han demostrado que cuanto más exitosa sea una
empresa respaldada con capital de riesgo, más probable es que la firma de
capital de riesgo trate de remplazar al fundador...** Ver Wasserman, Noam. "La
sucesión de Fundador director ejecutivo y la paradoja del éxito en un emprendimiento". *Organization Science* 14.2 (2003): 149–172.

**A los socios capitalistas de riesgo por lo general se les permite usar el 2%
cada año para sus propios salarios y gastos, algunas veces se reduce a 1.5%
después de cinco años...** Cada firma negocia sus tarifas con sus socios limitados
que tienen el "ancla" más grande, pero 2% es la base sobre la cual ellos comienzan
sus negociaciones. Ver Robinson, David T., and Berk A. Sensoy. "¿Los admi-
nistradores de fondos de capital privado ganan sus honorarios? Compensación,
propiedad y rendimiento de flujo de caja". *Review of Financial Studies* 26.11
(2013): 2760–2797 para una revisión estadística que muestra que el promedio
de lo que cobran los fondos de capital de riesgo es el 21,4% en comisiones de
gestión durante la vida útil del fondo.

**A unas pocas [inversiones en nuevas empresas] les irá mejor de lo esperado
pero la abrumadora mayoría tropieza o choca con algún obstáculo no
previsto...** Ver Da Rin, Marco, Thomas F. Hellmann, y Manju Puri. *A Survey
of Venture Capital Research.* No. w17523. Oficina Nacional de Investigación
Económica, 2011, paginas 78-90

... **la** gran mayoría de los fondos de capital de riesgo no les devuelve a sus inversionistas mucho más dinero del invertido inicialmente... ibid.

... **la** mayoría de las firmas de capital de riesgo obtiene un retorno sobre la inversión de menos del 13% compuesto... ibid.

Para 2015, había 718 firmas de capital de riesgo activas en los Estados Unidos y solo 238 de estas firmas invierten en nuevas empresas en etapa temprana... Ver la nota anterior, "la mayoría de las firmas de capital de riego en realidad no invierte en empresas emergentes"...

Se estima que hay alrededor de 300.000 inversionistas ángeles en los Estados Unidos... La Asociación de Capitales Ángel y el Instituto de Recursos Ángel, son buenas fuentes de información sobre inversiones ángel. Ver:

https://www.angelcapitalassociation.org/faqs/#How%20many%20 angel%20 investors%20are%20there%20in%20the%20U.S.?

En conjunto, los inversionistas ángeles invierten en nuevas empresas tanto dinero como las firmas capitalistas de riesgo... Center for Venture Research en la Universidad de New Hampshire estimó que los inversionistas ángeles invirtieron U$ 24,6 mil millones en 71.110 compañías emergentes en 2015 (https://paulcollege.unh.edu/sites/paulcollege.unh. edu/files/webform/Full%20 Year%202015%20Analysis%20Report. pdf). Según el anuario de 2016 de la Asociación Norteamericana de Capital de Riesgo (North American Venture Capital Association), las firmas inversionistas de capital de riesgo invirtieron un total de $59 mil millones en 2015, pero solo $21 mil millones de ese monto fue invertido en rondas de semilleros o rondas de estancias iniciales.

Los inversionistas ángeles quieren su dinero sea de vuelta... Ver https:// www. angelcapitalassociation.org/faqs/#How_do_I_know_my_business_ is_ right_for_an_angel_investment_

Los aceleradores tienen una pequeña participación en empresas nuevas iniciadas por equipos... Puedes encontrar un resumen de las ofertas de inversión de los miembros de la Red Global de Aceleradores (Global Accelerator Network) en http://gan.co. Y Combinator ofrece $120.000 por un 7% de las acciones en compañías que acepta estar dentro de su programa.

En los Estados Unidos, hay cerca de 300 aceleradores... El número citado puede variar ampliamente dependiendo de la definición exacta de lo que es un acelerador. Brookings (https://www.brookings.edu/research/ accelerating-growth-startup-accelerator-programs-in-the-united-states/) encontró cerca de 700 compañías en los Estados Unidos que decían ser aceleradoras, pero encontró solo 172 que coincidían con su definición. Esa definición viene de Susan Cohen, profesora en la Universidad de Richmond, y autora de la definición más ampliamente utilizada: ofrece capital semilla, espacio de trabajo, red de apoyo, y mentoría por una duración limitada que culmina en un "día de demostración". Susan Cohen ha contado 300 aceleradora en los Estados Unidos desde principios de 2015 (https://www. quora.com/How-many-accelerators-incubators-are-the-re-aroundthe-globe). Según su definición, la mayoría de las aceleradoras basadas en universidades, financiadas por el gobierno (principalmente I-Corps), o las que son sin fines de lucro, no cumple con esos criterios.

Cada año, en sus programas, los aceleradores asesoran y capacitan a más de 4.000 equipos, incluidos más de 12.000 aspirantes a emprendedores... Este número es mi estimado basado en 13 nuevas empresas aceleradas en cada una de las 300 aceleradoras de Susan Cohen, cada nueva compañía contaba con al menos tres miembros en el equipo.

Un pequeño número de compañías aceleradas por los mejores doce y más respetados programas (es decir, el 2,5 superior de las aceleradoras) recibe fondos de capitales de riesgo... Ver Hallen, Benjamin L., Christopher B. Bingham, y Susan Cohen. "¿Las aceleradoras aceleran? Un estudio de aceleradoras de riesgo como un camino al éxito" Academy of Management Proceedings. Vol. 2014. N°. 1 *Academy of Management,* 12955.

Cuando Walmart pasó a oferta pública, Walton era personalmente responsable de millones de dólares en deudas personales... Ver página 130 de Vance Trimble, *Sam Walton: The Inside Story of America's Richest,* Dutton Adult (Nueva York), 1990.

Sam ofreció pequeños porcentajes de propiedad sobre cada tienda que abrió a... los gerentes de tiendas que quería que estuvieran a cargo de ellas. También ofreció permitir que un gerente de tienda comprara una mayor propiedad si... estaba dispuesto a asumir algunos de los costos de apertura... "Todas las tiendas fueron abiertas con distintos acuerdos. Era una colección de asociaciones y propiedades individuales... incluyendo todos los gerentes de tienda que pudieron recaudar dinero para invertir". Sam Walton, citado en *Walmart World,* octubre 1987, página 2.

Cuando Sam comenzó a considerar ofrecer a Walmart en el mercado de valores, ya había abierto 20 Walmart, además de las 13 franquicias Ben Franklin que poseía y seguían siendo muy rentables, y también tenía otros ocho Walmart en planes y en construcción... Walmart Stores, Inc., Prospecto Preliminar con fecha de 4 de septiembre de 1970, según el acceso a los archivos del Museo Walmart.

Para hacer una oferta pública, Sam tenía que llegar a un consentimiento unánime para que varias docenas de propietarios parciales de tiendas individuales llegaran a ser propietarios de algún porcentaje de las acciones

originales de Walmart... Aquí me refiero al documento titulado "Walmart Stores, Inc. Adjunsting Entries, 1970" The Walmart Museum.

Después de la oferta en pública, Sam Walton y su familia eran dueños del 61% de las acciones de la compañía, el público tenía el 20% y el 19% restante era propiedad de gerentes y ejecutivos de las tiendas (del cual, el 4% le pertenecía al hermano de Sam)... ver el Prospecto Preliminar de Walmart Stores, Inc., citado arriba.

Capítulo 6: Cómo

Escuchar las historias mientras sostenía en mis manos los documentos que Sam Walton usaba para tomar decisiones descritas, me dio una valiosa perspectiva respecto a cómo llegó a hacer lo que hizo... Una pequeña fracción de los documentos que tuve a mi disposición está citada en la sección de Bibliografía.

En esencia, todos los emprendedores aprenden en la práctica... Hay poco acuerdo entre los investigadores sobre emprendimiento o emprendedores sobre qué debería enseñarse o la eficacia de lo que se ha enseñado. El programa global más grande que enseña habilidades de negocios a jóvenes resultó ser ineficaz en relación con la sensación que tenían los estudiantes de haber adquirido habilidades de emprendimiento. Ver Oosterbeek, Hessel, Mirjam Van Praag, y Auke Ijsselstein. "El impacto que la educación en emprendimiento tiene sobre las habilidades y motivación para emprender". *European Economic Review* 54.3 (2010): 442–454. Sin embargo, hay que anotar que el logro educativo, medido solo por la cantidad de años de escolaridad, sí tiene un impacto significativo en el éxito como emprendedor.

En un año, sus ventas se duplicaron y en tres años, superó en ventas a sus competidores... *Made in America,* página 35.

Sam tenía suficiente dinero guardado como para comprar otra tienda Ben Franklin... Vance Trimble cita en la página 61 que Sam tenía $ 55.000 ahorrados cuando salió de Newport.

... siendo el propietario de 15 franquicias Ben Franklin... Este número es un estimado dado que Walton cerraba algunas de las franquicias Ben Franklin mientras abría otras, incluso después de haber abierto el primer Walmart en 1962. Este cálculo se basa en una reseña de las aperturas y cierres de tiendas hasta finales de 1969 preparada por Nicholas Graves, archivista principal del Museo Walmart, pero sigue habiendo dudas si todas las tiendas que no eran Walmart eran franquicias Ben Franklin.

Sus notas de una visita a una tienda dicen: "Me han hecho una solicitud los viejos clientes en esta tienda. ¿Por qué no tenemos señalizadas por departamentos nuestras islas, como en las tiendas de comestibles?". Las citas de esta sección son de una transcripción de la grabadora de bolsillo de Sam Walton, grabada el 1 de febrero de 1990.

Incluso compró el banco local de Bentonville... Esto está lo documenta mejor Vance Trimble, ver páginas 93-96.

El éxito en el emprendimiento se reduce a entender cómo armar empresas productivas, competitivas y autosostenibles... Un análisis más profundo de las 5 habilidades principales compartidos por los emprendedores más exitosos se puede encontrar en mi libro *Startup Leadership,* Wiley (Hoboken), 2014.

Sam dominó sus habilidades de cambio de liderazgo haciendo lo que ahora se conoce como práctica deliberada... Ver por ejemplo, Anders Ericsson y Robert Pool, *Peak: Secrets From the New Science of Expertise,* Hougthon Mifflin Harncourt (New York), 2016.

Casi nadie aprende habilidades de liderazgo empresarial en un salón de clases... Ver la nota de arriba "casi todos los emprendedores aprenden en el trabajo".

... ver fotos de Sam trabajando en su oficina es ver una gran torre de papeles... La fotografía más ilustrativa de Sam trabajando en su oficina viene de la entrevista hecha a Sam en *Walmart World* de 1985 en el 25° Aniversario de Walmart.

Un alto porcentaje de socios fundadores no pueden llegar a un acuerdo en cuanto qué hacer una vez que su empresa se establezca... Ver por ejemplo: Ensley, Michael D., Allison W. Pearson, y Allen C. Amason. "Entendiendo las dinámicas de los nuevos equipos de alta gerencia de nuevas empresas: cohesión, conflicto, y el nuevo rendimiento empresarial" *Journal of Business Venturing* 17.4 (2002): 365–386.

Capítulo 7 Qué tan bueno

Walt Disney apenas logró llegar a ser animador y jefe de un estudio de animación... La biografía definitiva de Walt Disney es la de Neal Gabler, *Walt Disney: The Triumph of the American Imagination,* Vintage Books (New York), 2006. Se puede encontrar información adicional sobre la parte de Roy Disney en la construcción de Disney en el libro de Bob Thomas, *Building a Company: Roy O. Disney and the Creation of an Entertainment Empire,* Hyperion (New York), 1998.

Barry, quien fundó y dirige una exitosa y autofinanciada firma... Barry es un alias usado para respetar la privacidad de la persona real.

Para el año 2104, la Oficina de Censos reportó 220 diferentes compañías de "fabricación de vehículos automóviles y utilitarios livianos" en los Estados Unidos... Ver la tabla de datos de "U.S. & States, 6 digit NAICS" encontrada en https://www.census.gov/data/datasets/2014/econ/ susb/2014-susb.html.

Capítulo 8: Cuánto

La escala más popular que se usa en la actualidad es la "Escala de Grit"... Ver Duckworth, Angela L., y otros. "Grit: Perseverancia y pasión para metas de largo plazo". *Journal of Personality and Social Psychology* 92.6 (2007): 1087.

... la Escala de Grit mide qué tanto se alinean nuestras motivaciones *explícitas con las implícitas*... Ver las conclusiones de los previamente citados McClelland, David C., Richard Koestner, y Joel Weinberger. "¿En qué se diferencian los motivos auto atribuidos de los e implícitos?" *Psychological Review* 96.4 (1989): page 700.

... por medio de la consciencia propia, nuestras motivaciones pueden llegar a ser más enfocadas y tener más impacto... Ver las mismas conclusiones del mismo artículo citado arriba.

... podemos utilizar técnicas tales como la reevaluación cognitiva para mitigar nuestros miedos irracionales o fobias, que son un obstáculo para que logremos **nuestra motivación implícita...** Ver por ejemplo: Silvers JA, Buhle JT, Ochsner KN. Ochsner KN, Kosslyn SM. "La neurociencia de la regulación de las emociones: mecanismos básicos y su función en el desarrollo, crecimiento y la psicopatología", *The Handbook of Cognitive Neuroscience,* Oxford University Press (New York), 2013.

... el éxito del emprendimiento depende de la *evolución* del equipo con habilidades cada vez más sofisticadas... Ver capítulo 4, Las empresas también tienen necesidades, en *Startup Leadership.*

El dinero sí importa a la hora de emprender, pero no tanto como puedes pensar... Ver Robb, Alicia M., y David T. Robinson. "Las decisiones sobre estructura de capital en nuevas firmas". *The Review of Financial Studies* 27.1 (2014): 153–179. Ver tabla 5 para ver que el capital promedio invertido por los dueños de una firma que sobrevive tres años ($31.784) fue similar al monto de capital invertido por propietarios de firmas que no sobrevivieron ($31.609)

Jason Fried, el fundador de 37signals... Esta información viene de varias reuniones por Skype que Jason tuvo con estudiantes de mi clase de Princeton entre 2011 y 2015, *Entrepreneurial Leadership*.

Ben Chestnut y Dan Kurzius tomaron una ruta similar... Ver https:// www. nytimes.com/2016/10/06/technology/mailchimp-and-the-unsilicon-valley-way-to-make-it-as-a-start-up.html?_r=1

Capítulo 9: Dónde

Uganda y Perú son mucho más emprendedores... Ver página 155, figuras 9.4 y 9.5 del previamente citado Reynolds, *Entrepreneurship in the United States: The Future is Now.*

Incluso en los Estados Unidos, Silicon Valley tampoco está cerca de ser el lugar de mayor emprendimiento.... Ver la tasa de propietarios de empresas citada en la página 12 en: Morelix y otros, el índice Kauffman 2016, emprendimiento centralizado, tendencias en áreas metropolitanas y ciudades, http://www. kauffman.org/kauffman-index/reporting/~/ media/60c4bff5bbc74a2181db7fd-7d0dd6e64.ashx

Silicon Valley ni siquiera es el principal lugar para crear una compañía de rápido crecimiento... Ver tabla 5, página 13, en: Mtoyama y Arbesman, *The Ascent of America's High-Growth Companies,* Kauffman Foundation Report;

http://www.kauffman.org/~/media/kauffman_org/research%20reports%20 and%20covers/2012/09/ inc_geography.pdf

Silicon Valley es el mejor lugar del mundo para iniciar un emprendimiento de alto riesgo respaldado con capitales de riesgo... Las compañías basadas en Silicon Valley recibieron $25 mil millones en 2016, de acuerdo a PwC y el reporte CB Insights MoneyTree, fechado en enero, 2017. Eso es el 36% de todo el capital de riesgo invertido en 2016.

Ken Marlin dio la noticia... La información sobre Ken Marlin viene de una serie de entrevistas e intercambio de correos electrónicos que tuvieron lugar entre junio de 2015 y mayo de 2017.

No todas las grandes organizaciones preparan futuros emprendedores... No conozco estudios que muestren que ciertos negocios o tipos de negocios son mejores o peores para generar futuros emprendedores o empresarios de éxito. Baso esta afirmación en evidencia anecdótica por conversaciones con ejecutivos de alto nivel en un amplio rango de firmas e industrias. Ejecutivos en industrias de alto riesgo (por ejemplo, seguros), industrias altamente reguladas (por ejemplo, servicios públicos) e industrias donde la innovación es considerada riesgosa (por ejemplo, la minería), suelen describir una reticencia a la experimentación. Anecdóticamente, el número de industrias que generan este tipo de reticencia parecen ir disminuyendo con el tiempo.

Mi abuela… inventó el sujetador sin espalda… Ver Patente de Estados Unidos 1.794.785, otorgada a Shirley Maxwell de Los Ángeles, California, titulada "Sujetador y arnés", archivada en septiembre 26 de 1928.

Las celdas que desarrolló mi padre eran las mejores disponibles en los Estados Unidos en esa época… Véase por ejemplo, la Patente de los Estados Unidos 2.414.233, emitida a Eric Lidow de Los Ángeles, California, titulada "celda fotoeléctrica", archivada el 3 de agosto de 1942.

La cultura de Silicon Valley también erige obstáculos para el éxito… Para un artículo sobre cómo Silicon Valley hace que los negocios no tecnológicos no sean competitivos véase: https://www.nytimes.com/2016/09/19/technology/ how-tech-companies-disrupted-silicon-valleys-restaurant-scene.   html?_ r=0. Precios de vivienda en Silicon Valley (ver http://www.mercurynews. com/2017/01/16/a-silicon-valley-down-payment-could-buy-youan-entire-hou-se-in-much-of-the-u-s/) hace que incluso los astutos trabajadores del área STEM busquen trabajo fuera de esta zona; véase por ejemplo: http://blog. indeed. com/2016/03/02/why-tech-workers-leaving-silicon-valley/.

… ecosistemas vibrantes para el emprendimiento (VEE)… Un ecosistema para el emprendimiento es un término común en la literatura de investigación sobre emprendimiento. Está bien descrito en dos informes de la Fundación Kauffman: Bell-Masterson, Jordan, y Dane Stangler. "Midiendo un ecosistema para el emprendimiento", (2015), disponible en: http://www.kauffman.org/ what-we-do/research/2015/03/measuring-an-entrepreneurial-ecosystem   y Motoyama, Yasuyuki, y otros. "Piense localmente, actúe localmente: Cómo construir un ecosistema emprendedor sólido" (2014), disponible en: http:// www.kauffman.org/what-we-do/research/2014/04/think-lo-cally-act-loca-lly-building-a-robust-entrepreneurial-ecosystem. Ambos informes emplean el término "ecosistema vibrante para el emprendimiento". El término ecosistema para el emprendimiento es un término establecido que suele asociarse a grupos de empresas de alto crecimiento (nota: recuerda que crecimiento rápido no necesariamente significa que sean empresas fundadas por empresarios de alto riesgo). La investigación sobre ecosistemas para emprendimiento se está ampliando y, aunque se enfoque en empresas de crecimiento rápido, es igualmente aplicable a grupos de tiendas y restaurantes exitosos o concesionarios de autos que se encuentran en muchas áreas metropolitanas. Para una buena revisión de la investigación véase, Mason, Colin, y Ross Brown, "Ecosistemas para el emprendimiento e iniciativa empresarial orientada al crecimiento". *Final Report to OECD, Paris* (2014): 1–38.

... le tomó 17 años [a Sam] abriendo y dirigiendo otras 15 tiendas Ben Franklin antes de sentir la seguridad de poder abrir, dirigir, abastecer y comercializar su propia tienda de descuento... Sam solo tenía 13 tiendas Ben Franklin cuando la empresa pasó a cotización en la Bolsa ocho años después de abrir el primer Walmart porque no renovó algunos contratos de franquicias y cerró algunas tiendas cuando empezó a concentrarse en crear la marca Walmart. La hoja de cálculo del Museo Walmart preparada por Nickolas Graves muestra que había 18 diferentes franquicias Ben Franklins que Sam dirigió en un momento u otro entre 1945 y 1970.

Capítulo 10: Cuándo

Ray Kroc nunca preguntó "¿cuándo?" Ray Kroc escribió una autobiografía, *Grinding It Out: The Making of McDonald's,* pero es muy auto elogiosa. El libro de Jonh Love, *McDonald's: Behind the Arches* (Bantam (New York), 1986 es muy confiable. El libro de Lisa Napoli, *Ray & Joan: The Man Who Made the McDonald's Fortune and the Woman Who Gave It All Away,* Dutton (New York), 2016 completa detalles interesantes y relevantes con respecto a al alcoholismo de Ray Krock y sus obsesiones.

Capítulo 11: Debería

La primera docena de años de la carrera emprendedora de Jordan... La información acerca de Jordan Monkarsh viene de una serie de entrevistas e intercambios de correos electrónicos que se llevó a cabo desde julio de 2015 hasta agosto de 2017.

... relativamente pocos emprendedores reconocen que los contactos y la experiencia del capital de riesgo fueron fundamentales para su éxito... Véase la Figura 19 del informe de la Fundación Kauffman: Wadhwa, Vivek, y otros. "Anatomía de un emprendedor: Antecedentes familiares y motivación". (2009), disponible   en   http://www.kauffman.org/what-we-do/research/2010/05/the-anatomy-of-an-entrepreneur. Esta figura indica que el 26% de los fundadores que recibe apoyo del capital de riesgo siente que la ayuda/asesoramiento recibido por sus inversionistas fue "extremadamente importante" o "muy importante", mientras que un 45% sintió que este fue "ligeramente importante" o "para nada importante".

Capítulo 12: Y qué...

El presidente pasó casi 15 minutos hablando acerca de Walton y Helen... Véase https://www.walmartmuseum.com/explore/#/search/query/medal%20 of%20freed/artifact/27917294261.

Tanto los emprendedores como las corporaciones han llegado a ser tan buenos comprendiendo la ciencia de la manipulación, la ciencia de crear deseos, la ciencia de la confianza y la ciencia de crear hábitos, que pueden lograr que muchos sientan una felicidad pasajera... Para un buen resumen sobre la compresión de cómo generar confianza, véase de David DeSteno, *The Truth About Trust: How it determines Success in Life, Love, Learning, and More*, Hudson Street (New York), 2014.

Los emprendedores nos han proporcionado mejores medicamentos, tratamientos médicos e impresionantes prótesis... Presento el perfil de Dean Kamen en mi libro *Startup Leadership*.

Han hecho que la educación sea más accesible para aquellos que carecían de ella... Presento el perfil de Wendy Kopp en mi libro Startup Leadership.

Han aumentado nuestra seguridad al volante... Puedes leer sobre el diseño de airbags y sobre cómo nunca representaron importantes ganancias para un emprendimiento en https://en.wikipedia.org/wiki/Airbag#Origins.

El emprendimiento, medido según la cantidad de compañías que se crean cada año y el número de personas considerando fundar una es cada vez menor... Véase Hathaway, Ian, y Robert E. Litan. "Decreciente dinamismo empresarial en los Estados Unidos: Un vistazo a los estados y mediciones". *Brookings Institution* (2014). Este declive ha afectado hasta al sector de alta tecnología; véase el informe de la Fundación Kauffman: Haltiwanger, John, Ian Hathaway, y Javier Miranda. "Decreciente dinamismo empresarial en el sector de la alta tecnología de los Estados Unidos". (2014) disponible en http://www.kauffman.org/what-we-do/research/2014/02/declining-business-dynamism-in-the-us-high-technology-sector. Por último, véase Clifton, Jim. "Emprendimiento americano: muerto o vivo". *Gallup Business Journal* (2015), disponible en:

http://www.gallup.com/businessjournal/180431/american-entrepreneurship-dead-alive. aspx?g_source=american+entrepreneurship%3a+dead+or+alive&g_ medium=search&g_campaign=tiles.

El emprendimiento bien cimentado está en decadencia, así como la tasa de éxito entre los aspirantes a emprendedores de riesgo... La disminución a largo plazo en el número de nuevas empresas creadas cada año mencionada anteriormente, es una medición directa de la caída del emprendimiento de cimientos firmes, porque este tipo de emprendedores dominan las mediciones de emprendimiento. El índice de éxito de emprendedores de alto riesgo es difícil de medir de manera directa, pero se puede calcular de manera indirecta según el incremento en número de empresas siendo aceleradas, el aumento de empresas que han recibido financiación ángel en los últimos 15 años, en comparación a la falta de aumento en el número de empresas que reciben financiación durante su primeras etapas por parte de firmas de capital de riesgo, así que deben estar fracasando más emprendedores de alto riesgo.

Se estima que $531 mil millones... se gastan en lanzamientos de nuevas compañías... Este cálculo viene de Laura Entis, "De dónde viene realmente la financiación de las nuevas empresas", revista *Entrepreneur*, 20 de noviembre de 2013 (https://www.entrepreneur.com/article/230011). Estos tipos de cálculos pueden depender en gran medida de la definición de "nueva empresa" y de lo que se considera gasto en la nueva empresa y qué serían gastos "normales". La estimación de la revista *Entrepreneur* corresponde a un 3.18% del PIB de los Estados Unidos en 2013.

Reconocimientos

He contado con el apoyo extendido y gran ánimo para hacer posible este proyecto. Ante todo, quiero agradecerles a los maravillosos emprendedores que me permitieron entrar en su vida durante los últimos años: Jordan Monkarsh, Stephanie DiMarco, Vidal Herrera, y Ken Marlin. Este libro no hubiera sido posible sin ellos y sin que hubieran tolerado todas mis preguntas, seguimientos y correos electrónicos. Jordan, Stephanie, Vidal, y Ken se han convertido en modelos a seguir para mí y espero que también lo sean para todos aquellos que lean este libro.

También me he beneficiado enormemente del apoyo que recibí del equipo en el Museo Walmart. Alan Dranow, Director Ejecutivo del Grupo de Patrimonio de Walmart, me concedió el acceso, permitió múltiples visitas y facilitó valiosas conversaciones y reuniones con personas que trabajaron personalmente con Sam Walton durante sus comienzos. Nicholas Graves, el archivista principal del Museo Walmart trabajó duro preparando los materiales para mis visitas y contestando mis constantes preguntas de seguimiento. Shane Buxman, el archivista interno también ayudó a preparar mis visitas y en la búsqueda de documentos para contestar a mis preguntas. También quiero agradecerle a Fritz Steiger por haberme permitido estar presente en algunas de sus sesiones de grabación de historia oral. Siento una especial gratitud con Clarence Leis, por acercarse al Museo Walmart para permitirme hacerle miles de preguntas adicionales sobre los comienzos de Walmart. Peggy Hamilton me compartió grandes anécdotas acerca de cómo Sam organizaba sus reuniones, lo cual me permitió añadirle algo de color a mi descripción de los eventos. También quiero agradecer los recuerdos puntuales que Alice Walton compartió conmigo acerca de su padre.

Aunque hay un extenso cuerpo de investigación en emprendimiento, Paul Reynolds se destaca por haber liderado o asesorado los cuatro estudios a largo plazo que se han realizado sobre emprendedores elegidos aleatoriamente en los Estados Unidos (La Encuesta de la Fundación Kauffman, PSED I y II, y el Monitor Global de Emprendimiento (GEM) siendo la versión global del PSED). Afortunadamente, Paul ha mantenido el ritmo de innumerables preguntas sobre estos datos. También aprecio el esfuerzo de Paul por encontrar respuestas a preguntas frente a datos no publicados. Quiero agradecerles a Noam Wasserman y Howard Aldrich su asesoría y alentadores consejos a medida que me sumergía más en la investigación sobre emprendimiento. Las diversas sesiones que he tenido con los profesores de antropología de Princeton, Carolyn Rouse y Rena Lederman acerca de métodos etnográficos me han ayudado a ser un mejor observador y más empático.

No podría haber escrito este libro sin el notable apoyo que he recibido por parte de la Universidad de Princeton, específicamente, por parte del Centro de Innovación en Educación en Ingeniería de Keller. La Directora Ejecutiva del Centro, Cornelia Huellstrunk, ha avalado incondicionalmente varias de mis actividades extracurriculares, por lo que le estoy muy agradecido. Todo el personal del Centro Keller: Beth Jarvie, Lillian Tsang, J.D. Jasper, y Stephanie Landers, me permitió mantener la concentración en hacer avanzar la educación y el cuestionamiento empresarial. Los decanos de la Escuela de Ingeniería y Ciencias Aplicadas de Princeton, Vince Poor y, más recientemente, Emily Carter, han sido de gran apoyo, así como los antiguos directores del Centro Keller, Sanj Kulkarni y Mung Chiang, y la nueva directora, Margaret Martonosi. Mis compañeros miembros de la facultad de emprendimiento y pensamiento de diseño en el Centro Keller, Sheila Pontis, Chris Kuenne, Marty Johnson, Kef Kasdin, Ed Zschau, John Danner, y Shahram Hejazi, siempre estimulan el pensamiento dando pie a conversaciones que me han ayudado a moldear mi comprensión. También les agradezco el productivo verano contando con la asistencia de investigación de Yash Huilgol.

Tengo un equipo maravilloso que me ayuda con mi escritura y mis libros. Jud Laghi ha sido una agente estupenda y experta y Carolyn Monaco me ha enseñado más de lo que nunca me había dado cuenta de que debía saber acerca de la publicación de libros de negocios. Jill Totenberg me ha presentado más excelentes editores de todo tipo, de los que podría haber conocido por mi cuenta. Bruce Tucker es un gran editor y también una persona maravillosa con la cual trabajar. Ha sido un placer, de hecho, trabajar con Lia Ottaviano, Scott Waxman, Sarah Masterson Hally y Christine Saunders en Diversion Books.

Por último, así como en el emprendimiento, escribir un libro es cosa de familia. Mis dos hijos, Arel y Teel, me proporcionan conversaciones, aportes y opiniones esclarecedoras y sin adornos. Y mi mujer, Diana, es mi musa, mi gran apoyo y una brillante confidente.

¡Soy un hombre muy afortunado!

Derek Lidow

Derek Lidow

Es uno de los pocos directores ejecutivos de la de Bolsa de Valores de Nueva York que renunció para empezar nuevas empresas desde cero, teniendo un éxito indiscutible. Antes de renunciar para fundar iSuppli, una firma líder en investigación de mercado que le vendió por $100 millones de dólares en 2010 al líder global en informática, IHS, Lidow fue director ejecutivo de International Rectifier, una empresa de $5.461.840,00 fabricante de semiconductores con acciones en la Bolsa por $2 mil millones de dólares. En la actualidad, Lidow está dando clases en la Universidad de Princeton donde introdujo su plan de estudios con alcance en todo el campus "Pensamiento de diseño". También trabaja con quienes aspiran a ser emprendedores en Princeton y sus nacientes empresas.

Lidow siempre ha demostrado una habilidad excepcional para trabajar con éxito en ambientes corporativos, empresariales y académicos. Sus novedosos aportes al campo de la investigación y el análisis han mejorado para siempre empresas tan variadas como Sony, Samsung, Philips, Goldman Sachs e IBM. Ha asesorado a muchos de los gobiernos y compañías más grandes del mundo y continúa impulsando la innovación en investigación por medio de proyectos en curso con diferentes compañeros.

Lidow es un constante contribuyente a publicaciones como *Wall Street Journal*, la revista *Harvard Business*, las revistas *Inc.*, y *Enterpreneur*. También es comentarista en medios de comunicación como *The New York Times, Bloomberg BusinessWeek, Forbes, The Economist, Nikkei, Reuters* y *Taipei Times*.

Los títulos de Lidow vienen de Princeton y Stanford, donde obtuvo un doctorado en Física Aplicada como miembro de Hertz Foundation. Creció en la ciudad de Nueva York y en Princeton, NJ.